大学生职业素养通识课系列教材

大学生职业生涯规划

主　编　罗来松

副主编　刘小莲　胡凌霞

中国矿业大学出版社

·徐州·

图书在版编目（CIP）数据

大学生职业生涯规划 / 罗来松主编. -- 徐州 : 中国矿业大学出版社, 2024. 7. -- ISBN 978-7-5646-6335-3

Ⅰ. G647.38

中国国家版本馆CIP数据核字第2024WU3569号

书　　名　大学生职业生涯规划
主　　编　罗来松
责任编辑　齐　畅
出版发行　中国矿业大学出版社有限责任公司
（江苏省徐州市解放南路　邮编221008）
营销热线　（0516）83885370　　83884103
出版服务　（0516）83995789　　83884920
网　　址　http://www.cumtp.com　E-mail: cumtpvip@cumtp.com
印　　刷　三河市龙大印装有限公司
开　　本　787 mm × 1092 mm　1/16　**印张**　15　**字数**　310 千字
版次印次　2024 年 7 月第 1 版　　2024 年 7 月第 1 次印刷
定　　价　49.80 元

PREFACE 前言

大学是大学生步入社会、走进职场前的最后一站。面对竞争日益激烈的就业现状，每一名大学生都希望自己能择好业、就好业，拥有美好的职业生涯。因此，了解职业生涯规划的基础知识，掌握职业生涯规划的相关技能，做好向职业角色转变的准备，确立未来的职业发展方向和目标，是大学生的“必修课”。尽早进行职业生涯规划，能够帮助大学生合理规划和安排自己的专业学习与课外活动，为未来的职业生涯创造更多可能。

党的十八大以来，以习近平同志为核心的党中央高度重视职业教育。2021 年 4 月，习近平总书记对职业教育做出重要指示，强调“在全面建设社会主义现代化国家新征程中，职业教育前途广阔、大有可为”。2022 年 10 月，党的二十大报告指出，“统筹职业教育、高等教育、继续教育协同创新，推进职普融通、产教融合、科教融汇，优化职业教育类型定位”。2022 年 12 月，中共中央办公厅、国务院办公厅印发《关于深化现代职业教育体系建设改革的意见》（以下简称《意见》），这也是党的二十大后，党中央、国务院部署教育改革工作的首个指导性文件。《意见》部署了以深化产教融合为主要特征的“一体、两翼”重点战略任务，提出了职业教育功能定位由“谋业”转向“人本”，更加注重服务人的全面发展；重申了职业教育的定位，就是要服务人的全面发展。由此可见，职业教育是现代国民教育体系的重要组成部分，在实施科教兴国战略和人才强国战略中具有特殊的重要地位。

职业本质上反映了人们在社会生产劳动中的相互关系，这种社会关系的发展是马克思提出的实现人的全面发展的重要一环。从现实角度而言，职业的功能和价值不会止步于个人层面，它关系着大学生个人的成长和切身利益，直接影响着社会的稳定和发展，更是“办好人民满意的教育”的重要体现。本书一共分为六章，分别从职业发展理论、职业生涯规划与职业发展、做好大学生职业生涯规划的基本要素、大学生职业生涯决策与规划设计、提升职业生涯建构能力、“一生一方案”的实践与发展等六个维度，解答高职生在成长成才过程中可能遇到的各式各样的职业生涯问题，对一些普适性案例进行了理论分析，力求为学生职业发展提供有益的参考。

本书由江西青年职业学院罗来松担任主编，刘小莲、胡凌霞担任副主编，张晓曼、陈赟、陶丽琴、陈瑶、刘乙蒙参与编写，陈金波、饶珊、刘江海负责对本书内容进行审核。具体分工如下：罗来松组织策划并牵头负责本书整体框架设计，刘小莲负责组织设计和全书的统稿工作，胡凌霞协助进行本书整体框架设计及全稿的编审工作；陈瑶负责第一章的编写工作，刘乙蒙负责第二章的编写工作，陈赟负责第三章的编写工作，陶丽琴负责第四章的编写工作，张晓曼负责第五章、第六章的编写工作；陈金波负责第一章、第二章的审稿工作，饶珊负责第三章、第四章的审稿工作，刘江海负责第五章、第六章的审稿工作。

在编写本书的过程中，编者参考了相关资料，借鉴了一些国内外专家学者的研究成果，在此一并致以由衷的感谢！

由于编者水平有限，书中难免存在疏漏之处，希望广大读者批评指正。

编　者

CONTENTS 目录

第一章　把握本质：职业发展理论

案例导入

闪辞的年轻人

王丽是本省一所高职院校学前教育专业2021届的毕业生，毕业两年的她换了三份工作，也换了三个城市。王丽的第一份工作是在杭州的一家少儿培训机构当美术老师，工作了大半年又去了厦门的一家教培机构做课程顾问。然而，近两年受“双减”政策影响，教培行业不景气，王丽选择了裸辞。回家待了几个月后，她决定在本省找工作。王丽应聘了几家课外辅导机构的班主任，但薪资待遇均没达到她的预期，几经波折，终于在一家教育信息服务公司入职了。

职业社交网站领英发布的《第一份工作趋势洞察》显示，职场人第一份工作的平均在职时间呈现出随代际递减的明显趋势。大数据统计，“70后”的第一份工作平均超过4年才更换，“80后”是3年半，而“90后”骤减到19个月，“95后”只要7个月，越来越多的年轻人不愿“将就”工作。许多人认为，自己不喜欢，就不会有工作热情，因此不断切换“赛道”，直至找到自己满意的工作。

年轻人闪辞行为的背后，反映的是时代风尚、社会环境的变化与群体的浮躁焦虑的心态。在信息爆炸的时代，我们每天接触到的信息可能比古人一辈子所接触到的信息还要多。带货主播、选秀出道、直播打赏、小镇做题家赚的远不如网红等反差带来的“造富神话”引发了年轻群体追求进入薪酬提升“快车道”的焦虑，过大信息量给大脑造成的负担削弱了大脑权衡和解释重要信息的能力，很多人只看到了这些头部流量成功的外表，却忽略了他们成名之前的落寞、背后庞大团队的加持和资本的造势。此外，“996”“007”等所谓的狼性文化指导下的工作模式也为年轻人施加了更大的职场压力。同时，社会上职位选择的多元化，也助推了“闪辞”现象的发生。

资料来源：作者整理。

分析

所谓“乱花渐欲迷人眼”，在没有清醒的自我认知和明确的目标下，有时选择太多也不一定是好事。年轻人追随自己的意志自由虽好，但是也要积极调整心态，努力主动去适应职场。当代青年要努力适应工作中可能遇到的压力与问题，熟悉工作中可能遇到的挫折，努力实现职场生活的自洽；可以辞职，但要经过深思熟虑，而不能仅靠冲动。当下社会发展快速，职业已远超360行的范畴。在网络媒体发达的时代，个人很容易接触到各行各业的信息，对比之下总觉得自己的工作不如他人，可当自己真的干了那一行之后，又会觉得不过如此。当前网络上热评的“干一行，厌一行”在一定程度上反映了当代一部分年轻人的职业发展现状。产生这一现状的原因，多是个人对自己的职业没有足够重视，这山望着那山高。

第一节 职业概述

“你了解职业吗？”面对这个问题，也许很多人会给出一个肯定的答复。“你的职业是你的兴趣所在，并且是你擅长的吗？”面对这一问题，很多人开始面面相觑了，究其原因是对职业的了解还停留在表面文字上。个人倘若了解职业的定义、特征、功能和分类，就会发现职业是一门很深的学问。职业是人进行的一种活动，涉及学问，必然不会那么简单。个人只有全面地了解职业的内涵，才知道如何去选择职业，这或许让世界上少了很多工作不快乐的人，或许能从容地回答第二个问题了。

一、职业的由来

（一）我国古代、西方对于职业的解释

1. 我国古代对职业的解释

我国古代便有“职业”这个词，但含义与现代并不一样。《词源》解释为：“职，指公家、官府的事；业，指士、农、工、商所从事的工作。”这时的“职业”并不是一个名词，而是包含“职”和“业”之意，这是第一种关于职业的解释。

第二种有关职业的解释是“职分应作之事”。《国语·鲁语下》提到：“昔武王克商，通道于九夷、百蛮，使各以其方贿来贡，使无忘职业。”这里的“职业”一词是指“分内应尽之事”。在目前可考据的古籍中，《国语·鲁语下》第一次将“职”和“业”合起来作为一个词组出现。

第三种有关职业的解释为“职务”之意，如明代王鏊在《震泽长语·官制》中记述：“宋承五代之弊，不能厘正，故台省寺监卫率之官，止以辨班列之崇卑，制禀禄之厚薄，多无职业。”这里王鏊表述的话语大致意思为五代十国混乱时期的官制弊端积累发展到宋代时，已无法纠正，所以很多官员并没有职务，他们之间的区别在于排列的高低与俸禄的厚薄。

我国古代有关职业的第四个解释是“事业”。例如，古籍《异闻总录》卷二记载：“吾

今为掠剩大夫，职业雄盛，无忆我。”这里的“职业”便为“事业”之意。现代职业研究者则把职业（career）定义为“人们参与社会分工，利用专门的知识和技能，创造物质财富、精神财富，获得合理报酬，满足物质生活、精神生活的工作。”虽然，古今对“职业”一词有不同的理解，但可以看出，我国古人很早就开始关注职业、关注职业发展趋向与社会发展的关系。

2. 西方对“职业”的解释

职业在远古时代被称为calling，中文翻译为“使命”。calling蕴含着某一件事情是在神圣命运的召唤下进行的。在古老的时代，从事一项事业并不是个人想做什么，而是人类等待着、祈祷着被命运赋予某项特殊的使命，人们感受到的痛苦来自不自由、不能按照自己的意愿来生活。calling最早来源于宗教领域，在最初的宗教定义中，calling并不涉及世俗职业，calling就是要服务上帝，从事神职，只有教士和传教士等宗教职务被视为calling。之后，马丁·路德在其宗教改革中，对calling做了新的解释，赋予calling一层世俗的含义，他将calling降为人所必须接受且必须适应的神定之事。路德指出每个人都应该从事自己的calling，他将神圣的感召与普通人的职业结合起来，使神职人员所独有的calling转变为世人均可享受，将calling世俗化，同时赋予了世俗职业以神圣性。①

（二）职业是社会分工的产物

职业不是从来就有的，它是伴随着社会分工的出现而产生的。在原始社会初期，生产力水平低下，人们在生产劳动中形成了简单的自然分工。例如，成年男子外出作战、打猎、捕鱼等，并制作从事这些活动所必需的工具；妇女采集果实、从事原始农业、管理家务、抚养孩子、制备食品和衣服。那时虽然出现了社会分工但还没有出现职业，因为社会还没有出现固定从事某项专门工作的人群。

随着社会生产力的发展，人类社会开始出现了游牧业与农业的分离，之后是手工业与农业的分离，后来又出现了商业（专门经营牧业、农业和手工业产品交换的一门行当），这就是人类社会发展史上三次重要的社会大分工。伴随着社会分工，牧民、农民、工匠、商人等职业出现。同时，私有制的产生催生了阶级的出现，进而带来了体力劳动和脑力劳动的分工，人类社会就这样产生了各种各样的职业。职业的产生是由社会分工引起的，因此，社会分工的发展必然决定和制约着职业的发展变化。在这种发展变化的过程中，新的职业不断产生，过时的职业迅速被淘汰。

职业的出现、存在和演进，是人类社会的一种特有现象。人类的劳动有了分工之后，各种不同形式的劳动、生产资料以及生产对象都被烙上了职业的印记。因为这些印记的存在，劳动者有了“身份”的区别，连劳动资料和劳动对象也都被染上了不同的职业色彩。随着职业这一客观存在的此消彼长和持续演进，勾画出了人类劳动由原始统一体分化为庞大体系的历史画卷。

---

① 张春雨，韦嘉，张进辅 .Calling与使命：中西文化中的心理学界定与发展[J]. 华东师范大学学报（教育科学版），2012，30（3）：72-77.

拓展资料

退出历史舞台的樵夫

一担干柴古渡头，盘缠一日颇优游。

归来涧底磨刀斧，又作全家明日谋。

这首七言绝句（[宋]萧德藻）中提及樵夫这一职业。樵夫是指以砍伐木材为生的人。在古代，城市居民的主要燃料就是柴，而柴需要樵夫供应。俗话说“柴米油盐酱醋茶”，柴是排在第一位的，可见其重要性。由于建筑造船、家具等需要大量的木材，因此樵夫在古代是一项重要的职业。樵夫通常生活在山区或林区，需要具备一定的技巧和力量才能从茂密的森林中获取到足够的木材。进入现代社会，几乎家家户户都用上了燃气灶，少数依旧使用传统灶台的家庭也不再需要通过购买方式获取柴薪作为燃料了。以提供柴薪赚取生计的职业逐渐退出历史舞台。

资料来源：作者整理。

悄然兴起的职业——陪诊师

近几年，社会上涌出了一批新兴职业，如提供陪伴老人就医服务的职业——陪诊师。医院太大像迷宫、科室太多不好找、设备智能太复杂……独自看病难成为很多老年人的难题，于是“陪诊师”行业应运而生。

26岁的李可已经从事“陪诊师”工作两年多，挂号、问诊、检查、取药、代交费、打印病历，李可的工作就是陪同患者穿越“医疗迷宫”，帮助其在最短的时间内办理好相关手续，顺利看病就医。“您这个病要饮食清淡，保证睡眠充足。药是一天两次、每次两粒。您记好了！”虽然每种药的用法用量包装盒上都有标记，但李可还是忍不住把医嘱向患者张阿姨重复一遍，像在叮嘱自己的家人一样。实际上，他们今早才刚刚见面。在李可看来，“陪诊师”除了完成代取报告、邮寄病例、代预约等“跑腿”工作外，还承担着患者“临时家人”的角色。很多老年人的家人由于工作等原因无法陪伴在老人身边，当身体的痛苦与精神的孤独同时袭来，即便是年轻人也难以直面。“陪诊师”临时代替家人陪同患者看病，不仅能提高就诊效率，帮助患者尽快缓解病痛，更能给予患者一份温暖的陪伴。

资料来源：中国新闻网，2023年7月28日。（有改动）

【分析】

职业具有时代性，职业由于社会发展、科学技术、生活方式、人口素质等因素的变化被打上了那个时代的烙印。随着时代的发展，不断有新的职业出现，不适应时代发展潮流的职业也将被淘汰。

二、职业要素

通俗地讲，职业就是人在社会中所从事的作为主要生活条件来源的劳动。具体而言，职业是一种参与社会分工，利用专门的知识和技能为社会创造物质财富和精神财富，获得合理报酬，将报酬作为物质生活来源并满足精神需求的活动。对于个人而言，职业是个人所从事的工作；对于整个社会而言，每一份职业都意味着特定劳动力与特定劳动资料的结合。

职业的要素包括以下三个方面。

（一）谋生

物质条件是人们生存的基础，人们要想获得衣、食、住、行等生活资料，就必须参加劳动。劳动作为人们谋生的手段是人类社会的普遍现象，以谋生为目的的劳动是职业劳动。例如，母亲照看自己的孩子是家务劳动；而保姆照看他人的孩子，取得一定的报酬作为生活来源，便是职业劳动。

（二）承担社会义务

人们的职业劳动不仅为个人谋生，同时也为尽社会义务。一个人通常只能从事一种或几种具体的劳动，不可能生产出个人所需要的所有生活资料，人与人之间是相互依存的，需要用自己的劳动成果与别人的劳动成果交换。交换在满足自己需要的同时，也满足了其他社会成员的需要，从而起到了为他人服务的作用，对国家和社会也做出了贡献。

（三）促进个性的健康发展

在人的一生中，职业生活占有重要位置。职业活动对人的个性发展有着至关重要的影响。人们接受教育所获得的知识和能力，通过职业劳动发挥出来，产生社会效应。人们在职业劳动的实践中，使自己的体力、智力、知识和技能水平不断得到发展和完善。

三、职业信息

你想要具体完整地获取某个职业的全部信息，如了解该职业的工作环境、薪资待遇等问题，可以采用 PLACE① 职业分析法。

（一）职位

一个人在确定职业生涯规划方向时，往往需要对具体方向所包含的所有职位进行评估。有些职位虽然属于同一个职业方向，但是所需要的专业技能和职业能力却不大相同。例如，新闻媒体从业人员这一职业方向所包含的职位有总编、主编、编导、记者、摄像和后期制作等。

（二）工作地点

工作地点是指根据自己的生活经验和日常了解，对职业的工作环境、工作地理位置及其变化性等因素有个大概的认识。例如，采购人员要经常出差，工作地点变化性较大，需要在全国各地确认供应商的情况；教师一般是在学校中工作，办公地点是教室和办公室，

① P（position，职位），L（location，工作地点），A（advancement，升迁状况），C（condition of employment，雇用状况），E（entryrequrement，雇用条件）。

工作地点的变化性较小。

（三）升迁状况

升迁状况包括职位的升迁渠道与速度等。例如，会计从业人员的典型晋升渠道为会计—总账会计—主管会计—财务部负责人—财务经理—财务总监—财务副总经理，升迁速度适中。升迁速度较快的职位一般为生产和销售从业人员。

（四）雇用状况

雇用状况是指个人就职某岗位时可以获得的薪资福利、学习机会、工作时间和社会保障等。不同地区的雇用状况受到当地经济发展水平的影响，同一职位所在地区不同，雇用状况也不相同。

（五）雇用条件

雇用条件是指个人要获得某职位需要具备的诸如受教育程度、职业能力、工作经验、价值观等条件。例如，个人想要从事教育工作，一般需要师范专业和本科以上学历，还需要考取教师资格证与普通话等级证书等。

运用 PLACE 职业分析法，有助于人们很好地认识一种职位的各种信息，并结合自身的条件对照每条内容，确认自己是否能接受该职位；若能接受，再结合自己的兴趣爱好、价值观等，将该职位作为就业时的首选或备选职位目标；若不能接受，则可运用 PLACE 职业分析法认识其他职位，直到找到自己能接受的职位为止。

四、职业、职位、工作和事业的区分

生活中，人们常常混淆职业、职位、工作和事业这几个词。它们的含义如下。

（一）职业

职业是指不同行业和组织中存在的一组相类似的职位。例如，足球队员的职业是运动员，NBA 中的球员也可以称为运动员，他们都有自己的职业生涯。

（二）职位

职位是指一个组织中个人所从事的一组任务，是由一系列重复出现或持续进行的任务伴随的一个工作单元。这里可以将职位理解成岗位。例如，一个足球队需要 11 名队员，就意味着有 11 个职位，这些职位可以是前锋、后卫等。

（三）工作

工作是指在一个特定的组织中由一个或多个具有一些相似特征的人所从事的带薪职位。例如，一个足球队只有前锋、后卫等 11 个职位，但可以有许多个球员，每个球员从事的具体工作就是踢足球。

（四）事业

事业是指个人通过从事工作所创造出的一个有目的的、延续一定时间的生活模式。例如，邓亚萍是人们熟悉的乒乓球运动员，她从 5 岁开始学打乒乓球，曾经先后获得 18 个世

界冠军，1996 年被提名为国际奥林匹克委员会委员，2002 年在国际奥林匹克委员会获得两个职位，2003 年成为北京奥林匹克运动会组织委员会（以下简称北京奥组委）市场开发部的一名工作人员，2008 年担任北京奥组委奥运村副部长、奥运村新闻发言人。可以说，她一直从事着体育事业。

但是，对于个人来说，职业、职位、工作和事业除了概念上的差异外，更多的是对待每一份工作态度上的差异。个人可以从辛苦的打工中积累经验来寻求适合自己的职业，甚至创造自己的事业，也可以在每一天平凡的工作中创造不平凡的事业，这取决于个人对待每一份工作的态度。

拓展资料

“西部计划”进入年轻人的职业选择范畴

江西省 2023—2024 年度“青马工程”西部计划暨江西省大学生志愿服务乡村振兴计划省级集中培训于 7 月 25 日在江西青年职业学院举行，全省援西学子在盛夏相聚。经过几天短暂的培训，他们将各自出发前往不同的服务地，某职业院校的小李便是此次西部计划的一员。

被问到为什么会选择参加此次西部计划，小李谈道：“说实话，真正面临就业时，我突然发现我不知道自己想要找什么工作，我能干些什么。三年的时间一晃就过去了，虽然从入学开始，我的班主任和辅导员就对我说过，一定要尽早做好职业规划。我在这三年期间里想过自己想从事什么行业，但要么我想从事的行业与我学的专业不相干，要么学历门槛太高，我的想法终究没能付诸实践。直到毕业这一天真正来临的时候，我还是很迷茫。现在刚好有这么一个机会，我可以体验基层工作和生活，增加阅历，磨炼意志，在志愿服务时多多思考自己的未来规划，在实践的基础上去思考未来，我想这样能想得明白些吧。而且参加西部计划也是响应国家号召，到祖国和人民最需要的地方去做些奉献，也挺好的。”

工作了几个月后，小李的职业规划开始明朗起来。“我打算以后在基层的党政机关、事业单位等部门工作，参加西部计划服务满两年后便具有基层项目人员身份，在考取公务员、事业单位人员时有一定的优势。”这时的小李，眼睛里已经没有了刚毕业时的迷茫。

在小李看来，西部计划会为人生增长一定的阅历。首先，西部计划是针对应届毕业生以及在读的研究生才可以报名参加的一项计划，会选取一部分学生到偏远地区从事一些支教、支医或者是去基层做一些帮扶工作。人生难免会有迷茫，在这一年或者是两年的时间内，脚踏实地地去做一件自己想做的事情，利用这段时间思考自己所要追求的目标以及方向到底是什么，这对于自己来说也是一种成长。特别是处在艰苦环境下，能锻炼自己吃苦耐劳的精神，这种成就感以及精神上的满足是无价的，将成为个人人生一段宝贵的经历。其次，除去诗和远方的内心理想以及奉献精神，参加西部计划可以享受一定的福利政策，比如在参加西部计划期满之后可以在参加事业单位考试时多加十分，而且择优录取；在选择报考研究生考试的时候也会有相应的加分以及择优录取；如果以后选择在事业单位工作，参加西部计划可以算作自己基层的工作经历，参加西部计划的时间也会被算入自己的工龄；

在参加西部计划时也会享受国家给予的一定生活补贴以及每年探亲时往返路费的报销等。

资料来源：作者自编。

【分析】

习近平总书记在给保定学院西部支教毕业生群体代表的回信中曾提到：“到基层和人民中去建功立业，让青春之花绽放在祖国最需要的地方，在实现中国梦的伟大实践中书写别样精彩的人生。”请运用本节中的PLACE职业分析法对西部计划做一个详细的了解，说一说这是否给你的职业规划打开另一扇门；点评小李的职业规划并谈谈你的看法。

五、职业的特征

从职业产生、发展的过程来看，职业具有以下10个方面的特性。

（一）社会性

职业的社会性是指从业人员在特定社会生活环境中从事一种与其他社会成员相互关联、相互服务的社会活动；其本质特征是劳动力与社会的结合，体现了人与人之间的关系，因为社会分工后，必须用自己劳动换来的金钱去购买别人劳动生产的物质，个人无法只通过劳动来获取在社会生活中所需要的全部物质。从整个社会层面看，这是一种人与人之间的相互交换关系。

（二）专业性

专业性是指职业事实上是从业者利用专门的知识、技能创造财富，任何职业都对从业者有特定的职责要求。专业性的核心体现在对某个领域 / 工作模块具有非常专业的知识体系和实际运作能力。具有专业性的人一般在技术岗位居多，但是在行政和营销体系也有，无论在哪里，专业性是生存之道。

（三）稳定性

稳定性是指职业在长期生产活动中随着社会进步和劳动分工而逐步产生和发展，具有较长生命周期。其活动内容、岗位职责、工作条件、使用工具、特定技术等特征在相当长的时间内是相对不变的。

（四）经济性

经济性是指从业者通过职业活动可以获得经济收入。只有为社会创造物质财富、精神财富的人，才有资格获得报酬。职业是劳动的价值体现，是维系家庭和社会稳定的基础。

（五）规范性

规范性是指职业具有一定的行为规则和标准，并且必须符合国家法律和社会道德规范，有些为了获得生活来源而进行的非法活动，不能称为职业，如电信诈骗、贩毒制毒等。

（六）群体性

群体性是指某一职业必须具有一定规模的从业人数。例如，根据目前公布的统计年鉴，截至 2022 年年底，我国医疗系统服务人员约有 1 398.53 万人，教育行业服务人员约有 2 337.29 万人，航空运输行业从业人员大约有 59.84 万人。

（七）同一性

同一性是指某一类别职业的劳动条件、工作对象、生产工具、操作内容等相同或相近。在同一性下，人们会形成同一行为模式，有共同的语言习惯和道德规范。基于此，行业规范才会出现，使得工会、行业协会等社会组织得以成立并发挥作用，但也会出现行业垄断。职业的同一性往往会使人们对某一类职业产生习惯性的认知，从而打上社会的印记。例如，人们认为大部分从事教育行业的人有学问、严谨古板，大部分从事艺术行业的人性格活泼、浪漫。

（八）差异性

差异性是指不同职业间存在着很大的差异，劳动条件、工作对象、劳动性质等都不相同。正如俗语所说，“隔行如隔山”。这种差异包括职业劳动的内容、职业的社会心理、从业者个人的行为模式等。随着社会的发展，现代社会职业类别更加多样，各类职业大相径庭，职业的差异继续扩大已是不争的事实。

（九）层次性

层次性包括各类职业间的层次和各个职业类型内部的层次，职业的层次性是由职业自身内涵的差异引起的社会评价差异。尽管从社会需要的角度来看，职业没有高低贵贱之分，但在现实社会中，人们对不同职业的社会评价的确存在着差别。职业评价之所以会出现层次性，根源在于不同职业的体力、脑力付出不同和工作复杂程度不同。

（十）时代性

时代性是指不同时期有不同的热门职业。职业的时代性体现在职业的自身发展和社会认可两个方面：一是时代发展需要不断产生新的职业，同时社会变化也会导致现有职业发生变化，一种新职业替代另一种过时的职业；二是社会在每个时期都有自己的“时尚”，它表现为该社会中人们所热衷的职业，如我国曾出现的“当兵热”“外企热”等以及当下的“考公热”，都反映出特定时期人们对某种职业的热衷程度，在不同的区域，有些职业也会体现明显的地域特征。

六、职业的功能

从职业的功能角度而言，职业是人与社会联系的纽带。正如我国学者黄炎培所概括的：职业是为己谋生，为群服务，这是不可分割的两面。

（一）对个人的作用

职业对于个人发展是十分重要的。首先，职业是人们获得利益的手段，个人可以通过职业获得经济收入，满足个人和家庭生存的需要。“民以食为天”，解决好就业问题，是个人安身立命之本，是个人最根本的需要。职业也是获得多种非经济利益，包括名誉、地位、权力等的重要途径。其次，职业是促进个性发展、实现个人价值的一种途径。人们可以通过对职业的选择，发挥自己的特长，满足自己的兴趣，实现自己的理想，满足展示个性的需要。丘吉尔曾说过："能使个人工作和志趣结合的人是真正幸运的人。"同时，人们根据社会发展和职业的需求，不断地完善自我，促进自身的全面发展，达到择业的成功和取得职业上的成就，成为在社会中有所作为的人，从而满足其受到社会尊重的愿望和实现个人社会价值的需要。最后，职业是人生的主要活动。职业是人们参与社会活动、建立社会关系、进行人生实践的主要途径。从人们踏入社会做第一份工作起，每天有 1/3 的时间在职场度过，直至退休，有 40 年左右。以平均寿命 77 岁计算，工作时间几乎占到了人们整个生命的一半。同时，人的交际活动大多也与职业生活相联系。人的职业生活使从业者进入一种社会情境，这种社会情境因职业不同而不同，人们在不同的行业工作，会形成不同的"圈子"。因此，职业是使人担任特定的社会角色、形成一定行为模式的条件。

（二）对社会的作用

职业一旦产生，就会成为社会中的独立存在，成为人们认识、选择、从事和发展的对象。职业具有以下三个重大的社会意义。首先，职业是社会存在的内容。职业的存在和职业活动构成了人类社会的存在和社会的基本框架，职业是构成社会经济制度运行的主体，人们通过职业劳动，创造出社会财富，为社会的存在和发展提供了物质基础。其次，职业是社会发展的动力。职业的发展（如职业结构的变化、职业层次间矛盾的解决）是推动社会进步的一种动力。最后，职业是社会管理的手段。职业是人的重要生活方式，政府为公众创造职业岗位和就业机会，执行推进"充分就业"的政策，使人们安居乐业，有利于减少社会问题、维护社会稳定。

七、职业的分类

职业的分类是指按一定的规则、标准及方法，根据职业的性质和特点，把一般特征和本质特征相同或者相似的社会职业，归到一定类别系统中的过程。

（一）职业分类的基本要素

1. 产业性特征

从大的方面来看，一个国家或社会可以有三类产业：第一产业，包括农业、林业、牧业和渔业等；第二产业，即工业和建筑业，其中工业包括采掘业、制造业等；第三产业即流通和服务业。在传统农业社会，农业人口比重最大；在工业化社会，工业领域中的就业数量和就业人口显著增加；在科学技术高度发达和经济发展迅速的社会，第三产业的就业数量和就业人口显著增加。

2. 行业性特征

行业是根据生产工作单位所生产的物品或提供服务的不同划分的，主要是按企业事业单位、机关团体和个体从业人员所从事的生产或其他社会经济活动性质的同一性分类的。可以说，行业表示了人们所在的工作单位的性质。

3. 职位性特征

职位是一定的职权和相应责任的集合体。职权和责任的统一形成职位的功能，职权和责任是组成职位的两个基本要素；职权相同，责任一致，就是同一职位。职业分类中的每一种职业都含有职位的特性。例如，我国实行公务员职位分类制度，公务员职位按照职位的性质、特点和管理需要划分为综合管理类、专业技术类和行政执法类等类别。

4. 组群性特征

无论以何种依据来划分，职业都带有组群的特点。例如，科学研究人员包含哲学社会学、经济学、理学、工学、医学等专业的研究人员，咨询服务事业工作人员包括科研咨询工作者、心理咨询工作者、职业咨询工作者等。

5. 时空性特征

随着社会的发展和进步，职业变化迅速，除了弃旧更新外，同一种职业的活动内容和方式也会发生变化，所以职业的划分带有明显的时代性。

（二）职业分类的方法

依据不同的分类标准和用途，职业分类有不同的方法。

1. 国际标准职业分类法

国际标准职业分类（international standard classification of occupations，ISCO）是国际劳工组织为给各国提供统一准则而制定的职业分类标准。1958 年，第一版《国际标准职业分类》（ISCO—58）发行，指出制定 ISCO 的主要目标有三点：便于各国统计数据间的比较；指导各国政府进行国家职业分类体系的修订；为在国际背景下辨识某些特殊的地域性职业提供途径。几十年来，ISCO 已成为世界各国制定和修订职业分类体系的蓝本，为促进国际相关领域的交流做出了贡献。ISCO 自 1958 年出版发行之后经过了 1968 年、1987 年、2007 年三次修订。ISCO—68 在 ISCO—58 的基础上，将运输和通信行业拆分，同时将服务行业作为一个大类单独划分，这种职业分类变化背后反映了以工业为主的产业发展趋势保持不变，但服务业和交通运输行业发展迅猛的产业发展背景。后来因为在实际使用过程中，人们发现 ISCO—68 职业大类之间差异较大，在做统计分析和描述时不太实用，所以人们便在 ISCO—68 的基础上插入了一个包含 28 个分类标准的中间类，同时对细类进行了重新划分，由此 ISCO—88 面世。与 ISCO—68 相比，ISCO—88 职业分类的大类基本保持不变，但在大类和细类的分类中增加了中间类。这给使用抽样调查方法统计职业分布情况带来了许多方便。

根据职业的更新发展，国际劳工组织在 2007 通过了《国际标准职业分类》（ISCO—08），这也是 ISCO 目前的最新版本。ISCO—08 在维持上一版本的基本原则和主要框架不变的基础上进行了一系列的改变，相较于前几版，ISCO—08 对于办公人员的分类体现了现代信息和通信技术行业的发展对于企业、机构人员办公方式产生的影响；在服务人员及销售人员的大类和中类上，对个人服务、个人护理和保卫服务进行了区分，这体现了社会福利水平的提高；在农、林、牧、渔业的职业分类中，将从业劳动者按照专业技术化程度进行区分，体现了这一行业机械化水平的提高。

2. 我国国家标准编码法

参照国际标准和方法，国家统计局和国家标准局在 1986 年首次颁布了中华人民共和国国家标准《职业分类和代码》（GB 6565—86），并启动了编制国家统一职业分类标准的宏大工程。根据社会经济发展的需要，1995 年 2 月，劳动和社会保障部、国家统计局和国家质量技术监督局联合中央各部委共同成立了国家职业分类大典和职业资格工作委员会，组织社会各界上千名专家，经过 4 年的艰苦努力，于 1998 年 12 月编制完成《中华人民共和国职业分类大典》（以下简称《大典》），并于 1999 年 5 月正式颁布实施。1999 年版《大典》将我国职业归为 8 个大类，66 个中类，413 个小类，1 838 个细类职业。

随着经济社会的不断发展，我国社会职业构成发生了很大变化。为适应社会发展需要，2010 年年底，人力资源和社会保障部会同国家质量监督检验检疫总局、国家统计局牵头成立了国家职业分类大典修订工作委员会及专家委员会，启动修订工作，历时 5 年，出台了会议审议通过的新版《大典》，即 2015 年版《大典》。随着我国进入新发展阶段，国家经济实力、科技实力、综合国力跃上新的台阶，新技术、新产业、新业态发展迅猛，行业发展变革引发社会职业结构较大规模变迁。为适应新时代我国人力资源管理的需要，2021 年 4 月，人力资源和社会保障部组织了《大典》的修订工作，出台了 2022 年版《大典》。

2022 年版《大典》围绕制造强国、数字中国、绿色经济、依法治国、乡村振兴等国家重点战略，将工业机器人操作员和运维人员、农业数字化技术员和农业经理人等近年来我国陆续颁布的 74 个新职业纳入其中，增加部分中类、小类及细类（工种），优化调整了部分归类，修改完善了部分职业信息描述。调整后，与 2015 年版《大典》相比，2022 年版《大典》在保持八大类不变的情况下，净增 158 个新职业，职业数达 1 639 个，具体如表 1-1 所示。新版大典首次标识了 97 个数字职业，占职业总数的 6%。同时，延续 2015 年版《大典》对绿色职业标注的做法，标注 134 个绿色职业，占职业总数的 8%。其中既是数字职业又是绿色职业的，共有 23 个。

资料
国家职业分类大典（二〇二二年版）公示

表 1-1 中国 2015 年版《大典》、2022 年版《大典》对照表

类　别	中国 2015 年版《大典》	中国 2022 年版《大典》
大类	1. 党的机关、国家机关、群众团体和社会组织、企事业单位负责人	1. 党的机关、国家机关、群众团体和社会组织、企事业单位负责人
	2. 专业技术人员	2. 专业技术人员
	3. 办事人员和有关人员	3. 办事人员和有关人员
	4. 社会生产服务和生活服务人员	4. 社会生产服务和生活服务人员
	5. 农、林、牧、渔业生产及辅助人员	5. 农、林、牧、渔业生产及辅助人员
	6. 生产制造及有关人员	6. 生产制造及有关人员
	7. 军人	7. 军队人员
	8. 不便分类的其他从业人员	8. 不便分类的其他从业人员

（续表）

类　别	中国 2015 年版《大典》	中国 2022 年版《大典》
中类	75 类	79 个
小类	434 类	450 个
细类	1481 类	1639 个

不管是国际职业分类标准 ISCO 还是《大典》，它们都是反映社会经济发展状况的晴雨表，是引领产业转型、升级和发展的风向标，是规范人力资源开发的标尺。它们每一次更新其实都是产业变化、升级的体现。这种职业分类的变迁深刻反映了国家经济社会发展的实际情况。

（三）职业分类的意义

世界上经济发达的国家都非常重视对职业分类问题的研究，这不仅是形成产业结构概念和进行产业结构、产业组织及产业政策研究的前提，也是对劳动者及其劳动进行分类管理、分级管理及系统管理的需要。职业分类具有非常重要的意义，具体如下：

（1）从国家层面的管理角度而言，同一性质的工作往往具有共同特点和规律，把性质相同的职业归为一类，有利于国家对职工队伍进行分类管理，根据不同的职业特点和工作要求采取相应的录用、调配考核、培训、奖惩等管理方法，使管理更具针对性。

（2）从对行业的指导而言，职业分类给各个职业分别确定了工作职责以及履行职责和完成工作所需要的职业素质，这就为各行业提供了明确的岗位责任制依据，有利于各行业的健康有序发展。

（3）从组织层面的优化而言，职业分类有利于建立合理的职业结构，进一步优化职工配置体制。

（4）从个人发展基础角度而言，职业分类为职工个人的职业发展和考核提供了明确的标准和方法，是进行员工考核和智力开发的重要依据。

第二节　人的发展理论

人的发展问题是古今中外哲学家们在进行人学研究、探索的一个核心话题，在当代，这一问题依旧是思想家、教育家和政治家潜心思考的问题。

一、西方国家关于人的发展理论

在西方哲学家心目中，人的本质、人的价值问题，特别是人的生存和发展问题，始终作为一组不解之谜和永恒难题，困扰着他们又吸引着他们。

（一）古代朴素人本思想

在遥远的古代，科学技术不发达，很多自然界的现象无法解释，人们关注自然万物，关注宇宙运行变化，却唯独忽略了关注这一切的人的本身。西方人本思想最早可以追溯到古希腊时期，人们从对自然的完全关注开始逐渐转向对人的问题进行思考和关注，这一时期的哲学体现了人本主义的萌芽——哲学开始关注人本身了，古希腊哲学家苏格拉底提出“有思想力的人是万物的尺度”，引发了人对自身的思考和反省，开始了人对自身的探索，他提出的“认识你自己”和“人应当知道自己的无知”成为当时古希腊人们的格言，所以后来的学者在研究西方社会人本思想时，便将古希腊、古罗马这一阶段哲学发展中透露的人本理念称作古代朴素人本思想。

（二）中世纪时期人本思想

从西罗马帝国灭亡到文艺复兴这一阶段的西欧历史称为中世纪。在这一阶段，宗教对人的统治达到了顶峰，宗教神学凌驾于一切学科之上，是证明上帝存在的一种工具，所有的意识形态成为神学的附属，人本身的价值和现实生活的意义遭到否定，人本思想遭到前所未有的颠覆。

当时统治阶级全面操纵反人学的宗教神学来实现对普通民众的精神控制，但以上帝为中心的宗教神学并没有将以人为中心的人本思想完全颠覆，人们对人类美好未来的期待让人本思想在夹缝中艰难地生存。

（三）文艺复兴时期人本思想

西方人本思想通过文艺复兴冲破中世纪宗教神学的桎梏并且发展到了一个高潮，人文主义是以少数文化精英的文学艺术作品为载体通过一场文化运动表现出来。文艺复兴是代表先进生产力的新兴资产阶级为了反抗封建教会的统治，在意识形态领域兴起的一场复兴古典文化的思想解放运动。14 世纪，随着资本主义经济的发展，人们迫切要求打破宗教神学束缚，其中涌现出了一大批人文主义者，如彼特拉克、薄伽丘、达·芬奇等诗人、画家和学者。他们对古希腊的著述进行广泛研究，接纳并推崇古人以人为中心的思想，肯定现实世界，反对禁欲主义，否认教会和封建特权，提倡理性。他们认为，人天生具有自由意志并且是平等的，提倡通过个性解放实现人人自由平等，培养出全面发展的人。

（四）近现代西方人本思想

16 世纪，西方近代哲学产生，以培根、笛卡儿、斯宾诺莎为代表的西方近代哲学家强调理性，提倡通过思考自由地把握自己和自然，而不是盲目地服从权威。到启蒙运动时期，理性和自由的口号在群众中得到进一步颂扬，哲学家越发崇尚积极有为的生活状态，关注现实生活问题，认为人和自然可以和谐相处。此外，启蒙运动还对封建的社会制度进行批判，提出主权来自人民，启蒙运动的发展有力地冲击了旧制度，推动了人自身的解放。“公民、人权、自由、平等、博爱”的口号得到广泛的宣扬，极大地推动了西方人本思想的发展。

近代西方哲学极力提倡理性，以至于理性替代了上帝精神，成为一种新的压抑人性的事物。伴随着工业革命在欧洲的发展，科学技术凭借自身力量推翻宗教神学而获得统治地位，人类利用科学理性的力量，大力改造自然和人类自身，追求更好的生活，但对理性的

倡导变成对理性的迷信，最终走向极端。从19世纪下半叶开始，西方工业文明蓬勃发展，理性和科学技术结合所形成的科技理性日益成为一种主流精神文化对人进行压榨，工业化进程的加快一方面加大了资本主义对人进行剥削的力度，另一方面也破坏了人赖以生存的自然环境，带来了生态失衡、环境污染等一系列问题。于是，近代西方人本思想走向了衰落。现代西方人本思想应运而生，它提倡非理性主义，关注人的现实生存状态，强调人的主体性。代表人物有尼采、叔本华和弗洛伊德等，不管是哪一流派，这些人本思想主要是从不同角度探索人，人的本质被归结为非理性的意志、生命的冲动、本能及情绪自由等。

二、中华优秀传统文化中关于人的发展理论

中华优秀传统文化包罗万象、博大精深，是中华民族宝贵的文化遗产。尽管传统文化中没有专门论述人的发展的课题，但是丰富的文献中却包含着关于人的发展的闪光思想，这为人们今天研究人的发展理论的问题提供了丰富的素材。这种思想可以归纳为三个方面：一是关于个人发展阶段的思想，二是关于个人发展动力的思想，三是关于个人事业发展的思想。

（一）中华优秀传统文化中关于个人发展阶段的思想

中国古代的人们不仅重视修身的结果，还注重修身的过程，也就是说，古人对于人的一生中各个阶段修身的任务都有非常明确的表述。儒家创始人孔子曾谈到自己的修养："吾十有五而志于学，三十而立，四十而不惑，五十而知天命，六十而耳顺，七十而从心所欲，不逾矩。"由此可见，修身是一个漫长的过程，也是一个不断思索、寻求道德依据的过程。这个过程明确指出了不同年龄阶段必须达到的程度，如30岁时达到"而立"，40岁时达到"不惑"，50岁时达到"知天命"，等等。虽然孔子谈的是自身修养的问题，但是圣人一贯主张"修身"与"齐家、治国、平天下"是一个统一的整体，而且强调修身是以"齐家、治国、平天下"为目的，强调修身的过程是强调个人能力和事业发展的过程，强调修身的程度是强调个人能力和事业发展的程度，强调修身的阶段是强调个人能力和事业发展的阶段。所以，人们现在常常说的青年人30岁时必须"成家立业"，就是从"三十而立"这个儒家学说中引申而来的，从而提出了不同年龄阶段个人发展的阶段性任务与目标。由此可见，古人虽然没有直接提出人的发展阶段问题，没有所谓的职业发展规划问题，但是其行为包含着这种思想，这对当今大学生的职业生涯发展规划有着重要的启示意义。

（二）中华优秀传统文化中关于个人发展动力的思想

中华优秀传统文化崇尚自强不息、积极进取，以此作为自我发展的精神动力，以实现自身发展的理想。《周易》曰："天行健，君子以自强不息。"《老子》常以"水"为喻，体现"以柔克刚"的精神，这恰好从另一侧面反映了中华民族的进取精神。《老子·七十八章》言："天下莫柔弱于水，而攻坚强者莫之能胜，以其无以易之。弱之胜强，柔之胜刚，天下莫不知，莫能行。"这正是滴水穿石的进取精神。水性也正是道性的体现，"道"运行不已，"周行不殆""道冲，而用之或不盈""虚而不屈，动而愈出"正是其生生不息、无穷创造的精神，也是对民族精神的勾勒。水是至柔的，但它却具有不断向前的魄力和探索精

神。水的柔性体现在个人身上便是一种韧性，体现在整个民族之中便是一种民族意志力。这种柔性就是另一种意义上的“刚强”，是能够克服刚强、超越刚强的柔弱之“刚强”。《老子·三十三章》的“自胜者强”、《老子·四十一章》中的“建德若偷”恰恰反映了中国传统文化中自强不息、不断进取的精神。孔子曰：“三军可夺帅也，匹夫不可夺志也。”“士不可以不弘毅。”“发愤忘食，乐以忘忧，不知老之将至云尔。”“刚健而文明，应乎天而时行。”“刚健中正，纯粹精也。”这些思想激励人们奋发图强、吃苦耐劳、刻苦学习、勤奋工作、刚强不屈。张岱年认为，中国几千年来文化传统的基本精神的主要内涵可概括为四项基本概念，即刚健有为、和与中、崇德利用、天人协调。自强不息、刚健有为是中华民族精神的灵魂，也是中华民族的传统美德。

这种自强不息、刚健有为的精神普遍扎根于人民之中，在不同历史时期有着不同表现形式，推动着中国社会的进步与发展。从历史长河看，这种自强不息、刚健有为的精神表现在：在与大自然的斗争中，我们的祖先发扬了“大禹治水”“精卫填海”“愚公移山”的精神战胜洪水猛兽，战胜恶劣的自然环境；在民族危难之际，人们激发民族斗志，反抗压迫，不畏强暴，克服困难，推翻了“三座大山”，最终积极进取、与时俱进、开拓创新，开创社会主义现代化建设的新局面。这种精神对当今大学生的全面发展有重要的促进作用，对职业发展与事业追求无疑是巨大的精神动力和宝贵财富。

（三）中华优秀传统文化中关于个人事业发展内在规律性的思想

《礼记·大学》曰：“古之欲明明德于天下者，先治其国；欲治其国者，先齐其家；欲齐其家者，先修其身；欲修其身者，先正其心；欲正其心者，先诚其意；欲诚其意者，先致其知；致知在格物。物格而后知至，知至而后意诚，意诚而后心正，心正而后身修，身修而后家齐，家齐而后国治，国治而后天下平。”儒家提出的这样一条集道德、政治于一体的正确处理个人、家庭与国家三者关系的法则不仅表达了美好的政治理想，而且提出了非常明确的个人事业发展的内在规律性问题。

“修身、齐家、治国、平天下”，以自我完善为基础，通过治理家庭，直到平定天下，是儒家传统思想中知识分子尊崇的信条，是几千年来无数知识分子的最高理想，并成为古代中国文人士子的人生发展轨迹。实际上，每个人的学习都应该经历“格物、致知、诚意、正心、修身、齐家、治国、平天下”的历程。从格物到修身的过程是内修之学，齐家、治国、平天下为外用之学。从历史经验上看，在内修或内修之学完备之前，个人不可能真正事业有成。也就是说，个人只有具备一定的内在修养，才会有外在事业的辉煌。个人要想成就一番事业，首先必须具有内在修养，提高道德素质。

由此看来，儒家文化为人们提出了个人事业发展的两个准则：

（1）个人事业的发展必须按照“格物、致知、诚意、正心、修身、齐家、治国、平天下”的要求，循序渐进地展开自己的职业生涯——先“格物、致知、诚意、正心”以达“修身”，即以自我修养为基础，以伦理道德为前提，再谈“齐家、治国、平天下”。要想“治国、平天下”，又必须先“齐家”，即整治家庭，达到家庭和谐美满。这就告诉人们，个

人要想成就一番事业，首先必须学会做人，即必须学习理论知识，提高自身修养，然后处理好家庭事务，在此基础上才能为国家、社会做出贡献。因此，思想道德素质是事业成功的基础，家庭和谐稳定是治理国家、安定天下的前提。这实际上是关于“做人”与“做事”的关系问题，做人是做事的基础和前提，做事是做人的结果，没有做好人，就不能做成事，而要想做成事，就必须先做好人。

（2）个人事业的发展是与家庭和谐、国家治理乃至天下安定相统一的。没有“修身、齐家”的基础，就不能“治国、平天下”，而不能“治国、平天下”，就失去了“外王”之用，“修身”也就失去了意义，更谈不上个人发展和事业成就了。所以，几千年来，中国古代的文人士子大都以“治国、平天下”作为自己的奋斗目标和事业追求，将提高自身素质与家庭和谐、国家的稳定和繁荣紧密地结合起来，做到做人与做事相统一、个人发展与社会发展相统一。

三、马克思主义关于人的全面发展理论

人的发展问题是古往今来的许多思想家都深切关注的问题，他们提出了许多有价值、有启示意义的观点。马克思以历史实践为基础，通过对资本主义制度的深刻批判提出了人的全面发展理论，在马克思的论述中，人的全面发展应当包括人的需要、能力、个性自由和社会关系四个部分。

党的二十大郑重宣告，要“以中国式现代化全面推进中华民族伟大复兴”。中国式现代化是实现中华民族伟大复兴的关键环节，在党领导人民探寻发展道路的进程中，在马克思主义的指导下，结合中国革命与发展的实际情况，我们不断开辟中国式现代化的新境界，也在不断推动人的发展迈入更高阶段。

（一）产生背景

马克思人学思想的产生是响应时代的呼唤，马克思关于人的全面发展理论的提出有着深刻的时代背景。随着工业革命的开展，社会生产力不断提高，资本主义发展迅速，但是劳动异化现象也越来越明显，工人生活日益贫困，资产阶级和无产阶级矛盾尖锐化，社会出现了三重危机：首先是资本主义制度造成的弱势群体的生存危机；其次是整个人类生存面临的现实危机；最后是每个个体出现的生存意义危机。在这样的时代背景下，马克思人学思想在历史舞台上登场了。在历史的推动下，马克思人学思想结合工人运动实践，逐步成为一门科学的理论，其内涵还在随时代发展不断丰富完善。

（二）马克思关于人的全面发展理论的内涵

人的发展问题是马克思一生都在关注的问题，马克思关于人的全面发展是指作为一个完整的人占有自己全面的本质，是现实的、历史的人在其需要、能力、个性和社会关系这几个方面的全面发展。

1. 人的需要的全面发展

人的需要是人对一定客观事物需求的表现，是人的本性，它是人的全部活动的内在动

力。人的需要随着社会历史的发展呈现出一种自然上升的趋势。

2. 人的能力的全面发展

人的能力是人的本质力量的体现，它既包括体力，又包括智力；既包括从事物质生产能力，又包括从事精神生产能力；既包括社会交往能力，又包括道德修养的能力和审美能力等。马克思认为，在共产主义社会，发展人的能力将成为目的本身。他指出：“任何人的职责、使命、任务就是全面发展自己的一切能力。”马克思科学地预见，“在共产主义自由王国里，发挥和发展人的能力将成为目的本身，个人能力的发展将呈现出前所未有的普遍性和全面性”。

3. 人的个性的全面发展

人的个性是指个人的自我意识及由此形成的个人特有素质、品格、气质、性格、爱好、兴趣、特长、情感等的总和。马克思把人的个性叫作“自由个性”，并认为人的发展在一定意义上就是在劳动能力和社会关系的基础上，“有个性的个人”逐步替代“偶然的个人”的过程，即与社会关系相适应、对社会关系有自主性的个人逐步代替与社会关系不相适应、没有自主性、处于被奴役地位的个人。人的个性的全面发展是指人的个性在各个方面获得的最大限度的发展，是人的全面发展的综合表现，是共产主义社会形态的最高象征。

4. 人的社会关系的全面发展

人的本质是“一切社会关系的总和”，社会属性是人的本质属性，社会关系实际决定着一个人能够发展到的程度。人的能力发展离不开社会环境和社会交往，人的存在无不受到具体的社会关系的制约，人的发展无不现实地表现在具体的社会关系的变革之中，一个人的发展取决于他直接或间接进行交往的其他一切人的发展。

（三）马克思关于人的全面发展理论的实现条件

在马克思之前的许多思想家思考过人的发展问题，但他们都是从抽象的人角度出发的。马克思坚持实践的观点，从人类社会发展的生产力和生产关系的角度来为实现人的全面发展寻找现实路径。人的发展不仅应该是全面的，而且应当是自由的，马克思称之为“每个人的全面而自由的发展”，不是指个人的素质和潜力无一遗漏地得到发展，是人的全部才能的“自由发展”，是人作为主体的自觉、自主、自愿的发展，即每个人不应受到他人的和外力的强制，应完全按照自己的意愿自由地发展自己想要的素质和能力。

1. 发展生产力是实现人全面发展的物质基础

在马克思看来，人的全面发展有一个物质前提便是生产力高度发达。马克思指出：“当人们还不能使自己的吃喝住穿在质和量方面得到充分供应的时候，人们就根本不能获得解放。”生产力的发展为人的全面发展奠定了物质基础。只有发展生产力，才能为人争取获得更多的自由时间。马克思指出：“由于给所有的人腾出了时间和创造了手段，个人会在艺术、科学等等方面得到发展。”在生产力较为低下的古代，人必须用多的时间才能生产出一定数量的产品。近代随着生产力的发展，手工工厂和机器大生产的迅猛发展，生产效率逐渐提高，生产一定数量的商品的社会必要劳动时间不断减少，人们开始考虑将劳动空余出来的时间用于促进个性和全面发展。正如马克思说的："正象单个人的情况一样，社会发展、社会享用和社会活动的全面性，都取决于时间的节省。一切节约归根到底都是时间的节约。"此外，在生产力发展的同时，资产阶级和无产阶级的矛盾也在日益激化，无产阶级作为被压榨的一方，不占有生产资料，只出卖劳动力。随着双方矛盾日益激化，无产阶级只有联合起来占有生产力的总和，使生产力的发展成果用于个人的全面发展，才能为人的全面发展做好物质铺垫。

2. 建设先进制度是实现人全面发展的政治保证

马克思认为消灭私有制和旧式分工，是实现人的全面发展的根本条件。旧的社会分工导致了人的畸形发展，只有能谋生的那部分技能得到发展，其他的技能的发展变得并不重要，使人成为异化的人。只要他不想失去生活资料，他就始终是这样的异化人。因此，只有消灭私有制和旧式分工，才能消灭城乡差别、工农差别、脑力劳动和体力劳动的差别，使劳动成为真正自由的活动，实现劳动者全面而自由的发展。马克思以批判资本主义私有制中的异化劳动为起点，深入资本主义制度中的腐朽部分，把矛头指向资本主义制度，提出只有建立一种先进的社会制度才能为人的发展提供保障，而共产主义便是一种先进的社会制度。在共产主义的联合体中，每一个人的自由发展都是其他人发展的条件，因而这样的社会环境保障每一个人的自由全面发展。当然，按照目前的生产力，我们还处于社会主义初级阶段，离共产主义尚有很漫长的路要走。

3. 大力发展教育是实现人全面发展的重要手段

教育是用来提高人的素质实现人全面发展的重要手段。技能教育能教人掌握先进的生产技术和管理经验，文化教育可以提高人的精神境界和文化素质，为人自由全面的发展奠定良好的基础。掌握了教育，在探寻实现人的全面发展的路径时，就从根本上掌握了立足点。凡是能促进生产力发展的、能够不断实现社会制度进步的先进事物，都可以通过教育的方式进行传导，促进人、社会进步。

拓展资料

马哲通俗之美——人的全面发展理论

抛开晦涩的理论文字，究竟什么是人的全面发展？为何国家在教育领域多年来一直强调学生的全面发展？

对于第一个问题。《论语·为政》中有这样一句话，"子曰：君子不器"。器就是器皿，器具。孔夫子这句话表达的意思是：君子是人，人不应该被当成工具。两千多年后，马克思在《1844年经济学哲学手稿》提出了一个概念：异化。"劳动所生产的对象，即劳动的产品，作为一种异己的存在物，作为不依赖于生产者的力量，同劳动相对立。劳动的产品是固定在某个对象中的、物化的劳动，这就是劳动的对象化。劳动的现实化就是劳动的对象化。在国民经济的实际状况中，劳动的这种现实化表现为工人的非现实化，对象化表现为对象的丧失和被对象奴役，占有表现为异化、外化。”如果马克思的这段话很难理解，那么大资本家、现代工业流水线制度的发明者亨利·福特有一句名言可以很好地为马克思的这段话做注脚：“我需要的是一双手，为什么上帝给了我整个人？”

孔子和马克思二人表达了一个共同的观点：人不应当成为工具。所以人的全面发展指的是人应当真正以一个独立的人，而不是一样工具去发展自身。两者之间有什么区别呢？比如，一个学生对经济学感兴趣，仅是因为他认为经济学是一门在改造世界上有着很大用途的学问，为此他愿意花费时间和精力读书学习，哪怕并不能得到学校发放的文凭或相关部门发放的从业资格证书。在这种学习中，该生始终是主动的、带着改变世界的目的去学习，这便是人的自我发展。假如他是一个讨厌经济学的学生，学习经济学是因为这张文凭能够增加他就业的概率、提升工资水平，为此他不得不强迫自己去学习，自始至终，出发点都是为了糊口、生存或者过得更好一点，那么便是资本把他改造了，在这样的发展下他把自己变成了工具。

对于第二个问题。现代社会中，教育的目的就是促进人的发展，促使人成为合格的劳动者，满足社会、经济、政治、文化领域对各类人才的需求，与此同时，在这个过程中，人的主观能动性也得以延展和发挥，自我价值得到实现和彰显。通俗地说，教育就是要使人在“宏观发展需求”（国家需要什么样的人才）和“个人发展需求”（尊重个人意愿和独特天赋）中找到一个平衡点，使得两个需求能被同时满足。为了满足这一点，马克思主义教育流派的学者认为，只有促进人的全面发展，才能够实现。它有两个层面的含义。一是宏观层面，国家和各级各类教育机构要为社会发展提供尽可能多的人才，并且这些人才的结构一定要丰富。可通俗地理解为“种地除草的要有，写代码试 bug 的要有，研究转基因的也要有”。因此，现在的大学会开设很多的专业，这就是所谓培养全面发展的人才的内涵之一。二是微观层面，即对个人而言，所谓的全面发展是指“个人发展的可能性空间要全面”。可能性空间是马克思提出的一个有趣的理论，生产力的发展决定了历史发展的可能性空间，而人民群众则从空间中进行选择。为了尽可能地拓展个人发展可能性的空间，教育便提供了这样的功能，为了弥补一些依靠自身和家庭的努力达不到实现自身全面发展的人们，国家提供一些帮助，即通过通识教育，学生对各学科各专业有一个比较浅显的大概了解后，再选择专业，决定以后的发展方向。

资料来源：作者整理。

【分析】

很多人把全面发展当作一个人要什么都会，这是误解了全面发展的概念，也是不可能实现的目标。根据木桶理论，如果将人比作一个木桶，桶中的水代表才能，那么这个桶能装多少水取决于最短的那块木板。人的全面发展从来不是要让人成为一座金字塔，而是尽量地去拔高短板，或者说不让人生因缺少某块木板而产生遗憾。

（四）马克思主义关于人的全面发展理论的中国化

中国共产党把马克思主义基本原理同中国具体实际相结合、同中华优秀传统文化相结合，勇于进行理论探索和创新，在马克思主义关于人的全面发展问题上，取得一系列重大的理论成果。

1. 毛泽东思想中有关人的全面发展理论

在新民主主义革命时期，马克思主义结合中国革命实际产生了马克思主义中国化的第一个理论成果，即毛泽东思想。毛泽东思想中有不少的内容体现了关于人的全面发展理论。

毛泽东思想遵循人的发展逻辑，明确中华民族的独立是人的发展的前提，中国人民的解放和进步唯有在这一条件下方能实现。完整掌握国家主权是执政党自主探索发展道路的基础，也是本国人民切实享受发展成果的先决条件。在阶级社会中，个人命运与民族国家密切联系，民族独立是人民解放的前提，更是人自由全面发展的前提。鸦片战争后，中国逐渐沦为半殖民地半封建社会，国家主权被帝国主义列强践踏侵害，中华民族和中国人民陷入水深火热之中。洋务派和维新派率先提出关于近代化和现代化的问题，但他们将西方器物或体制作为现代化的根本来学习和引进，不仅致其因水土不服而纷纷夭折，而且存在着巨大隐患：在中华民族积贫积弱的情况下，这种现代化植根于对西方国家的依赖，其命脉被西方国家所掌握，丧失自主权的现代化必然走向失败。此时，国人遭受着来自封建专制统治和西方列强的双重压迫，其生存本身就遭受内外威胁，更遑论发展问题。经过新民主主义革命，党领导人民推翻了“三座大山”的压迫。在开国大典上，毛泽东正式宣告中国人民从此站起来了，中华民族和中国人民从此自主掌握了自身发展的权利。

中华人民共和国成立后，我国是人民民主专政的社会主义国家，人民是国家的主人。在马克思主义的指导下，党的第一代领导集体明确经济力量是实现人的发展的坚实基础，由此，党制订并完成了“一五计划”，提出实现“四个现代化”宏伟目标，着力推动经济发展。“四个现代化”包含工业、农业、国防、科学技术在内，意味着党对人民的生存需要、发展需要、安全需要的全面保障。

2. 邓小平理论中有关人的全面发展理论

在关于人的全面发展问题的理解上，邓小平理论认为“富起来”为人的发展创造了充分条件。党的十一届三中全会明确实践是检验真理的唯一标准，强调人民是社会主义现代化事业的评判者。党和国家立足社会现实与人民的迫切需求，明确当时社会的主要矛盾是人民日益增长的物质文化需要与落后的社会生产之间的矛盾，强调将工作重心转移到经济建设上来的重要决策，着力奠定社会现代化和人的发展的基础。在南方谈话中，邓小平提出了“三个有利于”的判断标准，将能否提高人民生活水平作为判断政策合理性和有效性的尺度。1992 年，党和国家做出了确立社会主义市场经济体制改革目标的重大决定，以此推动中国社会经济发展。为防止资本涌入导致资本逻辑下人对物的依赖关系和人的主体性的消解，党和国家采取各种手段最大限度地发挥资本促进社会发展的优势，确保资本服务于人民、服务于社会主义，保证人的逻辑的主导地位不动摇。

改革开放和社会主义市场经济体制的建立推动中国社会经济迅速发展，人民生活实现从温饱到小康的过渡。在满足基本的物质需求后，人民向往更高层次的精神文化生活。物质文明和精神文明是人的全面发展的内在要求。邓小平强调："现代化建设的任务是多方面的，各个方面需要综合平衡，不能单打一。"在推进物质文明建设时也要兼顾精神文明建设，两手抓、两手都要硬，经济活动的社会主义性质保证了它的人民属性。随着中国特色社会主义事业的推进，人民群众不仅具有参与文化活动的经济基础和时间条件，而且得以接受世界各国优秀文化的熏陶，人们的思想道德素质和科学文化水平都得到巨大提升。

3. "三个代表"重要思想中有关人的全面发展理论

江泽民提出的"三个代表"重要思想是马克思主义中国化又一次与时俱进的具体体现。江泽民 2000 年 2 月在广东省考察工作时，从全面总结党的历史经验和如何适应新形势新任务的要求出发，首次对"三个代表"重要思想进行了比较全面的阐述。

从"三个代表"重要思想的科学内涵来看，不少内容体现着人的发展观点。第一，中国共产党始终代表中国先进生产力的发展要求，就是党的理论、路线、纲领、方针、政策和各项工作，必须努力符合生产力发展的规律，体现不断推动社会生产力的解放和发展的要求，尤其要体现推动先进生产力发展的要求，通过发展生产力不断提高人民群众的生活水平，为人民的全面发展提供物质保障。第二，中国共产党始终代表中国先进文化的前进方向，就是党的理论、路线、纲领、方针、政策和各项工作，必须努力体现发展面向现代化、面向世界、面向未来的，民族的科学的大众的社会主义文化的要求，促进全民族思想道德素质和科学文化素质的不断提高，为我国经济发展和社会进步提供精神动力与智力支持。在一个精神文明不断发展的社会，反过来又能够滋养更多精神富足的人，为人的全面发展提供思想、社会基础。第三，中国共产党始终代表中国最广大人民的根本利益，就是党的理论、路线、纲领、方针、政策和各项工作，必须坚持把人民的根本利益作为出发点和归宿，充分发挥人民群众的积极性、主动性、创造性，在社会不断发展进步的基础上，使人民群众不断获得切实的经济、政治、文化利益。

4. 科学发展观中有关人的全面发展理论

胡锦涛提出的科学发展观，避免了走西方工业化进程中以牺牲自然环境，最终伤害人的身体健康来换取社会快速发展的老路，为人的全面发展提供了良好的现实自然基础。科学发展观提出"以人为本"和"统筹兼顾"的重要观点，并把它们与"全面""协调""可持续"发展有机结合起来，形成一个完整而严密的关于发展问题的理论体系。科学发展观坚持以人为本与尊重客观规律相统一，坚持以经济建设为中心与社会全面发展相统一，坚持各方面发展与整体协调发展相统一，坚持人类社会发展与自然生态环境相统一，深化了对共产党执政规律、社会主义建设规律和人类社会发展规律的认识，体现了我们党领导人民在实现什么样的发展、怎样发展这个重大问题上的理论自觉和理论自信。

5. 习近平新时代中国特色社会主义思想中有关人的全面发展理论

习近平新时代中国特色社会主义思想是马克思主义中国化再一次新的历史性飞跃，不断赋予人的发展理论以新的内涵。当代中国经过改革开放四十多年的快速发展，处于一个新的历史方位，经济社会发展的根本理念是见物还是见人？人的需求会是什么？人的位置会在哪儿？人的精神追求将去向何处？习近平新时代中国特色社会主义思想深刻回答了新时代坚持和发展什么样的中国特色社会主义、怎样坚持和发展中国特色社会主义这一重大时代课题，实际上也是在回答新时代怎样更好促进人的全面发展这一理论命题。

习近平新时代中国特色社会主义思想明确我国主要矛盾从“人民日益增长的物质文化需要和落后生产力之间的矛盾”转变为“人民日益增长的美好生活需要和不平衡不充分的发展之间的矛盾”，这一重大表述肯定了过去数十年间中国社会生产力的发展和物质文化生活的改善，进一步把“美好生活需要”作为衡量我国社会进步与否的重要标尺，而美好生活需要则包括物质上的需要、文化精神上的需要、绿色生态环境的需要、社会福祉的需要等满足人全面发展的多重内容。习近平总书记指出：“在我国社会主义制度下，既要不断解放和发展社会生产力，不断创造和积累社会财富，又要防止两极分化，切实推动人的全面发展、全体人民共同富裕取得更为明显的实质性进展。”推动人的全面发展，是马克思主义的基本价值取向，是科学社会主义的重要价值目标。中国特色社会主义进入了新时代，以习近平同志为核心的党中央把人民对美好生活的向往作为奋斗目标，坚持以人民为中心的发展思想，持续推动人的全面发展，不断把科学社会主义的价值目标变为现实。

习近平总书记在《之江新语》中指出：“人，在本质上就是文化的人，而不是‘物化’的人；是能动、全面的人，而不是僵化、‘单向度’的人。”站在新的历史起点上，习近平新时代中国特色社会主义思想为推动人的全面发展提供了科学理论指导。习近平提出的“坚持人民主体地位”“人民对美好生活的向往，就是我们的奋斗目标”“不断保障和改善民生，促进社会公平正义，在更高水平上实现幼有所育、学有所教、劳有所得、病有所医、老有所养、住有所居、弱有所扶，让发展成果更多更公平惠及全体人民，不断促进人的全面发展，朝着实现全体人民共同富裕不断迈进”等一系列新思想、新观点、新论断，均体现了习近平新时代中国特色社会主义思想人民至上的价值追求，与马克思关于人的全面发展学说具有同理性。

第三节　人的全面发展与职业的关系

人是劳动的人，劳动实践将人与动物区别开来，职业便是人为了生活从事的某一具体劳动。恩格斯在 1876 年撰写的《劳动在从猿到人转变过程中的作用》中提出“劳动创造人”的理念，劳动创造了“现实的人”，又创造全面发展的人。职业促进了人的全面发展。

一、职业化和专业化与人的全面发展的关系

职业化和专业化的前提是社会分工的出现，要理解职业化和专业化与人的全面发展的关系，必须先知晓职业化、专业化的概念，理解分工与人的全面发展的关系。在清楚这两块知识后，才能透彻地看清职业化和专业化在人的全面发展进程中扮演的角色。

（一）职业化、专业化的概念

职业化、专业化看似相同的两个概念，但其在性质上和内容上都有所不同。

从性质上看，专业化是一个普通的职业群体在一定时期内，逐渐符合专业标准、成为行业专家并获得相应专业地位的过程。职业化是一种工作状态的标准化、规范化和制度化，包括在工作中应该遵循或者具备的职业行为规范、职业素养和职业技能。

从内容上看，专业化具有以下七个特点：一是范围明确，垄断地从事于社会不可缺少的工作；二是运用高度的理智性技术；三是需要历经长期的专业教育；四是从事者个人、集体均具有广泛自律性；五是在专业自律性范围内，直接负有做出判断、采取行为的责任；六是非营利性，以服务为动机；七是拥有应用方式具体化的理论纲领。职业化是使员工在知识、技能、观念、思维、态度、心理上符合职业规范和标准。总而言之，职业化包含职业化素养、职业化行为规范和职业化技能三个部分内容。

（二）职业化、专业化是人的全面发展的内在要求和实现途径

社会分工导致了职业化和专业化出现。马克思提出，分工不是社会发展的推动力量，而是一种异化劳动的形式。随着科技发展，现代社会劳动的复杂程度越来越高，分工也越来越细化，职业化和专业化是社会分工的必然导向，也是提高生产力、发展经济的大势所趋。在原始社会还未发展农业种植时，族人们一起打猎、摘果，然后分享这些猎物和果实以达到生存的目的。那时出现的分工，是性别的上的自发分工：男人打猎，女人摘果，对应着较低的社会生产力。进入农业社会后，逐渐形成了男耕女织的生活、生产方式。铁质农具应用到农业生产中后，人们种植的农作物在满足自身需求后开始有了结余，于是大家相互交换、互通有无，甚至有人以此为业，开始出现现代意义上的自发社会分工。历史进展到今天，自发社会分工已经不能满足经济发展的要求，分工的队伍也有职业化和专业化的趋势，分工开始进入一种自觉状态。

在马克思主义的理论中，当社会发展到共产主义阶段时，劳动只是扩大、丰富工人的生活的一种方式。当前，人们娱乐是为了缓解工作带来的疲劳，是平衡工作和生活的一种方式。在共产主义阶段，劳动对于人的意义就如同当前娱乐对于人的意义一样，是一种让人更好地生活和实现全面发展的手段。要达到这一境界，实现劳动对人意义的转变，就需要大力发展生产力，提高生产力水平，因为共产主义阶段是生产力高度发达、物质极大丰富的阶段，而职业化和专业化就是提高生产力的重要途径。目前，虽然分工作为一种异化劳动的方式，职业化和专业化作为异化劳动的一种表现，看上去是有违人的全面发展的，但是这确实是实现共产主义、实现人的全面发展的一个必经阶段。

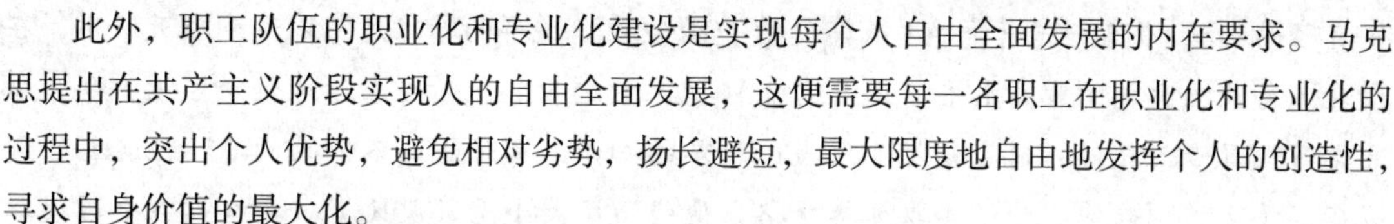

此外，职工队伍的职业化和专业化建设是实现每个人自由全面发展的内在要求。马克思提出在共产主义阶段实现人的自由全面发展，这便需要每一名职工在职业化和专业化的过程中，突出个人优势，避免相对劣势，扬长避短，最大限度地自由地发挥个人的创造性，寻求自身价值的最大化。

（三）职业化、专业化的实现促进了人的全面发展

在理论上，员工队伍职业化、专业化的建设促进了马克思人的全面发展理论的完善。一方面，与时俱进是马克思主义重要的理论品质，员工队伍职业化、专业化的建设的目标是“随时随地都要以当时的历史条件为依据更新技能”，进行创新性发展。另一方面，马克思主义最崇高的社会理想是实现物质财富极大丰富，人民精神境界极大提高，每个人全面自由地发展。马克思在《哥达纲领批判》中提到“每个人都像其他人一样只是劳动者；但是它默认不同等的个人天赋，因而也就默认不同等的工作能力是天然特权”。劳动者在社会分工中，作为职业化、专业化队伍中的一员，按照不同的工作能力和天赋进行工作，在他们自身全面自由发展的实践过程中，为马克思人的全面发展理论提供现实支撑，让这一理论不断从现实汲取养分，进行完善和补充。

实践上，员工队伍职业化、专业化的建设促进了员工个人的全面发展。马克思主义是在实践中产生，并在实践中不断丰富和发展的优秀理论成果。恩格斯在《反杜林论》中提到旧的社会分工的消灭和新组织的出现时，认为“代之而起的应该是这样的生产组织：在这个组织中，一方面，任何个人都不能把自己在生产劳动这个人类生存的自然条件中所应参加的部分推到别人身上；另一方面，生产劳动给每一个人提供全面发展和表现自己全部的即体力的和脑力的能力的机会，这样，生产劳动就不再是奴役人的手段，而成了解放人的手段，因此，生产劳动就从一种负担变成一种快乐”。员工队伍在职业化、专业化的过程中，在实践上为马克思主义人的全面自由发展提供了现实平台，为员工展示自己的体力和脑力提供了机会，在这个过程中，促使人发掘与发挥长处，促进自身全面自由发展。

总之，人的全面发展理论为员工队伍的职业化、专业化建设提供了指导思想，是员工队伍职业化、专业化的建设的目标。同时，员工队伍职业化、专业化的建设是实现人的全面自由发展的内在要求和重要途径，促进了员工的全面自由发展。

拓展资料

大国工匠王光挣：从一线车间工人到国家高级技师
执着于 0.01 毫米打磨航天级别的精度

王光挣是全国五一劳动奖章获得者，也是国家高级技师，他从事模具行业已有 28 年。在 2010 年全国机械行业首届模具工技能大赛中，王光挣曾将模具的打磨精度从 0.02 毫米的标准公差提高到了 0.01 毫米。他在接受央视网记者采访时表示，0.01 毫米的精度相当于头

发直径的1/5，或者一张普通A4纸厚度的1/10左右。这样的精准度可以达到航天级别，在模具工行业里面属于最高水平。正是这0.01毫米的进步，他精益求精地钻研了近一年，白天学习模具专业技能，晚上复习消化当天所学的知识，有时遇到不懂的问题，他会钻研到深夜、手掌练到起泡。为了争取参赛资格，他经历了大小无数次比赛。最终，在全国大赛中，他以极高的精准度一举夺冠，并带领团队成员夺得了全国首届模具工大赛“团体优胜奖”。模具根据产品形状、结构确定制造工艺，从加工、组装、调试到生产，模具的精度直接关系到产品的质量。模具的精度越高，产品加工的误差就越小。

从初出茅庐的一线工人到如今的国家高级技师，背后的成功体现了王光挣的专业化和职业化。工作带给他的最大快乐就是，经过他制作的模具生产出来的车身零件100%合格。28年前，王光挣刚学做模具时，加工条件有限，许多工作都是靠人工完成，手工制造打磨的较多，一天下来，他的脸上、衣服上满是灰尘、油污。王光挣的师傅告诉他，模具是一门手艺，是一个技术活儿，把技术学好了，自然就不觉得辛苦了。多年来，他不断弥补知识短板，多次临危受命、攻坚克难，虽日常忙于工作，但看书的习惯一直保持到现在。现在回头看，每一份荣誉的背后，都是曾经付出的汗水和辛劳。他说，正是因为那段时间的经验积累，才有了技能水平的快速提升。2018年，台州市成立了“王光挣技能大师工作室”；2020年浙江省成立了“王光挣技能大师工作室”，其主要负责解决企业生产中的各种疑难问题，通过师带徒技艺传授，为企业培养高技能人才。如今，在他的带动和指导下，多名班组成员已成为行业中的佼佼者，有的还获得了“集团技能能手”和“全国优胜奖”等荣誉称号。

资料来源：央视网，2021年12月15日。（有改动）

【分析】

在全面建设社会主义现代化国家的时代背景下，像王光挣这样的大国工匠们，正在以一流的技艺，做出一流的产品，托起一流的产业。劳模精神、工匠精神激励着越来越多的劳动者特别是青年一代走上技能成才之路。在社会分工越来越细致的今天，职业化和专业化是不可避免的趋势，这也是未来我们立足职场和社会的傍身之技，让职业发展道路更有竞争力。

二、职业活动与人的全面发展的关系

职业活动是一个从个性出发，人类为了谋求生存和未来生活而不断提高其处理和使用职业知识的生命过程。要理解职业活动与人的全面发展的关系，首先要了解几个马克思主义相关的就业理论，了解劳动如何通过职业活动转化成有价值的商品。

（一）劳动力商品理论

马克思在《资本论》第一卷中论述货币如何转化为资本时，集中阐述了劳动力商品理论。劳动者的劳动能力要想成为商品，就必须具备两个条件：一是劳动力所有者是“自由

人”，能自由支配自己的劳动力；二是除了自己的劳动力外，必须一无所有，不得不靠出卖劳动力来维持生活。劳动力是商品，它和其他商品一样具有使用价值和价值。其价值是由生产和再生产劳动力商品的社会必要劳动时间决定的，工资是劳动力商品的价格。

马克思认为，在任何社会，劳动力都是社会生产的基本要素，但只有在资本主义社会，劳动力才作为商品被买卖。劳动力商品具有特殊性，劳动力在使用过程中能够创造出价值，并且能够创造出比它自身价值更大的价值，即剩余价值，而这一价值被资本家无偿占有了。在劳动力商品理论的基础上，马克思揭示了就业与失业的内涵。马克思指出，劳动力不卖出去，对工人就毫无用处，不仅如此，工人还会感到一种残酷的自然必然性，他的劳动力的生产曾经需要一定量的生存资料，劳动力的再生产又需要一定量的生存资料，其他商品卖不出去，可以暂时从流通领域中退出，作为商品库存，它的价值仍然存在。但劳动力卖不出去，工人处于失业状态下，它的价值等于零。由此可见，一份职业为劳动力作为商品进入生产过程，实现其价值提供了机会；失业便是劳动力作为商品停留在流通领域，未实现其价值，其使用价值未在生产过程中发挥作用。就业与失业的存在直接与劳动力商品的交换关系相联系。

（二）资本主义相对过剩人口理论

马克思认为，在社会化大生产中，要使社会再生产顺利进行，就必须把社会劳动按照一定的比例分配到社会生产的各个部门中去。分配形式有两种：一种是计划配置形式，另一种是市场配置形式。在资本主义社会，经济运行是受市场机制支配的，劳动力资源也是通过市场机制来配置的。

资本主义制度下，按照市场配置劳动力的结果必然会造成失业的出现。失业的根源是资本主义基本矛盾，即生产社会化与生产资料的私人占有之间的矛盾。随着资本主义经济的发展，竞争压力增大，迫使资本家不断提高生产率，结果使资本有机构成不断提高，资本中不变资本比例越来越大，而可变资本比例越来越少，就会出现资本对劳动力的需求不能满足劳动力求职的需求，从而出现失业。这种失业完全是相对于资本对剩余价值的追求而产生的，因此称为相对过剩人口。相对过剩人口的产生是“资本主义生产方式所特有的人口规律”，其表现形式如下：

（1）流动的过剩人口，即暂时找不到工作的临时失业人口。

（2）潜在的过剩人口，即农村的过剩人口。由于农村许多劳动力都占有一定的土地，因此叫作潜在的过剩人口。

（3）停滞的过剩人口，即没有固定职业，依靠干些杂活儿勉强维持生活的劳动者，他们劳动时间最长，而工资最低。

马克思指出，相对过剩人口不仅形成产业后备军，还是资本主义生产方式存在和发展的必要条件。资本主义社会出现的失业现象，是资本家疯狂追求剩余价值的后果，是资本主义社会不可避免的现象。

（三）社会主义普遍就业理论

马克思、恩格斯以就业普遍化为核心，对普遍就业的本质特征、必要性和条件等都进行了系统分析，使普遍就业思想成为较为系统的理论体系。马克思、恩格斯通过分析批判资本主义雇佣劳动制度和人口过剩规律，揭露了资本主义人口过剩的实质及资本主义保证全体公民都有工可做的虚伪性，表达了废除资本主义雇佣劳动制度的想法并提出了在共产主义社会推行劳动就业普遍化的思想。在普遍就业的科学构想方面，马克思、恩格斯设想在共产主义社会，资本主义人口相对过剩现象根本消除，人人都必须劳动，人人都有工可做，凡是有劳动能力的人都平等地享有劳动就业的权利和义务；由于人们利用自己的生产资料为自己劳动，所以异化劳动消灭、旧的社会分工根本消除、劳动条件改善、劳动强度适度，且人人都能同等地、愈益丰富地得到生活资料、享受资料、发展和表现一切体力和智力所需要的资料。这样，劳动就业就不再是劳动者的一种负担和痛苦，而是一种幸福和快乐；就不仅仅是一种谋生手段，而主要是生活的第一需要。

在普遍就业的基本特征方面，马克思、恩格斯认为普遍就业必须具有以下三个方面特征：普遍就业是劳动者平等就业权利和义务的体现；普遍就业是就业数量与就业质量相统一的就业；普遍就业是不存在劳资关系、劳动者得到合理利用、劳动者积极性得到充分发挥的就业。普遍就业的条件不是随随便便能够实现的，需要一定的社会历史条件。马克思、恩格斯对普遍就业的构想所需的五个必要支撑条件如下：生产资料公有制是根本的制度保障；高度发达的生产力是必要的物质基础；与物质资料生产相适应的人口数量和质量是必要的人口条件；把劳动普遍限制在合理程度是基本要求；按比例分配社会劳动，有计划地利用劳动力是必备的就业机制。

从普遍就业的必要性与重大意义来看，马克思恩格斯以其对人类的关怀，即人类彻底解放、人的自由全面发展为基础，从促进人和人类生存与发展的角度，揭示了普遍就业的必要性与重大意义。首先，普遍就业是“人的类本质”的必然反映；其次，普遍就业是人们谋生的必然要求；最后，普遍就业是人自由全面发展的重要条件。

（四）人通过职业活动实现自身全面发展

马克思、恩格斯对人的全面发展思想的探索，伴随着他们世界观的转变和对人的本质认识的不断深入，经历了一个从抽象到现实、从思辨到科学的过程，认为职业的最终目的是促进人的全面发展。

职业活动作为人的生存和发展的手段，个人通过职业活动获取劳动报酬作为生活来源，同时也创造了社会财富，其最终目的是促进人的全面发展。生产力高度发展是实现人的全面发展的物质前提。马克思指出，由于生产力的发展给所有的人腾出了时间和创造了手段，个人会在艺术、科学等方面得到发展。但是，现阶段的生产力水平还没达到高度发达阶段，创造的物质财富还未达到极大丰富的程度，还没有满足实现人的全面发展需要的物质要求，因此要实现全社会人的全面发展不是一蹴而就的。现阶段我们可以通过职业活动实现自身发展，并为社会发展积累财富，为实现人的全面发展奠定良好的物质基础。

职业活动给人提供展示才能、发挥特长的场所，为个人全面发展、自我实现提供了舞台。美国社会心理学家马斯洛（Maslow）认为人最高层次的需要是自我实现，自我实现需要是指个体向上发展和充分运用自身才能、品质、能力倾向的需要。在自我实现的过程中会伴随产生出一种所谓的“高峰体验”的情感，这个时候是人处于最激荡人心的时刻，是人的存在的最高、最完美、最和谐的状态。生涯规划所追求的最高目标也是自我实现，通过职业活动和积极主动的职业生涯规划发现个人的优势、挖掘个体的潜能，最后使个人的才能得到释放，达到自我实现。自我实现是不完善的个体努力追求全面发展的动态过程。

三、职业教育与人的全面发展的关系

人的全面发展是马克思主义哲学中关于人的学说的重要组成部分，也是我国教育的根本价值诉求，教育的本质是促进人的发展，职业教育是国民教育的重要组成部分，作为教育中的一种类型，以习得岗位所需技能为核心，在人的全面发展中具有特殊的作用。

（一）职业教育的由来

职业教育有着漫长的过去，起源于人类生产、生活的需要，发端于言传身教的学徒制，在大机器生产的推动下形成了集体教学的学校制，但学校职业教育却只有短暂的历史。中华人民共和国成立后，中国职业教育经历了规模从小到大、层次从低到高、参与从少到多、能力由弱变强、贡献由微到著的发展历程，从中积累了丰富的发展经验，对新时代建设中国特色、世界水平的现代职业教育体系提供了弥足珍贵的启示。

1. 古代职业教育的萌芽

职业教育是随着生产、技术和科学的发展而产生和发展的。原始社会的人们过着刀耕火种、茹毛饮血的生活，自然环境十分恶劣，社会生产力也十分低下。为了生存和延续，老一辈人必须对年轻一代进行教育，将生产实践活动中的知识、技能和经验传递给下一代。由此可见，人类最早的教育活动是职业性的教育活动，职业教育起源于生产劳动，并且是以学徒的方式存续。因此，传统的学徒制可以看作是我国职业教育的起源。我国在春秋时代就有了以学堂为教学场所的职业教育的萌芽，那时各国遍设礼、乐、射、御、书、数六艺学堂，进行专门技艺教育，东汉时出现了艺术专门学校——鸿都门学（因校馆设在洛阳鸿都门而得名）。唐代出现了“书学”“律学”“算学”“医学”等各专门学校。

2. 近代以黄炎培为代表的职业教育思潮形成

鸦片战争前后，由于西方现代生产技术的传入，职业教育作为一种教育体制逐步发展起来，尤其在 1866 年以后，新式职业教育蓬勃发展，沿海各地相继建立了算法学堂、艺圃、驾驶学堂、管轮学堂、机械学堂。辛亥革命后，政府在 1912 年把职业教育的实业学堂改称为实业学校。那时，力主发展职业教育的有黄炎培、蔡元培、陶行知等人，他们针对鄙视劳动的人，提出了“劳工神圣”“双手万能”的教育思想，积极主张发展职业教育。黄炎培还于 1917 年创办了“中华职业教育社”，发行《教育与职业》月刊，出版职业教育丛书。

3. 中华人民共和国成立后适合我国国情的职业教育体系建立

中华人民共和国成立后的几十年里，中国职业教育经历了调整、整顿、充实、改革、完善、提高，不断发展壮大，职业教育进入了新的历史时期。20 世纪 50 年代，为适应大规模经济建设的需要，我国建立了上千所中等专业学校和技工学校，60 年代加速培养各地各业急需的人才，在此过程中技工学校和其他职业中学发展迅速。但在后来，中国职业教育的发展因“文革”而受到很大影响。1993 年，中共中央、国务院印发《中国教育改革和发展纲要》，指出“各级政府要高度重视，统筹规划，贯彻积极发展的方针，充分调动各部门、企事业单位和社会各界的积极性，形成全社会兴办多形式、多层次职业技术教育的局面”。1996 年，《中华人民共和国职业教育法》正式颁布和实施，为职业教育的发展和完善提供了法律保障。2022 年 4 月 20 日，第十三届全国人民代表大会常务委员会第三十四次会议通过《中华人民共和国职业教育法》修订，自 2022 年 5 月 1 日起施行。

《中华人民共和国国民经济和社会发展第十四个五年规划和 2035 年远景目标纲要》提出要增强职业技术教育适应性。突出职业技术（技工）教育类型特色，深入推进改革创新，优化结构与布局，大力培养技术技能人才；完善职业技术教育国家标准，推行“学历证书＋职业技能等级证书”制度；创新办学模式，深化产教融合、校企合作，鼓励企业举办高质量职业技术教育，探索中国特色学徒制；实施现代职业技术教育质量提升计划，建设一批高水平职业技术院校和专业，稳步发展职业本科教育。深化职普融通，实现职业技术教育与普通教育双向互认、纵向流动。

（二）职业教育的思想及价值取向

黄炎培，我国近现代著名的爱国主义者和民主主义教育家，近代职业教育的创始人和理论家，他将毕生的精力奉献于中国的职业教育事业，形成了独特的职业教育思想。在长期的职业教学实践中，黄炎培逐步形成了完整的职业教育思想体系，该思想体系体现了社会化、人本化、和谐性的价值取向，这一价值取向对我国当代职业教育发展至今起着重要的影响。

1. 社会化理性精神

社会化理性精神是指职业教育在办学过程中必须全面与社会沟通，与时俱进，积极适应社会，服务社会。之所以注重职业教育的社会化，是因为他看到了职业教育与社会生活更为紧密的联系状态、更严格地受到社会经济发展的制约，正如他多次强调的“办职业教育，是绝对不许关了门干的，也绝对不许在书本里讨生活”。后来，黄炎培在总结了近十年职业教育发展经验的基础上，提出“大职业教育主义”，认为“只从职业学校做功夫，不能发达职业教育；只从教育界做功夫，不能发达职业教育；只从农、工、商职业界做功夫，不能发达职业教育”，进一步指出职业教育必须联络和沟通所有教育界和职业界，参与全社会的活动和发展。这种“大职业教育主义”实质是黄炎培社会化办学思想的升华，具体包括办学宗旨的社会化——以教育为方法，以职业为目的；培养目标的社会化——在知识和技能和道德方面适合社会生产和社会合作的各行业人才；办学组织的社会化——学校的专业、程度、年限、课时、教学安排均需根据社会需要和学员的志愿与实际条件；办学方式的社会化——充分依靠教育界、职业界的各种力量，尤其是校长要擅长联络、发挥社会各方面的力量。黄炎培社会化的职业教育思想，鲜明地提出了开展职业教育的社会理念，深刻揭示了职业教育与普通教育的关系，精辟概括了职业教育的社会功能。

2. 人本化办学理念

通过职业教育，个体能获得基本的生存技能，生计能得以保障。在中华人民共和国成立之前，处于社会最下层、生活状态最困苦的弱势群体占人口总数的 90% 以上，这造成了中国百业不良、社会生计恐慌等问题。黄炎培认为，只有通过兴办面向平民阶层的职业教育，帮助他们获得某种就业、从业或创业的实用技能，才能使他们获得自身的自由解放、改变他们的生存状况。数十年间，他在极其困难的条件下坚持创办了各种各样的职业教育，如职业学校、职业补习学校、职业指导机构、农村职业教育试验区、裁兵后职业教育、伤兵职业教育、清室旗人职业教育、战后伤残职业教育等，孜孜不断地追求“使无业者有业”的教育目的。

通过职业教育，人人能依自己的个性获得生活的供给，发展能力，尽对群之义务，即通过“谋个性之发展”和“为个人谋生之准备”，为个人服务社会和为国家及世界增进生产力做准备。黄炎培这一理论一反传统教育学而优则仕的封建意识，明确指出人们参加职业教育学习不是为了读书做官，而是要发展自己的个性，为一个国家、为世界生产力的发展做准备。这种鲜明的以人为本的职业教育思想开创了社会的新风尚，他的造福平民、服务社会的善举得到了广大平民的热烈拥护和支持。

3. 和谐性的理想志趣

和谐理念是黄炎培职业教育思想的一条红线。在社会化和人本化价值观指导下，黄炎培一直在为实现职业教育的和谐状态而努力。

职业教育要解决人的生存问题，为个人谋生做准备，实现“治生”；要“谋个性之发展”，提升人精神上的修养，实现“乐生”；在“治生”与“乐生”的基础上，能让无职业的人通过就业解决生存问题，让有职业的人从个性发展的角度享受自己的职业。这一“治生”与“乐业”并重的思想，深刻地体现了对个人身心和谐发展的追求。

职业教育在满足“求生乐业”的基础上，还需要追求“求群”。即通过培养个体“为己谋生”的技能，在满足个体“求生”的基本需求的基础上，通过塑造个体“为群服务”的精神，满足其“求群”的需求，进而实现人的自然属性和社会属性、自我价值与社会价值的和谐统一。要实现这一目的，学校需要培养学生“对所习的职业具有嗜好心，所从事的事业具责任心”及“具有共同协作之精神”这一敬业乐群的职业道德观，培养学生养成“理必求真，事必求是，言必守信，行必踏实”和“利居众后，责在人先”的高尚情操。

黄炎培的职业教育思想和价值取向为我国当代职业教育发展提供了借鉴，也与我国当下的职业教育理念不谋而合。首先，坚持社会化办学方向，紧密结合了经济和社会发展的需求；其次，我国现在的职业教育重视学生的就业问题，走产学研结合的发展道路，体现了以人为本的思想。

（三）现代职业教育对人的全面发展的现实促进作用

劳动是一种认识和改造世界的生产实践，人类通过有意识的劳动实践区别于自然界的生物，劳动在人实现全面发展中发挥着重要的作用。职业教育本身也是一种劳动实践，职业教育能够传授和开发受教育者认识与改造世界的能力。在这一过程中，施教者和受教者都在进行劳动实践，施教和受教双方人的本质属性不断被展现与激发，也逐步走向完善。

1. 治业：强调技能的培养，为人的全面发展提供物质条件

发展高等职业教育是推动经济高质量发展和完善中国特色社会主义教育体系的关键环节。人的全面发展是马克思主义中人的发展的最高阶段，只有在生产力发达和物质充裕的共产主义才能实现。人才作为生产力中最活跃的最重要的因素，能直接促进生产力的发展。而职业教育与经济社会发展联系密切，具有的浓厚的就业导向特点，可以源源不断地为社会培养和输送符合产业需求的技能型人才。

我国拥有世界上最完备的工业体系，推动制造业升级和新兴产业发展，促进产业发展从中低端走向中高端，实现经济高质量发展迫切需要高技能人才支撑，而目前高技能人才总量只有 5 000 多万人，仅占技能人才总量的 28%；据测算，到 2025 年，我国制造业十大重点领域人才需求缺口近 3 000 万人。“十四五”计划新增高级工 800 万人次，使得高技能人才总量占技能人才的总量达到 30%，这与发达国家（普遍在 40% 以上）相比仍有较大差距。高等职业教育直接面对市场经济，面对企业，培养适应市场需求的技能型人才，通过教育培养把人从潜在的生产力变成直接的生产力。生产力的提高减少了社会必要劳动时间，节约下来的时间便成了人的自由时间。在自由时间内，人可以自由选择去进行文艺或体育等活动，促进自身的全面发展。由此可见，职业教育为人的全面发展提供了物质条件。

2. 乐业：重视学生个性发展与职业素养培养，为人的全面发展提供精神条件

随着社会生产力的不断提高，人的全面发展的内涵也在不断丰富和拓展，从“智力与体力协调”到“德智体美劳”全面发展。人作为社会活动的主体，要实现全面发展，除了物质需求外，还必须接受政治、法律、文学、哲学、科学和伦理道德等多学科文化知识的滋养。现代职业教育在传授工作技能之外，也在进行政治、法律、科学、道德等文化知识的传授，注重培养学生的个性和职业素养，因此职业教育为人的全面发展提供精神条件。

3. 职业技术教育对人的全面发展的特殊作用

职业教育作为类型教育的一种，与普通教育一样均为促进人全面发展的具体途径，但职业教育有其自身的特点，在人的全面发展过程中起着特殊的作用。普通教育一般是以处于学龄期的青少年为主要教育对象，将他们系统地引入自然科学、社会科学和知识世界，让他们具备运用这些知识改造世界的能力和健康体魄，实现自身德智体美劳全面发展。职业教育则是以劳动者为特定对象进行人力资源开发的特需教育，突出专业技术知识和实际

操作技能的培养和提高，在教育内容上更侧重实践性和应用性。简而言之，职业教育就是在人们接受义务教育获得的一般发展的基础上，根据个人的需要和选择的职业方向，按照有计划、有组织、有系统的教育目标影响一批特定人群的个性发展，满足人们特殊发展需要。

首先，职业教育重视人的个性发展需要。每个人的潜能都不一样，所谓“天生我材必有用”，有的人天生言语智力比较发达，而有的人天生身体-动觉智力比较发达，人在兴趣、爱好、性格、气质等方面的差异，产生了智力结构的差异，进而造成人在专业领域和技能领域的分岔，使人走向不同的职业分野，这是人的发展的必然，也是社会发展的必然。《中华人民共和国职业教育法》明确提到我国职业教育坚持面向人人、因材施教。职业教育要关注不同类型的学生，学生不应因学习上某一方面不擅长或是不具备某一方面的才能而被忽视。职业教育倡导关注和尊重每个学生的个性，发掘他们在不同领域的特长并着力培养他们在某方面展现的特长，提高他们的兴趣。职业教育在人的教育和发展上做到了有教无类。

其次，职业教育有利于激发和张扬个体的特殊潜能。职业技术教育是以每个个体的具体的职业发展为目标，重视个人的差异与个性，充分尊重个人选择。职业教育是发展个体所选择专业的职业能力，虽然选择同一专业或工种的学生仍存有个性差异，但他们的兴趣、能力较为接近，面对的是相对一致的就业目标，一般能较清楚地认识到自己当前的学习和未来就业的密切关系，这使得教育者能有效地激发其全身心地投入自我潜能的开发中。目前，我国虽然在大力推行素质教育，但是应试教育的模式对家长和学生影响深刻，在激烈的升学压力下，部分学生把高考当成人生的目标，对高考之后的人生及职业规划疏于思考。他们进入职业技术学院后，由于其所学专业适合本人的特点，调动了他们的学习积极性，学习便真正成为表现其个性的自由活动。再者，职业技术教育多层次、多规格的办学形式也可满足个体各种水平、多种目的的发展需要。

拓展资料

职业教育“低人一等”？高等职业教育的优势在哪里

长期以来，高等职业教育通常止步于专科，社会民众对于高等职业教育不够认同，选择高等职业教育纯属“无奈的选择”以及职业教育“低人一等”等偏见，使高等职业教育的吸引力不足。我国高度重视高等职业教育的发展，近年来，有关职业教育改革创新发展的法律制度和政策举措密集出台，高等职业教育在数量和规模方面也取得长足进步。党的二十大报告提出“优化职业教育类型定位”，再次明确职业教育的发展方向；修订的《中华人民共和国职业教育法》表决通过并正式施行；中国共产党中央委员会办公厅、国务院办公厅发布《关于深化现代职业教育体系建设改革的意见》(以下简称《意见》)；首次举办世界职业技术教育发展大会和世界职业院校技能大赛……一系列重要法律法规和政策举措的出台，为优化职业教育类型定位提供了重要支撑，为深化中国职业教育改革筑牢了“四梁八柱”。在时代大潮中，职业教育正乘势而上，在推进高质量发展中焕发勃勃生机。

1. 明确职教定位，从“层次”向“类型”转变

“如果没有继续上学，我可能还在老家务农，无法看见大山外面更广阔的世界。”因为青岛海运职校与安顺民族职校结成对子，将船员培养作为合作方向，贵州小伙秦龙江得以学习航海捕捞专业知识。现在，他不仅能操控万吨巨轮航行海上，也成为家人的依靠。

2022 年 5 月，修订的《中华人民共和国职业教育法》正式施行，标志着以立法方式，明确职业教育是与普通教育具有同等重要地位的教育类型，为推动职业教育从“层次”到“类型”转变提供了法律保障。12 月，中国共产党中央委员会办公厅、国务院办公厅印发的《意见》，为深入贯彻党的二十大精神、优化职业教育类型定位指明了前进方向。越来越多高素质技术技能人才、能工巧匠、大国工匠走出校园，走上工作岗位。

2. 落实产教融合，转型升级步入新阶段

在 ×× 电子科技职业学院汽车工程学院的实训室里，新能源汽车技术专业的李 ×× 正专心致志研究汽车构造。还没毕业的他就已经被几家企业争相“预订”，而和他有同样情况的同学还有很多。

伴随着产业升级和经济结构调整不断加快，各行各业对技术技能人才的需求越来越紧迫，职业教育的重要作用愈加凸显。与产业发展紧密对接是职业教育的基本属性，职业教育的生命力在于实践和应用。目前，中职、高职院校每年为国家培养约 1 000 万名高素质技术技能人才；全国职业院校共开设 1 300 多个专业，紧跟市场需求，不断调整优化，基本覆盖国民经济各领域；现场工程师专项培养计划启动实施，到 2025 年将有累计不少于 500 所职业院校、1 000 家企业参与项目实施，累计培养不少于 20 万名现场工程师。我国职业教育从政府主体走向多元参与、从规模扩张走向内涵式发展，由参照普通教育办学模式向企业社会参与、专业特色鲜明的类型教育转变，大幅提升了新时代职业教育现代化水平。

资料来源：《中国教育报》，2023 年 1 月 4 日。（有改动）

【分析】

在接受高职生这顶“帽子”之前，一定不要忘记另一顶最重要的“帽子”——人。人与人之间最重要的区别不是学历、学校，也不是家庭出身，而是思想观念和思维方式。今天，你坐在高职学校的教室里，如果因为“高职”两个字就感觉自己低人一等，没有光明的前途，那只能说，这不是“高职”的错，而是自身思维方式与经验不足造成的错觉。人生来平等，虽然起点不一样，但是在比赛的路上，只要不放弃，在终点到达之前，便会有许多机会超过其他选手。因此，高职生需要重视对知识和变化的思考。这种思考，不单是指对知识的理解，还是对环境变化的一种反应。我们每天都在经历着各种变化，可是又有多少人可以洞察变化的规律，可以预见变化的趋势呢？我们进入高等职业院校，是人生的一个转折，命运线被牢牢地握在自己手中，可以让自己享有更好地适应新生活的权利。

实践与指导

职业启蒙

同学们，你们的理想职业是什么？如果你们没有经历过实习或者身边的亲朋好友的职业经历并不能够给你们提供一个模范榜样作用的话，你们可能会对这个问题感到茫然。没关系，在给出一个认真思考的答案前，请登录学职平台［学职平台 - 全国大学生学业与职业发展平台（chsi.com.cn）］。首次登录请注册学信网账号，在“职业探索”和“职业微视频”板块，有通过文字、图片和视频等方式介绍社会中职业的海量信息。请你浏览学职平台的职业信息，从专业所学和兴趣爱好这两个角度出发，列举出你想从事的职业，说明理由，并完善表 1-2。

表 1–2　我的理想职业

角　度	序　号	职　业	理　由	实现难易程度
所学专业角度	1			
	2			
	3			
	…			
兴趣爱好角度	1			
	2			
	3			
	…			

在填写表 1-2 时，注意表格中所列举的想从事职业的顺序不能随意排列，而应展现出层次性，序号 1、2、3…的排列表示着你想从事该行业的想法强烈程度的递减，并在最后一栏“实现难易程度”对你所列举的职业按照“非常难”“难”“适中”“比较容易”“容易”五种回答，分别记为 1、2、3、4、5，这个数值越大代表着实现程度越难，数值越小代表从事该职业越容易。

最后请你对比两项数据，回答下面的问题：

（1）判断从所学专业和兴趣爱好两个角度出发列举的职业选择是否重合。

（2）按照想从事该行业的想法强烈程度进行的职业打分和按照实现该职业目标的难易程度进行的职业打分是否基本相符？对于两者相差较大的情况，你将如何进行职业选择？谈谈你的想法。或许通过下列章节的学习，你对自己的了解和职业认知将进一步加深，你的想法也会发生相应的变化。

第二章 树立意识：职业生涯规划与职业发展

长大了想做什么

从小到大，我们就不断地被人问："你长大了想干什么？"这个问题从小学一直跟着我们进入大学，提问的人可能是我们的父母、老师、好友，也可能是火车上萍水相逢的路人；这个问题从"你长大了想干什么？"变化为"你喜欢画画，长大了要做一名画家吗？""你学这个专业将来做什么工作呢？"面对这些问题，你的回答也慢慢从儿时的老师、医生、雪糕店老板等生活中可见的职业扩展到计算机网络工程师、公务员、心理咨询师、律师等更为宽广的职业世界，回答问题时开心、随意的心情也慢慢变得严肃、认真甚至有些焦虑——"我好像越来越不知道自己要做什么了……"逐渐地，问题更多地问向自己："我的前途和出路在哪里？""我要继续考研吗？""我要出国吗？""我要考公务员吗？""我要去创业吗？"这些重要却无比烦人的问题总是得不到完美的答案。对此，很多人找到一个"好的"应对办法：不去理它，随它去吧，到毕业时再说，车到山前必有路！然而，却又在夜深人静时无法回避来自内心的拷问；也有很多人求助于老师或咨询师，希望他们能给自己一个最适合的答案，然后就放下心来，妥妥地向着目标进发，但又常常怀疑这个是否是自己要的生活吗，也有少数人陷入焦虑中不能自拔，感觉每条出路都黯淡无光……

资料来源：欧阳康，乔志宏．大学生职业生涯规划：适用于本科院校［M］．南昌：江西高校出版社，2020：2.（有改动）

分析

你以后想做什么？要想回答好这个问题，做到既不逃避也不焦虑，就要回答另外两个问题：职业生涯规划究竟是什么？该如何培养自己的职业生涯规划意识？

第一节　职业生涯规划与职业发展概述

一、职业生涯规划

（一）生涯和职业生涯规划的概念

1. 生涯的概念

“生涯”一词由来已久，“生”原意为“活着”，“涯”为“边际”，“生”和“涯”连在一起是“一生”的意思，也就是人的一辈子。

“生涯”的英文为 career。从字源看，career 来自罗马文 viacarraria 及拉丁文 carraus，两者均指古代的战车。在希腊，career 有疯狂竞赛的意思，最早常用作动词，如驾驭赛马（to career a horse）。在西方人的概念中，使用“生涯”一词如同在马场上驰骋竞技，隐含未知、冒险等精神。现在“生涯”多被引申为人生发展的历程。受时代不同、视角相异等因素影响，国外学者对生涯的定义也有所不同。

目前，大多数学者认为职业规划大师舒伯（Super）对于生涯的观点是最为全面的。舒伯认为，生涯是生活中各种事态的演进方向和历程，统合了人一生中的各种职业和生活角色，表现出个人独特的自我发展形态。

生涯也是人生从青春期到退休之后一连串有酬或无酬职位的综合。除了职业之外，还包括任何与工作有关的角色，如学生、退休者，甚至包含家庭和公民的角色。从舒伯的观点中可以提取三个关键词“角色”“环境”和“事件”。当明确了自己的角色，知道自己是谁、身上肩负着哪些角色，了解环境对自己有哪些期待之后，你就能合理地应对生活中的每一个有计划或非计划的事件。所以，学者约翰·万·曼伦（John Van Maanen）和埃德加·H. 沙因（Edgar H. Schein）于 1977 年提出生涯之学，即应变之学。

总而言之，生涯不是一个静止的点，它是一个动态的历程：不只发生在人生的某个阶段，而是如影随形，相伴人的一生。同时，因为遗传、家庭、经历、所处社会环境等的不同，每个人的生涯也会不同。因此，生涯的发展是个性化的发展，即使处于同一时代或同一文化背景下的人们，因为生涯发展中各种因素的影响，每个人也会有属于自己的生涯。

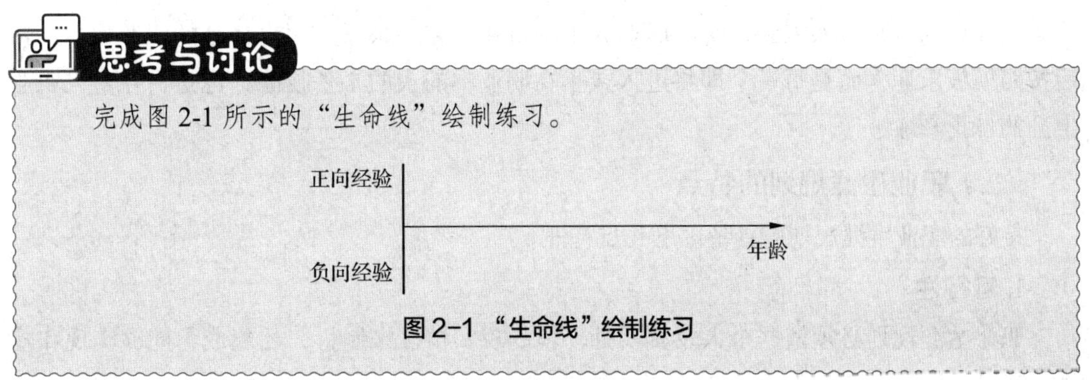

图 2-1 “生命线”绘制练习

（1）图中横轴的长度代表你可能的生命长度。想一想，你期待自己活到多少岁？那时候的你是谁？你在哪里？你是一个什么样的人？

（2）在生命线上找到你现在的年龄点，然后标出从出生到现在你成长中出现的重大事件的年龄点。分析你生命中的哪些重大事件成为你的正向经验，哪些成为你的负向经验？

（3）图中纵轴代表重大事件对你的影响程度。根据这些经历是否把你的过往生涯分成几个阶段？这些生涯故事及生涯阶段对现在的你及你的生涯有什么样的影响？

2. 职业生涯规划的概念

职业生涯规划最早起源于 1908 年的美国。弗兰克·帕森斯（Frank Parsons）针对大量年轻人失业的情况，成立了世界上第一个职业咨询机构——波士顿地方就业局，首次提出了“职业咨询”的概念。从此，职业指导开始系统化。到 20 世纪五六十年代，舒伯等人提出“生涯”的概念，于是生涯规划不再局限于职业指导的局面。

职业生涯规划又称职业生涯设计，是指一个人对一生各阶段所从事的工作、职务或职业发展道路进行设计和规划。具体来说，职业生涯规划是个人依据职业生涯发展的主客观条件及制约因素，对已经确认的职业起点，结合职业发展的阶段，提出相应的职业发展目标，拟订实现目标的工作、教育、培训计划和行动方案，并赋予确定的时间期限。简单地说，职业生涯规划就是知己、知彼、决策、行动。

职业生涯规划的目的绝不仅是协助个人按照自身的资历条件找到一份工作，更重要的是帮助个人真正了解自身，详细评估内部环境的优势和劣势、外部环境的机会和威胁，为自己定下事业大计，筹划未来，拟定一生的、合理可行的职业生涯发展方向。因为职业生涯贯穿人的一生，所以规划职业生涯，就是为自己的未来人生绘制理想的蓝图。

个人的职业生涯是一个漫长的过程。一个人也许一生只从事一种职业，也许会从事多种职业，但每个人都希望找到一个相对稳定的、适合自己的职业。个人在进行职业生涯规划时，往往会受到学识、爱好、机遇、工作环境等主客观条件的影响，只有根据现行工作的需要改变原来的职业目标和兴趣，调整心态，培养对所从事职业的敬业精神，在实践中产生对事业的热爱，才能集中精力全身心投入职业生涯，从而实现个人价值。

生涯规划不是做做测评、听听职业人士的讲座，在一张纸上写出自己的职业目标，然后按照模板求职，而是每一个即将进入或正在职业中的人的必备技能，也是贯穿个人职业生涯的自我修炼。

（二）职业生涯规划的特点

良好的职业生涯规划应具备以下几点特性。

1. 可行性

职业生涯规划必须依据个人及其所处环境的现实情况来制订，才能成为能够实现和落

实的方案，而不是个人没有依据或不着边际的幻想，否则将会延误生涯发展机遇。大学生进行职业生涯规划，要考虑所学的专业或今后从事的职业需要的知识和能力；如果所学非所用，或者不具备理想职业所要求的能力，职业生涯规划就不可行。

2. 适时性

职业生涯规划是对未来的职业生涯目标和未来职业行动的预测。因此，各项活动的实施及完成计划都应该有时间和顺序上的安排，以便作为检查行动的依据。

3. 适应性

规划未来的职业生涯目标与行动，涉及很多不确定因素，因此，规划应有弹性。随着外界环境和自身条件的变化，个人应及时调整自己的职业生涯规划方案，以增强其适应性。

4. 持续性

职业生涯目标是人生追求的重要目标，职业生涯规划应贯穿人生发展的每个阶段，通过不断调整职业生涯规划和持续安排职业活动，最终实现职业生涯目标。

（三）职业生涯规划的原则

职业生涯规划的过程是个体探索自我、科学决策、统筹规划的过程。为了保证职业生涯规划的实用性和科学性，人们在规划职业生涯时应遵循以下四个原则。

1. 量体裁衣原则

量体裁衣原则是做好职业生涯规划应当始终遵循的原则，也是最重要的原则。人与人之间在内外条件上有很大差异，他们的发展潜力无疑也会有很大的不同，因此，职业生涯规划是一项完全个性化的任务，没有统一的定式，需要个体结合自身的具体特点进行设计。在进行职业生涯规划前，个体需要对自己的内在素质（如知识结构、能力倾向、性格特征、职业喜好）进行系统的评估，既考虑自己的职业发展动机，又考察职业生涯成功的可能性，从而设定相应的职业发展目标和具体的发展规划。

2. 可操作性原则

大部分人会说自己有目标和计划，但并不是每个人都可以实现自己的目标，完成自己的计划，甚至有人根本不知道自己是否完成了计划。这就要求目标和计划具有可操作性。职业生涯规划是为个体设定达成理想目标的规划和步骤，因此，这些内容应该是具体明确的，而不能是空洞的口号。职业生涯规划的可操作性主要包括目标的现实性、计划的可行性和效果的可检查性三个方面。

目标的现实性是指个体目标的设定应该建立在个体现实条件的基础上，是对个体现实资源的真实评估和科学预期，是可以达成的目标，而不能是追新逐异或好高骛远的空想。计划的可行性是指制订的计划非常具体，是依据自身现有能力可以完成的行动计划。效果的可检查性是指目标的实现和计划的执行情况以客观事物为标准，可以度量和检查。

3. 阶段性原则

从职业生涯发展来说，人生的不同阶段有着各自的发展任务，需要解决相应的发展问题。因此，职业生涯规划也应该结合个体的年龄特征，确定具体的发展方向，制定阶段性的发展目标。在现实与最终目标之间设定的一个个阶段性目标就像从山脚到山顶的一级级台阶，每迈一步都能够感到自己在朝终极目标前进，奋斗过程就变得不那么缥缈，而更具体、真实。例如，软件技术方向的职业通道是高级软件工程师—主管软件工程师—软件架构师—高级架构师—技术专家，一个人的职业目标是成为软件技术专家，长期目标是“6年内成为高级软件工程师”，中期目标是“3年内成为一名合格的C++软件开发工程师，能够独立完成模块的设计与开发”，短期目标是“半年内掌握C++语言的基本语法”。

当然，在个体自身条件或外界环境发生改变时，其所设计的理想目标和阶段性目标都需要相应地加以改变。因此，这就要求所设计的目标有可调整的空间，可以根据实际情况进行改变。即使是最终目标，也需要结合不同阶段性目标的完成情况不断进行修正。

4. 发展性原则

发展性原则是指设计职业生涯发展规划时，不能仅仅局限于个体当前的发展，还要考虑到个体未来的职业发展空间，职业生涯设计要有超前性和预测性。职业生涯规划应该基于影响职业发展的核心因素和本质因素，而不是基于表面现象进行。例如，个体对企业文化的认知、合作与责任意识的水平可以长期影响个体的职业发展，而个人的外部形象和面试技巧仅仅能够说明个体短期的职业状况。因此，职业生涯规划要评量更核心和本质的因素，从个体长期发展的角度设计职业生涯规划，立足于挖掘自己的潜力和潜能，同时对社会的发展变化趋势保持一种从容应对的态度。为了能够使职业计划具有发展性和前瞻性，个体可以借助现代预测工具对自身和社会的一些发展趋势进行科学预测。

二、职业发展

（一）职业发展的概念

职业发展就是在自己选定的领域里、自己能力所及的范围内成为最好的专家。所谓专家并不一定是研究开发人员或技术顾问。专家是指在某一领域有深入和广泛的经验、对该领域有深刻而独到认知的人。至于行政管理能力、员工培养能力、团队建设能力、规划和沟通能力等，是个体在职业发展过程中必须培养的能力要素，它们是实现职业发展的重要工具，但不是职业发展的目标。职业发展通常是指在组织内或组织间的情况下管理一个人的职业生涯，包括新技能培训、承担更高的工作职责、在同一组织内进行职业转变、跳槽到不同的组织或创办自己的企业。

职业发展与个人设定的目标直接相关。个人从自我实现和对自己兴趣与能力的自我评估开始，将兴趣与可用选项相匹配，通过训练获得自己所选择的职业道路所需的技能；在获得所需的能力后，执行任务以实现自己设定的目标和计划。

职业发展与个人的成长和满意度直接相关，因此职业发展应由个人管理，而不是留给

雇主。职业发展不仅有助于个人的专业成长，而且有助于个人的能力成长。学习领导力、时间管理、良好治理、沟通管理、团队管理等新技能也有助于员工发展和塑造他们的职业生涯。

可以将职业道路想象成一个阶梯，每个梯级都象征着道路上角色的级别。找到工作是第一步，谁都不想永远停留在入门级。然而，获得晋升说起来容易做起来难，它通常需要仔细规划并采取有效的行动。

职业发展就是收集那些技能和经验，在职业道路上走得更远，并以增量（或阶梯步骤）引导这些过程，使职业发展变得易于管理。职业发展价值链如图 2-2 所示。

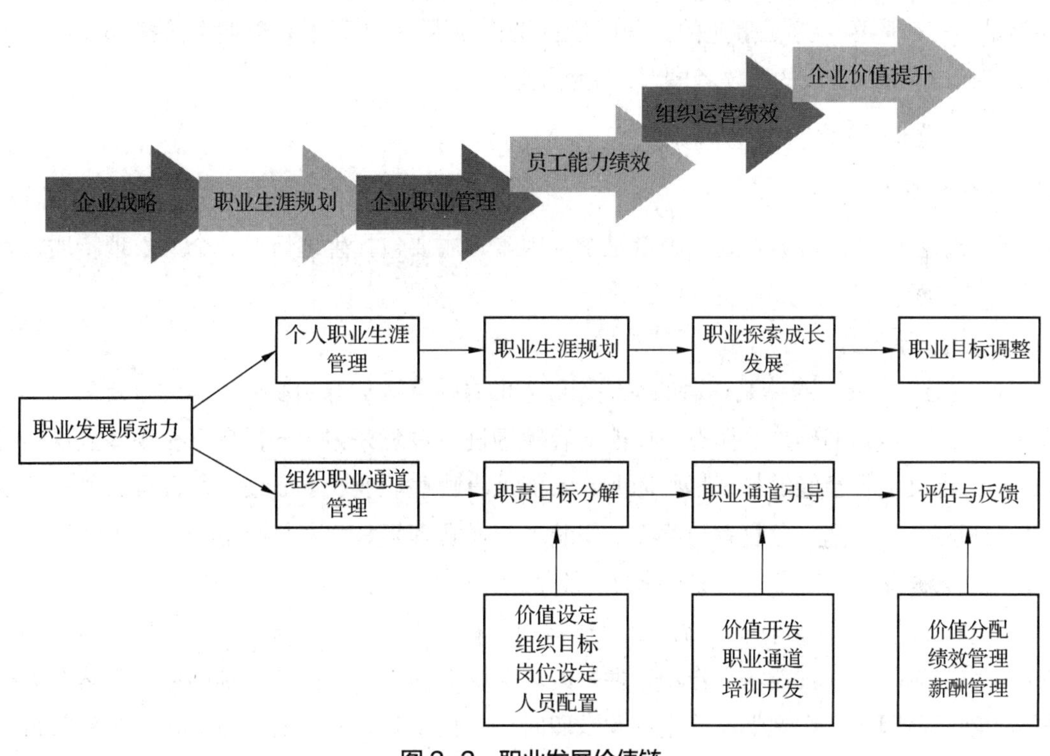

图 2-2　职业发展价值链

（二）职业发展的特点

每个人都有不同的职业发展道路，但总体而论，职业发展至少具有三个特点。

1. 可规划性

每个人由于所处的情况不同，加之个体之间的差异，职业的发展中实际上充满了偶然因素。许多时候，人们以为是偶然因素在左右他们的前程，但是从长远来看，职业发展是可以规划的。规划职业发展的目的是给个人职业提供总体的指导，它不预言具体的细节，而是对职业发展的方向做出战略性的把握。做好职业规划必将消除掉职业生涯发展中的盲目性。

2. 不可逆转性

职业生涯发展的不可逆转性源于人的自然成长和发展过程的不可逆转性，毕竟人们不能抹杀过去的经历，不能简单地从头再来，而应在原有的基础上前进。职业发展的不可逆转性提醒人们要充分重视职业生涯中的每一步，因为今天的每一个选择，都可能影响你的下一步选择。事实上，人们也往往会面临“一着不慎，满盘皆输”的局面。

3. 阶段性

职业生涯的发展具有阶段性，在每一个阶段都表现出不同的特征，而由此做出的抉择方案也是不同的。以工作年限为标准，工作年限 0 ～ 3 年是第一个阶段，这是职业的起步阶段，职业定位是这个阶段的主要问题，在这一阶段起主导作用的是个人的价值追求、兴趣等问题；工作年限 3 ～ 5 年是第二个阶段，这是职业的定位和调整阶段；工作年限 5 ～ 10 年是第三个阶段，这是事业的升华阶段；工作年限 10 年以上是第四个阶段，这是职业的收获阶段，这一阶段的主要考虑因素是薪资。

（三）影响职业发展的因素

1. 个人因素

影响职业生涯发展最重要的因素是个人因素，主要包括生理情况、个人心理特质、教育背景等方面。

（1）生理情况。

① 健康与体质。身体是革命的本钱，健康的身体是人们开始职业生涯的重要条件。个体可以通过对自己的体形、体态、体能、容貌等进行客观评估，分析自己有哪些显现的身体优势，再决定自己能够从事哪些职业、不能从事哪些职业，从而设计适合自己的职业发展方向和路线。例如，色盲者与化学、服装、交通管理等和色彩打交道的工作无缘；飞行员要有健康的身体、视力，抗眩晕能力，能持续集中注意力，等等。

② 性别。虽然男女平等的观念已普遍被现代社会接受，但传统观念“性别因素”仍然在职业中起着不可忽视的潜在作用，性别的职业优势和现实的职业性别门槛，仍然是需要正视的问题。因此，在规划职业生涯和求职时，女性要做好充分的思想准备，在完善自身能力的同时，寻找与性别相适宜的、与理想相统一的职业，更利于自己走向成功。

（2）个人心理特质。

① 自我意识。自我意识在人生中起着导向、控制和监督教育的作用。正确认识和评价自己，对合理定位、主动就业具有重要意义。过高或过低评估自己，对职业生涯目标的设定都是不利的。

② 兴趣。兴趣是选择职业的重要依据。当一个人对某种职业产生兴趣时，他就能发挥整个身心的积极性，就能积极地感知和关注该职业知识的动态。兴趣可以提高人们的工作效率，调动人的全部精力，以敏锐的观察力、高度的注意力、深刻的思维和丰富的想象力投入工作，进而大大提高工作效率。在其他条件相似的情况下，从事自己感兴趣的职业不但能让自己感到满意，而且能让自己的工作单位感到满意，并由此带来工作的长期性和稳定性。此外，多方面的兴趣可以使人善于应对多变的环境，如果变换工作，只要自己感兴

趣，就能够很快地学会这项工作技能，求职成功，并能够在新的岗位上很快地熟悉和适应新的工作。人们不仅需要知道自己有能力从事什么样的工作，还需要知道自己对哪类工作感兴趣，只有将能力和兴趣结合起来考虑，才能规划好职业生涯并取得职业生涯的成功。

③ 个性。个性作为一种潜质，在心理潜能形成过程中起着重要的作用。性格、气质是个性中的稳定因素，对大学生的职业选择乃至职业成功发挥着持续作用。其中，个体意志力为心理潜能的形成和开发提供强大的动力基础；良好的自我调控能力是心理潜能形成的必要条件。规划职业生涯的自觉性、进行职业抉择的果敢性、为实现长期职业目标而努力的坚忍性、职业规划和决策中的自制性和意志力、为完善职业生涯规划做出大量努力的勤奋性等都影响着职业生涯规划的科学性和合理性。

④ 能力。在职业选择中，能力因素起到了定位器的作用。能力是人们顺利实现某种活动的心理条件，不仅包含一个人现在已经达到的水平，还包含一个人所具有的潜力。个人能力决定了个人在职业生涯的道路上能够走多远。因为不同职业、每一职业发展的不同阶段对个人能力的要求都是不同的，所以个人无论选择了什么职业，向前发展都会受到能力的限制。在此意义上，个人能力比职业选择更加重要，能力足够强的个人，即使选择了非最优的职业道路，一样可以取得理想的结果。

⑤ 价值取向。价值取向因素是影响人们职业定向与选择的本源因素。价值观直接影响人们的就业观。值得关注的是，受功利主义、实用主义思潮的冲击，不少大学生在选择工作单位时，就事论事多、长远设计少，过多地考虑待遇、地区、行业，而较少考虑国家的需要，缺乏艰苦创业、自主创业的精神准备。

（3）教育背景。

① 受教育的程度影响青年职业发展。教育是赋予个人才能、塑造个人人格、促进个人发展的社会活动，它奠定了一个人的基本素质，对人生有着巨大的影响。职业发展受到正规教育和专业训练的影响，受教育程度对事业成功有一定的影响。有研究表明，教育上的成功与社会阶层的晋升有明显的正相关关系，大凡社会阶层高于父辈的人，都认为教育是改变社会阶层的主要动力。受教育程度不同的人在选择职业和被选择时，是有着很大的差距的。从横向来看，受教育程度越高的人越有可能从事高强度脑力劳动的职业；从纵向来看，受教育程度越高的人在就业以后越容易获得发展的机会。有时，一个企业会拒绝未达到某一教育水平的人。有些人因为拥有的技术已过时或者过于专业化，市场对他们的才能需求削减而让自己处于较为不利的职业环境中。现在树立终身学习的观念，不断学习成为人们的主要任务。

② 受教育的专业影响青年职业发展。人们所学专业对于其职业生涯也有着重大的影响，从个人接受教育的专业和类别上看，大部分的人会选择与自己所学专业相关的职业，即使人们转换职业，也往往与其所学专业有一定联系。通过大学专业的学习，个人可以掌握相关的专业知识和技能，这些知识和技能在未来的工作中非常重要。选择与自己兴趣和

职业目标相符的专业，可以更好地掌握相关技能，为自身职业发展打下坚实的基础。大学专业往往与特定的行业和职业相关联，通过学习相关的专业，个人可以更好地了解行业的情况和趋势，从而更好地进行职业规划和决策。了解自己的兴趣和擅长的领域，选择适合自己的专业，可以为未来的职业发展指明方向。大学专业往往是一个社交网络，学生可以通过课程、实践、研究等机会与同专业或相关领域的同学、教师、行业人士等建立联系和关系。这些社交和人际关系网络可以在自己未来的职业发展中发挥重要作用，提供机会和资源。所以专业不同，就业的行业就很有可能不同，而本行业的现状和前景必将会对个人的职业生涯产生巨大的影响。

③ 教育质量影响青年职业发展。教育质量是指教育过程中培养学生知识、能力和素质的程度。一个国家或地区的教育质量直接关系到青年人才的培养水平，从而影响到整个社会的发展。提高教育质量可以提升学生的综合素质，增强学生的就业竞争力。教育质量好的学校注重培养学生的知识和技能，使学生具有扎实的学科基础和丰富的实践经验。这使得他们具备了更高的就业能力，能够更好地适应不同工作岗位的需求。高质量的教育可以培养学生的学习能力和适应能力，使其具备自我学习和快速适应新环境的能力。这对青年人在职场上的发展至关重要。一流的教育质量不仅仅培养学生成为既有知识和技能又具备创新创业能力的人才，还注重培养学生的创新思维和团队合作精神，这对学生的创新创业能力的提升有重要影响。不仅如此，学习成绩是教师教学效果和学生学习效果的综合体现，工科专业可以让学生在职业选择上拥有一定的专业技能，在校的学习成绩对学生最初的职业发展具有一定的积极影响，在校课程的平均成绩越好，获得大赛的证书越多，未来的职业发展前景越好。

2. 环境因素

（1）社会因素。社会是人才得以活动及发挥才干的舞台，也是影响人们成长与成功的重要条件和因素。社会的政治经济形势、涉及人们职业权利方面的管理体制、社会文化与习俗、职业的社会体系等社会因素决定着社会职业岗位的数量与结构，决定着社会职业岗位出现的随机性与波动性，从而决定了人们对不同职业的认定和步入职业生涯、调整职业生涯的决策。

① 社会政治环境。社会政治环境因素主要包括社会政治制度、大学生的职业和政治状况，以及法律规范体系的完备程度。目前，我国政治稳定、法律制度日益健全、市场经济体制逐步完善，这些都为各种人才的成长和发展提供了前所未有的机遇。但人才竞争日趋激烈，大学生就业环境看起来不容乐观，大学生应在分析好社会现状的基础上，有针对性地做好职业生涯规划。

② 社会经济发展状况。社会经济的发展对大学生就业具有决定性作用，制约着就业的数量和质量。社会经济环境的改变，会使不同行业、不同企业大起大落，影响大学生职业方向的发展与选择。

③ 社会文化。对于社会整体的教育状况，大学生的培养质量和行业的发展影响着大学生的就业状况和未来职业发展前景。宗教信仰状况和社会风俗习惯影响着社会经济和政治的发展，也影响着大学生个人的职业选择。

④ 职业的社会评价。职业的社会评价对大学生选择职业的影响是潜移默化的，成为重要的考虑因素，尤其是对某种职业缺乏深入了解与切身感受时，社会评价作用会格外突出。

⑤ 机遇。机遇对于每个人来说，往往是“可遇而不可求”的，相同条件的人由于机遇不同，其职业生涯的成功程度也很可能相去甚远。机会是一种随机出现的、具有偶然性的事物。一个人一生中会遇到许多偶然的机会，有利的偶然机会就是机遇。如果社会上出现了能给个人提供个人发展、向上流动的职业环境，对个人职业发展而言，那就是出现了机遇，这对个人的职业生涯规划有积极的推动作用。个人把握机遇的前提是完善自我、提高自身素质、具备职业发展的潜质。如果不具备这种前提，那机遇就不会青睐他，他就会与机遇擦肩而过。另外，还要善于发现机遇，个人如果漠视机遇，那最后可能是英雄无用武之地，找不到职业发展的方向。那些有着成功职业生涯的人往往既具备取得成功的个人素质，又碰到并抓住了机遇。

（2）家庭因素。家庭是人生活的重要场所，也是造就个人素质进而影响其职业生涯的主要因素之一。一般父母对自己的子女会有一种期望，这种期望会在人的幼年时期留下印象，并随时间的推移而强化，比较高的期望会有激励作用。

① 父母的受教育程度会影响子女的职业素质。研究表明，父母受教育程度较高的家庭能给子女提供更多指导，会鼓励子女探索自己的兴趣，子女择业时也拥有更多的信息量和求职知识；而父母受教育程度低的家庭，只能靠孩子在多次求职中积累经验；不仅如此，父母所从事的工作职业是子女观察社会工作职业的开始，父母对自己的职业的认同与否，对子女将来是否愿意从事这种职业有很大的影响。父母及亲戚平日干得比较多的工作，子女熟悉且易于接受，这会影响子女职业理想的确立、职业选择的方向和种类。

② 父母的个性特征会影响子女的职业素质。具有积极希望感的父母更能培养出快乐与充满希望感的子女；积极健康的家庭更强调目标与问题导向，这有利于增强子女的独立性、主动性、灵活性和自信心，丰富他们的职业知识、人际交往知识和自我认知知识。子女的成熟度和职业决策能力较强。

③ 家庭关系的和谐程度与亲密度会影响子女的情商和职业素质。增强家庭亲密度，能提升子女职业决策的自我效能感。家庭亲密度良好的大学生对未来充满信心与希望，具备较高的心理素养和职业决策能力。

④ 家庭收入水平会影响子女的职业素质。家庭经济条件好，会使子女在将来所受教育的程度更高，职业选择方面空间更大；家庭经济条件差，会使子女所受教育培训的机会减少，而且会使子女感到肩上沉重的家庭责任，在是否读书深造、工作单位离家远近及效益好坏方面思虑颇多。

第二节　职业生涯规划与职业发展的关系

一、生涯规划对职业发展的重要性

（一）提供思想指导

马克思关于人的全面发展，强调的是人的劳动能力的全面发展，即全面地发展自己的一切能力，包括智力和体力、健康力、感恩力、自主力、解决力、创新力、自然力、社会力、潜力和抗逆力等，并在实践活动中充分发挥人的全部才能和力量，使人在德、智、体、美、劳等方面得到全面发展。人在进行生涯规划时，会不断求新创造，通过自己的专业、爱好、兴趣、价值观、成就动机、自我效能、多元智能等个体专有属性，让自己的智力和潜力得到最大限度的发挥，充分体现独一无二的特征和生命价值，这对未来职业发展具有根本的决定意义。

当今社会处于激烈的变化过程中，大学毕业生的就业观念也要相应地改变，打破传统的"一业定终身"的理念，就业、再就业是大趋势，职业生涯规划也随之根据各种变化来调整。所以环境的变化导致自我观念的变化，反映到职业生涯规划上来，即不能一次把终生的职业生涯的每一个具体细节都确定下来。

从职业生涯发展过程来看，职业生涯发展经历了五个时期，主要包括以下内容。

1. 职业准备期

职业准备期即大学生的成长阶段。在此期间，大学生的主要任务是接受适当的教育或培训，进行知识储备和技能提升。大学生可从以下几个方面来管理职业生涯：

（1）在学习知识、发展业余爱好的过程中，洞察自己的需求与兴趣，不断发现并发挥自身的才能。

（2）在人际交往中，锻炼角色领悟能力，加深对自己的认知，对自己当前的状况做出判断，并初步选择职业方向。

（3）了解有关职业信息，制订有倾向性的学习计划。

（4）通过实习或兼职，探索满足自己需求的职业方向。

2. 职业选择期

在职业选择期，多数大学生已走上工作岗位，成为职场新人。这一时期是大学生职业生涯积累、经验沉淀时期。在此期间，大学生的主要任务是发掘自身职业特质，评估自身职业兴趣与具体职位的匹配度，锻炼心理素质，继续进行知识储备，具体包括以下几个方面：

（1）衡量组织提供的职业条件，如工作环境、职业种类、待遇和发展空间等，是否与自己的需求相匹配。

（2）学会处理理想与现实之间的矛盾和冲突所带来的问题。

（3）学会与同事相处，建立初步的人际关系网。

（4）尽快熟悉组织文化，了解组织内部情况，在一定程度上学会采用“圈子”内独特的语言、行为模式与他人沟通、相处。

3. 职业适应期

在职业适应期，个人进入早期职业确立阶段，成为组织中的正式成员。这时，个人需要独立承担某一项工作的责任，发挥自己的才能并提升自己的能力，为职位提升或进入其他职业领域做准备。在此期间，个人的主要任务包括以下几个方面：

（1）正确对待工作带来的成就感或挫折感。

（2）根据领导和同事对自己工作情况的评价及组织提供的职业通道与发展机会，评估自己的工作能力、职业发展路线和职业发展机会。

（3）学会处理各种复杂的人际关系。

（4）先调整职业价值观，努力使之与组织文化、工作特性相适应，然后判断自己在组织中的去留。

4. 职业稳定期

进入职业稳定期，个人也就进入了职业生涯的中期。在此期间，有的人可能被提升，承担更大的责任；有的人可能仍然在原来的岗位上工作；有的人可能转换到另一职业领域；有的人可能离开了组织。在此期间，个人的主要任务包括以下几个方面：

（1）正确处理自我发展、家庭发展和职业发展之间的关系，并使它们协调发展。

（2）继续学习，保持自己的职业竞争力。

（3）制定并优化自己的职业绩效标准，形成自己独立的见解。

（4）重新评估自己与组织的关系，进而决定是否进行新的职业选择。

5. 职业衰退期

职业衰退期即职业生涯的后期。在这一时期，已经成为资深职业人的你要么成了领导者，要么在自己的职业领域成了技术权威。

你如果成了领导者，就需要做到以下几个方面：

（1）学会整合团队成员的力量，扩大自己的权威影响。

（2）掌握行使权力的技巧。

（3）学会处理组织内部、组织与环境之间的矛盾与冲突。

（4）学习为组织的长远利益服务。

（5）学会承担领导者的角色，挑选与发展接班人。

（6）正确处理好工作与家庭的关系，合理应对各种家庭变故。

（7）树立良好的公众形象。

你如果成了技术权威，就需要做到以下几个方面：

（1）保持技术上的竞争力，维护自己的技术权威地位。

（2）做员工的良师益友，学会引导新员工完成工作任务。

（3）发展所需要的人际关系。

（4）拓展技术的广度和深度。

（5）学会应对有能力的年轻职业者带来的职位威胁。

（6）提高应对家庭变故的能力。

（二）提供理论支持

职业生涯理论是从职业指导的概念和理论发展而来的。职业指导是以个人的生涯发展为核心，根据一整套的辅导计划，引导个人探究、评判并整合相关知识与经验的活动。职业生涯是有关工作经历的过程或结果。从严格意义上讲，职业发展只是有关工作经历的过程，而职业生涯还包括结果。随着心理学领域对人认识的发展与深入，职业生涯理论也不断变化和发展。纵观职业生涯理论发展历程，出现了许许多多关于职业生涯的理论，这些理论的出现帮助人们在职业发展过程中做出了科学合理的生涯规划。一般可将这些理论分为前职业生涯、后职业生涯和整合的职业生涯发展理论三个阶段。

1. 前职业生涯理论

前职业生涯理论假设：就职前的个体特征基本决定了其适应什么样的职业。在这一思想支配下，前职业生涯理论热衷于预测什么样的职业更适合个体，而不是个体如何适应职业。经典的职业生涯理论是人 - 职匹配理论，它强调人的特性在谋求职业前即已由先天及早期环境决定，人的未来职业由人的特性决定。具有代表性的前职业生涯理论是帕森斯（Parsons）的特质因素论和霍兰德（Holland）的职业倾向理论。

（1）帕森斯的特质因素论。最早的人 - 职匹配理论是美国波士顿大学教授弗兰克·帕森斯提出的特质因素论。1909 年，他在《选择一个职业》的著作中提出了人与职业相匹配是职业选择的焦点的观点。他认为，每个人都有自己独特的人格模式，每种人格模式的个人都有其相适应的职业类型。所谓“特质”，是指个人的人格特征，包括能力倾向、兴趣、价值观和人格等，这些都可以通过心理测量工具来加以评量。所谓“因素”，是指在工作上要取得成功所必须具备的条件或资格，这可以通过对工作的分析而了解。

（2）霍兰德的职业倾向理论。20 世纪 40 年代后，“特性因素论”受到了批评，美国约翰·霍普金斯大学心理学教授霍兰德创立的人格职业类型匹配弥补了特质因素理论的不足。1995 年美国心理学会颁发杰出贡献奖颂词这样写道：“霍兰德的职业理论提供了一个智性的工具，统整了我们对于职业意图、职业兴趣、人格与工作史的知识。他的职业心理学的杰出贡献，使得职业心理学迈出了一大步。”霍兰德认为，人的个性与相关职业存在对应关系，强调个体在孩童时代的家庭环境对个性及将来择业的影响，职业的选择主要是由人的典型人格决定的。

2. 后职业生涯理论

早期的人 - 职匹配理论忽视了个体的主动适应和自我调节能力，而环境理论过度地强调环境作用，两者初期都局限于用职业前特征预测职业后行为。20 世纪 50 年代后，传统的静态职业指导理论受到挑战，所以前职业生涯理论的衰落和后职业生涯理论的兴起都是

必然的。后职业生涯理论主要包括职业生涯发展理论、职业转变理论、社会化与角色理论，该理论将人与职业的匹配放到个体职业前后的整个成长过程加以探讨，强调家庭、他人、组织、社会对个体个性的影响以及个体与环境的互动和调整，将职业指导看作对个体自我调整和成长的辅助与引导。具有代表性的后职业生涯理论是金兹伯格（Ginzberg）的职业发展阶段理论、舒伯的终身职业生涯发展理论和施恩的职业锚理论。

（1）金兹伯格的职业发展阶段理论。金兹伯格等人最早放弃了人-职匹配是进行职业生涯规划的唯一途径的观点，他们认为还需关注人的发展历史以及所处的发展阶段。他们相信，职业生涯行为根植于儿童早期生活，并随着时间的流逝而发展。

图文

金兹伯格的职业发展阶段理论

（2）舒伯的终身职业生涯发展理论。舒伯集差异心理学、发展心理学、职业社会学及人格发展理论之大成，进行了长期的研究，系统地提出了有关职业发展规划的观点。与其他发展理论相比，他的理论更全面，适用范围更广泛，描述了个体整个一生的发展。他是自帕森斯之后一位里程碑式的大师。从 1957 年到 1990 年，舒伯拓宽和修改了他的终身职业生涯发展理论，这期间他最主要的贡献是“生涯彩虹图”。1976—1979 年，舒伯在英国进行了为期四年的跨文化研究，之后他提出了一个更为广阔的新观念——生活广度、生活空间的生涯发展观。对于（1981）这个生涯发展观，除了原有的发展阶段理论之外，舒伯还加入了角色理论，并将生涯发展阶段与角色彼此间交互影响的状况描绘成一个多重角色生涯发展的综合图形。舒伯将这个生活广度、生活空间的生涯发展图形命名为“一生生涯的彩虹图”。

图文

空白职业生涯彩虹图

（3）沙因的职业锚理论。职业锚理论产生于美国麻省理工大学斯隆商学院、美国著名的职业指导专家沙因领导的专门研究小组，是在对该学院毕业生的职业生涯研究中演绎成的。斯隆商学院的 44 名 MBA 毕业生，自愿形成一个小组接受沙因长达 12 年的职业生涯研究，包括面谈、跟踪调查、公司调查、人才测评、问卷等多种方式，最终分析总结出了职业锚（又称职业定位）理论。职业锚又称职业系留点。锚是指使船只停泊定位用的铁制器具。职业锚是指当一个人不得不做出选择的时候，他无论如何都不会放弃的职业中的那种至关重要的东西或价值观，实际就是人们选择和发展自己的职业时所围绕的中心。职业锚也是自我意向的一个习得部分。个人进入早期工作情境后，职业锚由习得的实际工作经验所决定，与在经验中自省的动机、价值观、才干相符合，达到自我满足和补偿的一种稳定的职业定位。职业锚强调个人能力、动机和价值观三方面的相互作用与整合。职业锚是个人同工作环境互动作用的产物，在实际工作中是不断调整的，因此要预测职业锚是很困难的。

3. 整合的职业生涯理论

整合的职业生涯理论强调前职业与后职业的整合；个体特征和社会、家庭、工作情境、团队和组织的整合，职业发展全过程与过程中的交互作用整合。整合的职业生涯理论主要包括人-组织匹配理论和全职业发展理论，该理论不仅强调前职业与后职业的整合，个性特征与社会、家庭、工作情景、团队与组织的整合，而且强调研究角度与方法的整合，为职业指导提供了更坚实的理论基础。

（1）人与组织匹配理论。该理论认为，人与职业的匹配和发展的重要因素是组织或工作情景是否满足个体需要、价值、要求或偏好，如果满足，则实现了人与组织匹配。个人对职业和组织的选择与其个性特征之间相互影响：个人特点影响对职业和组织的选择，不同的个人会加入不同的组织，个人的特点可以影响其对职业和组织的选择；另外，对职业和组织的选择会影响个人个性发展，组织环境会影响个人的特点。人的个性必然受到生活的特定环境和个人独特生活经历的深刻影响。人与组织匹配理论中最具影响力的是吸引—选择—磨合模型（ASA 模型）。

（2）全职业发展理论。全职业发展理论是近年来职业生涯理论研究中出现的新趋向，强调工作社会学，关注社会阶层、社会文化环境和家庭环境对职业的影响，具有整合个性特征和社会、家庭、工作情境、团队和组织因素的趋势，着眼于职业发展趋势的全过程与过程中的交互作用整合。这种动向的出现源自以下几个因素：随着后职业阶段研究的发展，职业局部特征研究导致的彼此分割愈演愈烈；这种局部特征研究为职业生涯理论的整合做了理论准备；这种理论准备导致考虑更为全面的整合表达成为可能和必要。这种趋势既是克服各学派对职业局部特征研究的局限性的需要，也是局部特征研究发展的必然结果。

职业生涯理论的发展沿革反映了社会对人的职业匹配和职业发展问题认识的逐步深化，研究的逐步深入。

二、在职业发展中面临的生涯规划误区

视频
大学生在职业生涯规划中存在的困扰

由于知识、阅历、思维、能力方面的一些限制，部分大学生在进行职业生涯规划时容易走入误区。常见的职业生涯规划误区主要有以下五种。

（一）在职业发展中忽视职业生涯规划

在校大学生缺乏职业生涯规划意识的现象比较普遍。真正了解职业生涯规划的大学生为数不多。某问卷调查显示，对于“你是否规划过自己的职业生涯”这个问题，回答“有规划”的人只占被调查者的 20.1%。一些大学生认为自己尚处于学习阶段，未来有很多不确定因素，不宜过早地进行职业生涯的规划，直至毕业前才规划自己的职业生涯，但为时已晚。

（二）在职业发展中过分依赖他人

在职业生涯规划过程中，一些大学生过分依赖他人。因为他们认为自己涉世未深，对关系到自己未来发展的问题不能做主，总希望有人能替他们做出最好的选择与规划。事实上，职业生涯规划最大的特征就是个性化，个人职业生涯规划的制订必须由自己主导。因为不同大学生的成长环境、性格特征、兴趣能力、价值观念等有所不同，所以由他人代为制订的职

业生涯规划通常会与大学生本人的实际情况产生偏离。大学生的职业生涯必须由自己进行规划，无论是父母、老师，还是朋友、同学，都只能给予其规划的意见或建议。

（三）在职业发展中过于急功近利

近年来就业压力越来越大，部分大学生为了将来能有更好的职业发展，一进入大学就开始为考研做准备，在校期间与放假期间的大部分时间都在学习，很少考虑工作的事情，也很少参加社会实践活动，以免影响自己的学习；还有部分大学生不考虑自己的实际情况，盲目地考证或参加培训；更有意志不坚定者看到社会上某种职业收入高时，就想从事该职业，全然把自己的规划抛到脑后。这些做法都是急功近利的表现，不仅不能让自己加快走向成功的步伐，反而会让自己的职业发展受到阻碍。

（四）把职业生涯规划等同于职业选择

职业生涯规划是一个周而复始的连续的过程。职业选择是个体根据自身特质、专业、兴趣、能力等选择适合自己的职业的过程，简单地说，就是找一份工作。它只是职业生涯规划中的重要一环，并不等同于职业生涯规划。很多大学生将两者等同，认为规划职业生涯就是找一份工作，并在找到工作后就将职业生涯规划置诸脑后，不再过问，这种认识是错误的。

（五）在职业发展中轻易放弃

大学生在具体实施职业生涯规划的过程中会遇到很多困难或各种各样的问题。在这种情况下，一些大学生开始怀疑自己的职业生涯规划是否科学，并从心理上产生动摇，甚至过早地放弃既定目标，改变行动计划。这类人总认为计划没有变化快，并产生走一步算一步的想法，进而不再进行职业生涯规划。

三、在职业发展中开展生涯规划的要求

（一）提前规划——确定职业发展方向

方向定错了，就会走弯路，距离设定的目标会越来越远，付出的代价也会很大，得不偿失。因此，做职业生涯规划，绝不能犯“方向性错误”。学生在校期间所学的专业很大程度上决定了职业方向，但是现在很多学生毕业后，并没有选择和自己所学专业相匹配的工作，甚至在当初填报志愿的时候缺乏目标，没有考虑以后的就业方向，非常迷茫。这时候就需要学生认真思考，优先选择适合自己的职业岗位。

1. 性格与择业的关系

性格是指一个人在先天生理素质的基础上，在社会实践活动和不同环境的熏陶下逐渐形成的比较稳定的心理特征。人的性格不仅有个体差异，而且有好坏之分，这些差异、好坏都在不同程度上影响着个体职业选择的倾向和结果。

那么，该怎样判断自己的性格特征呢？人的性格各不相同，对性格的划分，最简单的是分为行动型和思考型（外向型和内向型）两种。行动型的人，其性格特征是以活动性、协调性、开放性、现实性、柔软性为主轴的。思考型的人，其性格特征是以伦理性、计划

性、缜密性、规律性、安定性为主轴的。

瑞士的心理学家通过多年的研究，按照人在生活中的交往表现，将性格分为四类：敏感型、情感型、思考型和想象型。他发现，相同类型性格的人更容易相互交往。因此，了解自己的性格属于哪种类型，就可以在生活和工作中扬长避短，改善人际关系，使生活更加愉快。当然，一个人可能同时具有两种或两种以上性格类型的特点，但他总有一种主要的特征，这种主特征就代表着其性格类型。

每一类性格都有与之相适应的职业范围。大学生在选择职业时，应该尽量选择适合自己性格特点的工作。要选择理想的职业，就必须明确了解自己的性格，并了解什么样的职业与这种性格相适应。

2. 兴趣与择业的关系

兴趣是指一个人力求认识、掌握某种事物，并经常参与该种活动的心理倾向。人的兴趣在职业活动中起着十分重要的作用。有关研究资料表明，如果一个人对某一工作有兴趣，就能发挥他全部才能的 80% ~ 90%，并且长时间保持高效率也不会感到疲劳。兴趣与个人奋斗目标相结合之后，个人还会从感觉有趣发展到获得乐趣，直到形成具有自主性、方向性的志趣。相反，对工作没有兴趣的人，只能发挥全部才能的 10% ~ 20%，也容易疲乏。另外，兴趣还可以开发智力，是成才的起点。

3. 能力与择业的关系

从心理学的角度来看，能力是指影响活动效率，使活动顺利完成所必须具备的个性心理特征。例如，观察的精确性、记忆的准确性和思维的敏捷性是完成许多活动所不可缺少的；节奏感和曲调感对从事音乐的人来说是必须具备的；缺乏充分的想象力，就很难使一个人与作家、艺术家结缘。

当然，要顺利、成功地完成某项活动，单靠某一种能力是不够的，需要多种能力的有机结合。客观、准确地认识和评价自己的现有能力或潜在能力，对大学生的职业定向与职业选择往往起着重要作用。

4. 职业价值观与择业的关系

职业价值观，是指人生目标和人生态度在职业选择方面的具体体现，也就是指一个人对职业的认识和态度以及他对职业目标的追求与向往，简单地说，就是指工作的“欲求”和“动机”。俗话说“人各有志”，当这个“志”表现在职业选择上的时候就是职业价值观。如果一个人追求的是自我价值的实现，那么他就会选择那种最能发挥自己特长的职业；如果一个人只是一味地追求名与利，那么他在选择职业时，就会优先考虑职业的地位和经济收入。

大学生在选择职业时，首先要确立科学合理的职业价值观。毕业后，有的大学生没有顺利就业，有的大学生找到了工作却又轻率地辞职，造成这些情况的最大原因就是他们没有确立自己的职业价值观。在职业价值观中，最为重要的就是明确工作的目的和方向。

所以在进行个人职业生涯规划时，大学生需要对自己的实际情况做出理性的分析，通过自己的外在自我、内在自我以及社会自我三个方面认知自我。外在自我是指人们可以直接观测到的自我因素，包括性别、身高、学习和专业等，是自我中最为凸显的部分；内在自我又称心理自我，是指自身内在因素，包括性格、兴趣、价值观和能力等，无法直接观测得知；社会自我对职业选择和发展起着支撑和抑制作用，主要包括亲子关系、师生关系、团组织关系和党组织关系等。

大学生只有对自我有较充分的了解，才能找到适合自己的职业目标，选择合适的就业方向。有的学生有较强的创业意愿，就需要做好职业规划，可以在学校期间选修创业指导课程，积极参加省市举办的创业大赛，也可以在实习期间选择相对应的企业实习，参与到企业的管理和运营中，待自己经验成熟后再通过创业实现自己的梦想。

拓展资料

什么样的工作才是好工作?

面对两家大公司的录用通知，该如何选择？人们常说“鱼与熊掌不可兼得”，但在现实生活中，哪个是鱼，哪个是熊掌？什么样的工作才是好工作，或者说什么工作才是最适合自己的工作？

其实这个问题没有绝对的答案。就像人们常说的“萝卜青菜，各有所爱”。对于不同的人而言，“好”的意义不同。因此，重要的是弄清楚对自己而言什么才是“好”的，才是适合自己的。是否对自己“好”的标准就是自己的价值观。价值观是高度个人化的，因此需要花费大量时间去探索、澄清。只有清楚了自己想要的、喜欢的，什么东西对自己最重要，才能在不同的选择中有所取舍。越清楚自己的需要，取舍起来就越容易。需要注意的是，要认清“二者不可兼得”的现实，学会放弃“好”的，选择“最好”的。放弃也是一种必要，一种能力。

另外，需要注意不同的企业有着不同的价值观，也就是通常所说的企业文化，它反映出一个企业所追求的目标和所重视的价值。选择工作时，同样需要考虑到个人价值观与企业文化的匹配度。因为同一行业的企业，彼此之间所重视的价值观可能会有很大不同。例如，一家公司可能会非常重视员工的独立与创新，而另一家公司却更提倡合作与互助，那么一名独立而进取的销售人员也许更适合在第一家公司的环境中工作。可以通过公司的网站、新闻报道及人物访谈等方式了解企业的价值观。

资料来源：陈学军，李春雨．大学生职业生涯规划：适用于高职高专院校［M］．南昌：江西高校出版社，2022：99.（有改动）

【分析】

根据以上资料，我们发现“好工作”因人而异，需要对自己充分了解，对选择的企业充分了解后所找到的适合自己的工作才是“好工作”。

（二）根据实际——选择职业发展区域

选择适合自己的工作区域是每个人职业发展中的重要决策之一。不同的工作区域会对个人的生活方式、职业前景和工作满意度产生不同的影响。因此，了解自己的需求和优势，以及不同工作区域的特点，是做出正确决策的关键。在选择的时候，要考虑多方面的因素，不能因为一时冲动、心血来潮而感情用事。选择职业发展地点需要考虑的因素很多，如是否是经济比较发达的城市，该城市的特殊政策和环境特征有哪些，就业机会是否多，就业竞争是否激烈，生活成本是否可以承担，薪资水平如何，还有饮食习惯和气候水土等。你如果在初次就业时选对了就业地，职业相对来说会更加稳定，而稳定的职业可以提高自己的职业技能和管理能力。长时间稳定的职业更容易使自己成为某一领域的精英人士。而频繁更换地点或跳槽，对自己的职业生涯成长肯定弊多利少。选择职业发展地点时需要注意以下几点。

1. 了解自己的需求和优势

在选择工作区域前，了解自己的需求和优势是非常重要的。首先，需要考虑自己的职业目标和职业发展方向。你如果希望在某个特定领域发展，那么选择与该领域相关的工作区域可能更为合适。其次，需要考虑自己的家庭和生活方式。你如果有家庭需要照顾，那么选择距离家近的工作区域可能更为合适。另外，应该考虑自己拥有的职业技能和优势。你如果有某些技能和优势，在选择工作区域时应该考虑这些方面。

2. 了解不同工作区域的特点

了解不同工作区域的特点，是选择适合自己的工作区域的关键。以下是一些常见的工作区域类型。

（1）城市中心。城市中心通常是商业和文化中心，拥有各种企业和机构，是许多人梦寐以求的工作地点。城市中心的工作机会相对较多，同时也有很多配套娱乐设施和文化活动可供选择。但是，城市中心的生活成本通常较高，交通拥堵和噪声等问题也较为普遍。

（2）郊区。郊区是城市的周边地区，通常有更多的住宅和商业区。在郊区工作，可能会享受到较为宽敞的工作环境和更为便宜的生活成本。但是，郊区的交通不如城市中心便利，同时可能缺乏文化和娱乐设施。

（3）远程工作。远程工作是一种越来越流行的工作方式，可以在家或任何地方工作。远程工作的优点是灵活性高，可以自由安排时间和工作地点。但是，远程工作可能会缺乏社交和团队合作，需要一定的自律和时间管理能力。

（4）大学城。大学城通常是大学校园周围的城市区域，拥有大量的学术机构和研究机构。在大学城工作，可能会享受到良好的学术氛围和研究资源。但是，大学城可能缺乏多样性，并且可能存在文化差异。

（5）海外工作。海外工作是一种更为广阔的选择，可以让你接触不同的文化和生活方式。海外工作的优点是能够获得更广泛的职业机会和全球化的视野。但是，海外工作也需要个人应对文化差异和语言障碍等挑战，需要个人更强的适应能力。

3. 根据需求和优势选择合适的工作区域

在了解不同工作区域的特点之后，需要根据自己的需求和优势选择合适的工作区域。以下是一些有用的建议：

（1）确定职业目标和职业发展方向，明确自己的职业技能和优势，选择与之相关的工作区域。

（2）考虑家庭和生活方式，选择距离家庭较近或生活成本较低的工作区域。

（3）考虑工作环境和文化氛围，选择适合自己的工作区域。

（4）考虑未来发展，选择能够提供更多职业机会和发展空间的工作区域。

（三）自我探索——做好个人发展定位

中国社会发展到今天这个阶段，每个人在成长和发展过程中都会遇到不同的考验，包括面对不断变化的社会现状时如何及时地调整自己工作的思路和方法，以便更好地向职业化发展。事实上，个人是否具有敏锐的洞察力和一定的前瞻力、复杂问题正确分析判断能力、善于站在不同角度考虑问题等基本的职业精神和职业能力，则需要从职业发展的分析方法入手。当今社会，个人在分析职业的定位和发展时时常使用SWOT分析法和七问法，下面将具体介绍SWOT分析法和七问分析法。

1.SWOT分析法

（1）SWOT分析法的概念。SWOT分析法又称态势分析法，最早由哈佛商学院的K.J.安德鲁斯教授于1971年在其《公司战略概念》一书中提出。SWOT的四个字母分别代表：strengths（优势）、weaknesses（劣势）、opportunities（机会）、threats（威胁），具体如图2-3所示。SWOT分析法是指先依照一定的次序按矩阵形式罗列，再运用系统分析的研究方法将各因素相互匹配起来进行分析研究，从中得出一些相应的结论。运用该方法可以充分认识、掌握、利用和发挥有利的条件和因素，控制或化解不利因素和威胁，达到扬长避短的目的，从而为个人或组织发展选择最佳的方案。它是一种能够较客观而准确地分析和研究个人或组织现实情况的方法，经常用来分析个人职业目标的制定和发展等。

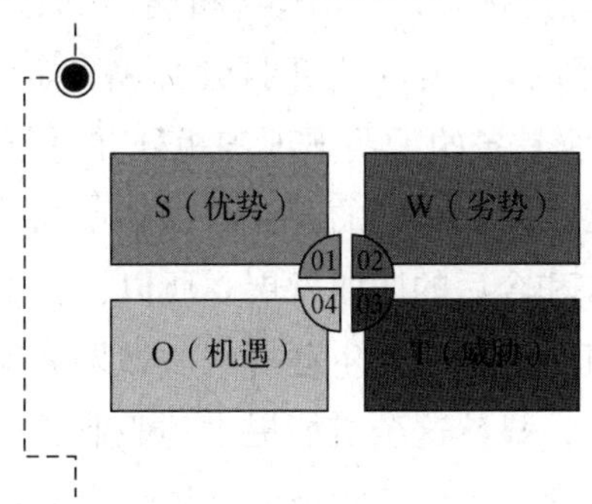

图2-3　SWOT分析图

（2）SWOT分析法的具体内容。首先通过对优势、劣势、机会和威胁加以综合评估与分析得出结论，然后根据个人或组织的资源调整策略，以便更好地制定目标。从整体上看，SWOT可以分为两部分：第一部分为SW，主要用来分析个人或组织机构的内部条件；第二部分为 OT，主要用来分析外部条件。利用这种方法可以从中找出对个人或组织机构有利的、值得发展的因素，以及对自己不利的、要避开的因素，发现存在的问题，找出解决办法，明确以后的职业方向。SWOT 分析可以将问题按轻重缓急分类，明确哪些是目前急需解决的问题，哪些是可以稍微拖后一点儿解决的问题，哪些属于战略目标上（职业的定位）的障碍，哪些属于战术上（职业的发展）的问题，并将这些研究对象列举出来，依照短阵形式排列，用系统分析的思想把各种因素相互匹配起来加以分析，从中得出一系列相应的结论，而这些结论通常有利于个人或组织做出较正确的决策和规划。个人在完成环境因素分析和 SWOT 矩阵的构造后，便可以制订出相应的行动计划。制订计划的基本思路是：发挥优势因素，克服弱点因素，利用机会因素，化解威胁因素；考虑过去，立足当前，着眼未来，运用系统分析和综合分析方法将各种环境因素相互匹配起来加以组合，从而得出一系列用于达成个人或组织机构发展目标的可选择的对策。SWOT 方法自形成以来因该方法分析直观、使用简单，即使没有精确的数据支持和更专业化的分析工具，也可以得出有说服力的结论等优点。近年来，SWOT 分析法被广泛应用在许多领域，如大学院系设置的定位和管理以及个人职业化的定位和发展分析、自我能力的分析等方面。

（3）SWOT 分析法的使用方法。在利用 SWOT 分析法对自己进行个人职业的定位和发展分析时，可以先评估自己的长处和短处，以便找出职业的机会和威胁。在列个人分析表时，列出自己喜欢做的事情和自己的长处。在当今社会，每个人都应有擅长的领域，而不是样样精通。同样通过列表，可以找出自己不是很喜欢做的事情和自己的弱势。找出自己的短处与发现自己的长处同等重要，因为你可以基于自己的长处和短处做两种不同的选择，或努力去改正错误，提高自己的技能；或放弃那些自己不擅长的技能项目。

在列表中对优势和劣势的判断其实是一个复杂的测量问题。从测量的角度看，对内外部条件的测量往往会表现为一个连续体，优势和劣势的相对性与程度性，故要求使用 SWOT 分析，采用合适的测量标准。SWOT 分析通常是在某一时点先对个人职业素质内外进行扫描，再进行优势、劣势、威胁和机会的分析，从而形成各种内外匹配的职业定位和发展规划，如 SO 定位（依靠内部优势，利用外部机会）、ST 发展（利用内部优势，回避外部威胁）、WO 发展（利用外部机会，克服内部弱点）、WT 定位（减少内部弱点，回避外部威胁）。首先列出你认为自己所具备的重要强项和短处并进行 SWOT 分析，然后标出那些你认为对自己很重要的强弱势项目。不同的职业都面临不同的外部机会和威胁，因为这些机会和威胁会影响个人的工作和今后的职业发展。所以，找出这些外界因素将帮助你成功地确定自己的职业定位和制订自己的职业生涯规划。如果你工作的组织机构处于一个常受到外界不利因素影响的行业里，显然这个机能提供的职业成长机会将是很少的，而且职业发展的机会也较少；反之，则充满了许多积极的外界因素的行业将为工作者提供广阔的职业前景。所以在你列出感兴趣的一两个行业后，你需要认真地评估这些行业所面临的机会和威胁。

（4）SWOT 分析法的使用注意事项。在运用 SWOT 分析法的过程中，因它的适应性

会导致反常现象的产生。针对SWOT分析法在实际的使用中产生的一些微观问题，一些经常使用SWOT分析法的个人基于经验将该分析法升级到POWER SWOT分析法，原来的SWOT分析法所产生的问题可以由POWER SWOT分析法得到解决。POWER SWOT分析法中的POWER是由个人经验（personal experience）、规则（order）、比重（weighting）、重视细节（emphasize detail）、权重排列（rank and prioritize）的首字母缩写组成的，这就是所谓的高级SWOT分析法。首先，POWER SWOT分析法给SWOT分析法做了一些战略定义，以选择那些能够对个人或组织机构目标的制定产生最重要影响的要素，并按照从高到低的词序进行排列，然后优先考虑那些排名最靠前的要素。例如，机会A=25%，机会B=10%，机会C=60%，那么个人或组织机构目标的计划就得先着眼于机会C，再着眼于机会A，最后着眼于机会B。由于个人或组织结构目标的导向性，因此如何应对机会就显得很重要了。接下来，就是在优势与机遇间寻找一个契合点以消除当前优势与今后机会之间的隔阂。最后，尝试将威胁转化成机会，并进一步转化成优势。POWER SWOT分析法有助于抹平两者之间的差异，使个人或组织机构在制订的发展计划或者制定的目标中更容易得到执行和达到目标。

2. 七问分析法

在个人职业化的生涯中，头脑清楚、逻辑思路清晰是做事的基础，但很多人在做具体的事和言谈中总是抓不着重点，换言之就是对问题不敏感、看不出发生问题的关键点。之所以如此，最主要的是缺乏训练，所以在成功使用POWER SWOT分析法确定自己的职业定位和发展目标后，再利用七问分析法来进行辅助矫正，就能更好地、更职业化地发展自己。七问分析法又称七为何分析法，因为使用简单、方便，易于理解和富有启发意义，所以广泛用于个人和组织机构的执行性活动。该分析法还有助于弥补考虑问题的疏漏。发明者用五个以W开头的英语单词和两个以H开头的英语单词进行设问，发现解决问题的线索和思路，从而进行行动设计构思，以便更好地执行制定的职业化目标等。七问分析如图2-4所示。

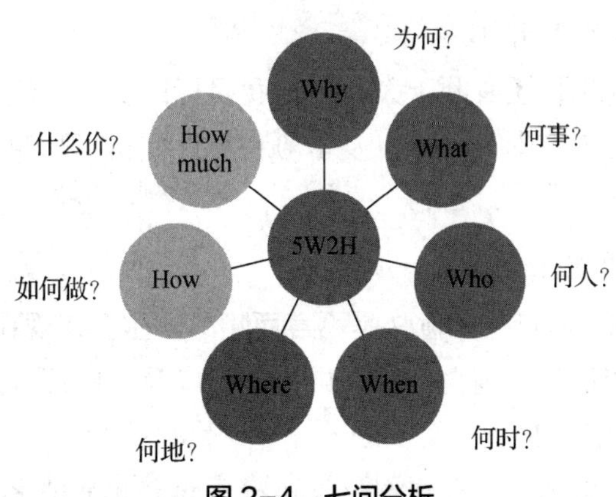

图2-4　七问分析

在熟悉七问分析法后，结合POWER SWOT分析法来制定自己的职业定位和发展目标，就能避免POWER SWOT分析法中缺乏具体执行方法的问题。

3. 如何将七问分析法与 SWOT 分析法相结合

在利用 SWOT 分析法对自己进行个人职业的定位和发展分析时，可先利用七问分析法来列出今后 5 年内自己的职业目标执行计划，再列出自己最想实现的三个左右的职业目标，并拟出一份自己实现上述目标的行动计划和要做的每一件事，并利用七问分析法对职业目标执行计划来进行评估。你如果觉得需要一些帮助，就要注明需要何种帮助和如何获取这种帮助，详尽的执行计划将帮助你去以合适的方法执行。同时，专业的职业咨询专家可以给你一定的帮助，特别是很多时候借助专业的咨询力量会让你能快地找到执行的捷径。有外力的协助和监督也会让你取得更好的效果。在确定职业定位和发展目标后要尽力地发挥出自己的优势使之实现目标。

第三节　大学生要树立职业生涯规划与职业发展意识

一、生涯规划对大学生未来发展的重要意义

（一）学校开展生涯规划教育对大学生未来发展的意义

1. 提供战略指导

首先，职业生涯规划是每个大学生都必须提前进入的一个问题，它不仅是个人事业取得成功的重要组成部分，而且是实现职业目标和成功的关键一步。其次，职业生涯规划应该帮助学生更加充分了解自己，如对自己的能力、兴趣和爱好等内容形成一套切实可行的评价机制，并在此基础上有意识地去了解可靠就业信息，以便合理且科学地进行职业选择。最后，接受职业生涯规划教育，学生的各项能力也将会得到有效的提高。事实也多次证明：一个人尽可能地扩大自身所期望的生活资源，并将不同生活资源进行合理的规划，也是人生成功的表现。为此，大学生应该充分利用高校教育资源，并有目的地进行学习和锻炼，从而全方面地提高自己的就业能力。

除此之外，职业生涯规划还有利于大学生自我目标的实现，他们可以提前了解自己的发展目标和奋斗方向，使得其学习目标以及学习积极性变得更加明确，进而为之付出更多的努力。

2. 发掘自我潜能，增强个人实力

有效的职业生涯规划，其价值和意义是不言而喻的，主要体现在以下几点：

（1）可让大学生清楚地认识到自己的人格特质，以及明确现有的或者是潜在的资源优势，进而不断完善自己的价值取向。

（2）能引导大学生了解到自己所存在的优缺点，并在此基础之上不断发扬优点，自觉纠正缺点。

（3）能让大学生自觉建立起科学的职业发展目标规划，并从中发现自己目标的确立与

现实之间所存在的巨大差距。

（4）能让学生在教师的引导下，将职业定位与实践充分结合在一起，进而搜索或发现新的以及潜在的职业机会。

（5）促使学生懂得运用更加科学的方法去增强自身的职业竞争力。

典型案例

小谢跳槽对吗？

小谢毕业后就一直从事财务管理工作，一晃已经从业4年了。在这期间，他只换过一家公司，也算是工作比较稳定的一类。有一次，在和同事的聊天中，小谢萌生了换工作的念头，主要是他觉得现在这家公司的发展空间太局限，而且薪水基本没有上涨的空间，如果继续做下去，意义不是很大。所以，他希望自己能够在职业发展的这几年多补充一下自己的经验和能力，也为以后的职业生涯发展做打算。原以为以自己的经验和能力找个财务主管的工作是没有任何问题的，但事与愿违，这段时间小谢没少跑招聘会，网上简历投了更不知道有多少份，可还是没有找到一份适合的工作。问题究竟出在哪里呢？

资料来源：胡苏姝，罗旭，贺玉兰．高职大学生职业生涯规划：微课版［M］．北京：人民邮电出版社，2022：5.（有改动）

启示

从案例中可以看出，欠缺正确的职业生涯规划方法是小谢受挫的根源。小谢在谋职时主要依托的是随机的想法，突然发现某一岗位适合自己，就认为肯定没问题，但适合该岗位和应聘成功是两回事。小谢首先应通过正确的方式和方法来了解职场和企业需求，然后明确自己的发展方向，最后投其所好，争取达到自己的目的。

3. 增强发展的目的性与计划性

严格意义上说，职业生涯规划还可以增强发展的目的性及计划性，并且提升学生就业成功的概率。由此可见，职业发展不是盲目碰运气，而是需要树立明确的目标，而很多人事业受挫，很重要的原因就是职业规划工作没有做好，好的计划才是成功的开始。

4. 提升应对竞争的能力

大学生身处在一个竞争激烈的时代，毕业后想要具有一定的市场竞争力，在校期间就一定要意识到职业规划设计的重要性。许多大学毕业生一毕业就急于向企业投递简历，并把能否找到一份满意的工作归结于自身运气、人际关系或者是口才，而没有充分意识到，能不能找到好工作，还和自身是否具有强烈的职业规划意识有着较为密切的联系。

总而言之，只有加强对职业生涯规划的清晰认识，并将此工作付诸实践，才能够从根本上提高自身的竞争能力。

5. 调动积极性

大学生明确职业生涯规划后，也就意味着他们的职业目标得到了确立，学生则更要积极认真地学习，并不断充实和完善自己。与此同时，大学生学习状态也会由被动变为主动，并努力去实现自己所定下的职业目标，而当他们全身心投入学习之后，即便会遇到诸多的困难和挫折，也不会轻易放弃，而是会不断鼓励自己为了目标而奋斗。总体而言，他们的学习主动性和积极性将会得到充分的调动。

（二）家庭教育重视生涯规划对大学生未来发展的重要意义

1. 为大学生挖掘自身优势，提供价值引导

习近平总书记在会见第一届全国文明家庭代表时的讲话中指出："希望大家注重家庭。家庭是社会的细胞。家庭和睦则社会安定，家庭幸福则社会祥和，家庭文明则社会文明。历史和现实告诉我们，家庭的前途命运同国家和民族的前途命运紧密相连。我们要认识到，千家万户都好，国家才能好，民族才能好。国家富强，民族复兴，人民幸福，不是抽象的，最终要体现在千千万万个家庭都幸福美满上，体现在亿万人民生活不断改善上。同时，我们还要认识到，国家好，民族好，家庭才能好。""只有实现中华民族伟大复兴的中国梦，家庭梦才能梦想成真。中国人历来讲求精忠报国，革命战争年代母亲教儿打东洋、妻子送郎上战场，社会主义建设时期先大家后小家、为大家舍小家，都体现着向上的家庭追求，体现着高尚的家国情怀。"①

因此，家庭教育对大学生的未来发展至关重要，而家风是每个家庭成员世界观、人生观、价值观的基石，家训是一个家庭的核心价值观，家规是一个家庭要遵守的基本法，家风则是一个家族的子子孙孙要恪守的家训。家庭教育重视职业生涯规划不仅能够帮助大学生确定自己的职业方向和未来成长道路，还可以营造与时俱进的良好发展氛围，家庭氛围是良好家风家训培育与传承的重要基础。

2. 为大学生指明正确的就业方向

良好的家庭教育可以帮助学生分析就业环境和确立职业目标。

（1）家庭教育对子女的就业竞争力具有重要影响。一个人的就业竞争力不仅仅体现在学历和专业技能上，还体现在综合素质和社会适应能力上。在重视生涯规划的家庭中，父母会更注重培养子女的综合能力，如自我管理能力、沟通协调能力、创新思维能力等。此外，这些家庭还注重培养子女的社交能力和团队合作意识，这是在职场中不可或缺的素质。一个与人为善、善于倾听和合作的人在职场上更容易受到认可和重用。

（2）家庭教育对子女的职业规划和专业选择有着深远的影响。父母在子女成长过程中扮演着重要的引导者角色，他们的意见和建议会对子女的职业规划产生重要影响。父母如果具备丰富的职业经验和专业知识，能够给予子女合理的建议和指导，那么子女在面临选择专业的时候可以更加明确自己的兴趣和发展方向，从而有针对性地选择适合自己的专业。

① 习近平．论党的宣传思想工作［M］．北京：中央文献出版社，2020：281–282.

此外，家庭教育还对子女培养正确的职业态度和价值观具有重要作用。父母是孩子的第一任老师，他们的言传身教会对孩子的价值观产生深远的影响。如果父母注重传承家族价值观，强调勤俭节约、诚实守信等价值观念，那么子女在成长过程中也会受到这些价值观的熏陶，从而培养出正确的职业态度和价值观。

（3）家庭教育对子女的心理健康和自信心具有积极影响。一个具备健康心理和自信心的人在求职过程中更容易展现出自己的优势和特长。重视生涯规划的家庭，父母会注重培养子女的自信心，帮助他们树立正确的自我认知和自我价值观。自信心能让人在竞争激烈的求职过程中保持平静，充分发挥自己的潜力。

（三）社会重视生涯规划对大学生未来发展的重要意义

1. 促进大学生全面了解自己和社会，合理定位

随着各行各业竞争压力的增大，企业对应届大学生进行招聘时，对大学生的要求也越来越高。如果学生的知识结构、能力结构、素质结构与单位实际岗位的适配程度较低，就会增加大学生就业的难度，增加企业用人的难度和成本，造成大量人才的浪费。大学生在步入社会时，很难完全按照自己的职业意愿去实现职业理想。因此，大学生应把个人特征和社会需要结合起来设计自己的职业生涯发展道路。大学生通过职业生涯规划，能深入进行自我剖析，了解自己的价值取向，了解自己的性格、气质、职业兴趣、优势、劣势等，进而提升对自我的觉察和认知，完善自我认识，真正搞清楚自己想干什么，能干什么。

大学生只有通过职业生涯规划对自己所处环境进行全面正确的认识，才能认清国家发展的现状，认清当今时代的形势、科技发展的速度，弄清时代、社会对大学生的要求是什么，企业对大学生的要求是什么；充分认识到社会允许大学生干什么，希望大学生从事哪些职业，彻底摆脱“两耳不闻窗外事，一心只读圣贤书”的局面。切实做到“知己知彼”，尽早地找到自己与社会、单位、岗位需要之间的距离，有利于给自己一个科学合理的定位，促进社会人才的合理流动。

2. 促进大学生个人与组织共同发展，人尽其才，才尽其用

我国正处在发展的关键时期，各行各业都需要大量的各类高级专门人才。大学生是国家的宝贵人才资源，相关机构和人员要正确引导和培养好这批人才资源，科学合理地使用好这批人才资源，充分发挥他们在社会主义现代化建设中的重要作用。目前，大学生的培养现状与社会需要之间存在着一定的差距，部分大学生缺乏对职业的正确认识和对自我的合理定位，在毕业时不能及时就业或没有找到真正适合自己的职业，这会造成严重的人才资源积压和浪费，严重影响社会发展的速度。这些问题表明，大学生受传统的计划经济模式影响较大，统包统配的计划手段已不能适应新形势的需要。现代的人力资源管理要求员工个人必须明确自己的职业生涯规划，个人的职业生涯规划须与组织的职业生涯规划相吻合，以促进个人与组织共同发展。因此，大学生需要通过职业生涯规划充分了解社会发展对人才的需求，将自己培养成适合用人单位需要的人才，从而找到最能发挥自己才能的位

置，达到人力资源合理配置的目的。同时，职业生涯规划能让用人单位尽早了解大学生的特点和愿望，了解大学生的心理和生理特点，以便安排得合理、科学，使用得恰当、有效，使他们尽快成为社会发展所需要的高级专门人才，成为社会发展的主力军，真正做到人尽其才，才尽其用。

二、大学生在职业发展中面临的困境

（一）自我认知存在偏差

虽然大学生已经具备一定的自我认知能力，包括对自己的兴趣爱好、个人性格、对社会的适应性、社会职业和职业发展前景等，但是受网络环境和境外糟粕文化的影响，大学生对自我认知仍存在不全面和不真实的情况。一方面，大学生获取信息的渠道多是互联网、新媒体自媒体和各种 App，这些渠道的信息具有碎片化、片面性、偶然性等特点，无法立体还原职业的本质特征、专业水平和薪酬等。另一方面，大学生对自身兴趣爱好缺乏稳定和理性的认识，对自身的专业能力与特长技能没有相应的对比，很难对自己的职业爱好和职业适应能力做出准确判断。例如，部分大学生对娱乐圈、直播行业等的认识停留于表面，或只看到了看起来容易产生经济收益的行业优点，没有真正认识这些职业对专业和技术要求带来的挑战。与此同时，大学生对正确和有用的信息资源收集与处理的技术能力不足，不能深刻、全面地分析自己的情况，更无法对自己的真实情况与未来的职业进行有效衔接和理性规划，容易停留在感性认识层面。

大学生在职业规划中对自我认知存在的偏差容易导致以下问题：对个人职业能力的自我评估会存在高估或低估两种极端倾向；单方面关注自身偏好的职业，忽视这一职业对人素质和能力的要求；在职业投入的准备上容易受感情认知的影响，存在被动投入的现象。

（二）职业价值取向有偏颇

现在，部分大学生把对自己职业和前途的长远期盼转化为对薪资待遇、工作地点、工作环境等具体条件的要求，更加注重职业的经济价值，而不是理想价值。部分大学生不同程度地存在功利主义倾向，理想与现实的错位导致大学生择业更加困难。

典型案例

不要高估自己的能力

会计专业的学生小邓，在学校的成绩一直不错，而且该专业属于热门专业，时常有企业前来选拔人才。小邓觉得毕业后找工作完全没有问题，因此有些懈怠。抱着这样的态度，小邓一开始就选中了高收入、高福利、高地位的大企业所提供的岗位，结果投了十多份简历都没有得到笔试的机会。后来，小邓内心有点着急了，找工作也顾不上精挑细选了，急忙投了三四十份简历。最终，有一家公司愿意录用小邓，但小邓却因用人单位开出的工资待遇低于自己的心理预期，毅然放弃了这个工

作岗位。于是，小邓继续找工作。

资料来源：胡苏姝，罗旭，贺玉兰．高职大学生职业生涯规划：微课版［M］．北京：人民邮电出版社，2022：10.（有改动）

启示

本例中，小邓的问题在于对自己的期望值过高且定位不准确，从而导致求职过程中不断碰壁。大学毕业生要客观分析目前的就业形势和自身条件，切忌眼高手低。大学生不要怕从基层干起，无论在哪个岗位上，只要有了好的表现，用人单位就会更容易发现你的优势，也会根据你的能力给你足够的发展空间，从而满足你对职业目标的追求。

（三）对生涯规划的核心把握不足

大学生普遍存在的自我认识偏差自然影响职业生涯的规划，而职业生涯规划有三个重要的关键词：职业、生涯和规划。这涉及职业性格、职业兴趣、职业能力和职业价值观。让大学生进行职业生涯规划，并不是要把他们引导到一个具体的职业和岗位中去，而是希望让大学生发现自己与职业要求存在的差距，并通过不断学习来缩小自己与某一目标行业或职业之间的差距，进而提高自己的职业适应能力和胜任能力。

由此可见，高校要引导学生加强对个人职业性格、职业兴趣、职业能力和职业价值观的认识，一方面，引导学生加强个人兴趣爱好与社会发展环境的结合，将自身放在社会发展的大背景下去把握自己对未来职业的规划；另一方面，指导学生用社会主义核心价值和习近平总书记关于职业教育的一系列重要讲话精神对职业生涯进行规划，形成科学、有效和对接社会需求的职业理想与目标。

（四）对职业发展的期望高于自身能力

多数高职学生对自己定位的职业是白领、公务员、教师等，期待在大城市、大企业和事业单位就业，更倾向于高收入、高地位和高福利的机构与单位，不愿考虑欠发达地区。不少高职学生在考取各种职业证书和准备本科生与研究生考试的同时，谋划的是更高级的职业目标：事少钱多、离家近。甚至为了增加公务员和事业单位、大企业等职业的选择性，不少高职学生会在学校期间选择各种兼职提高自身的就业能力，如做家教、成为企业的业务员和推销员，以及自主创业。但是，这样多方向没重点的安排会耗费大量时间，加上这些校外兼职缺少专业技能培育的内容，很大程度上会影响学业与专业技能的提高，不利于自身职业能力的培养。

三、优化生涯规划的关键措施

高职院校学生最终要走向社会，并要面临各种职业选择。一个好的职业生涯规划往往可以准确评价出自己的基本状况和个人价值观、掌握自己的特点和强项、挖掘出自己的潜能，并能对职业进行准确定位。实践证明，一个人的成功职业生涯，肯定是进行了理性的职业生涯规划，并有动态的目标和协作的原则。因此，认清时代环境下的自己、对职业形成正确的认知和评估、制订动态调整的行动计划、接受个性化的职业生涯规划指导是高职院校优化学生职业生涯规划的重要举措。

职业生涯规划是大学生就业的基础，也是其走好职业道路的关键一步。因此，职业生涯规划中要对自身希望进入的职业或行业有清晰明了的认识。首先，要利用各种渠道收集相关信息，对期待进入的职业或行业的历史、发展现况和发展趋势进行全方位的分析，掌握这一职业或行业的核心要素，如重要历史事件、重点发展内容、重要政策支持等。其次，分析和掌握这一职业或行业对从业人员的要求，包括性别、年龄、专业技能、性格特征和组织管理能力等。最后，分析自己所处的这个就业环境对自己的有利条件和不利条件，有利于缩小不利条件的影响、提升有利条件的广度和深度。下面主要从四部分对职业进行正确的认知和评估。

（一）了解高等职业教育专业的分类

高等教育是在完成中等教育的基础上进行的专业教育，是培养高级专门人才的社会活动。

随着文明的进步，社会分工越来越复杂，越来越精细，相应的知识基础也就越来越精细和专业化，“专业”就是根据特定职业工作的需要，明确具体的培养目标，将所需的理论基础和专业技能要求加以组合而形成的特定学习内容的分类。

有些大学生对自己的专业在人类知识体系中所处的位置以及该专业在社会上的应用知之甚少，学习状态非常被动；有些大学生不喜欢自己的专业，也不了解本校有哪些自己更感兴趣的专业，学习动机不强。因此，大学生应了解关于专业的基础知识，以便对自己所学的内容有更好的掌控。教育部颁布的《高等职业教育专科新旧专业对照表（2021年）》，将学科门类分设为农林牧渔大类、资源环境与安全大类、能源动力与材料大类、土木建筑大类、水利大类、装备制造大类、生物与化工大类、轻工纺织大类、食品药品与粮食大类、交通运输大类、电子与信息大类、医药卫生大类、财经商贸大类、旅游大类、文化艺术大类、新闻传播大类、教育与体育大类、公安与司法大类、公共管理与服务大类19个学科大类。

资料
高等职业教育专科新旧专业对照表

高等职业教育专科专业19个学科大类专业代码如下：

（1）农林牧渔大类专业代码：41。其中包含：4101农业类、4102林业类、4103畜牧业类、4104渔业类。

（2）资源环境与安全大类专业代码：42。其中包含：4201资源勘查类、4202地质类、4203测绘地理信息类、4204石油与天然气类、4205煤炭类、4206金属与非金属矿类、4207气象类、4208环境保护类、4209安全类。

（3）能源动力与材料大类专业代码：43。其中包含：4301电力技术类、4302热能与发

电工程类、4303 新能源发电工程类、4304 黑色金属材料类、4305 有色金属材料类、4306 非金属材料类、4307 建筑材料类。

（4）土木建筑大类专业代码：44。其中包含：4401 建筑设计类、4402 城乡规划与管理类、4403 土建施工类、4404 建筑设备类、4405 建设工程管理类、4406 市政工程类、4407 房地产类。

（5）水利大类专业代码：45。其中包含：4501 水文水资源类、4502 水利工程与管理类、4503 水利水电设备类、4504 水土保持与水环境类。

（6）装备制造大类专业代码：46。其中包含：4601 机械设计制造类、4602 机电设备类、4603 自动化类、4604 轨道装备类、4605 船舶与海洋工程装备类、4606 航空装备类、4607 汽车制造类。

（7）生物与化工大类专业代码：47。其中包含：4701 生物技术类、4702 化工技术类。

（8）轻工纺织大类专业代码：48。其中包含：4801 轻化工类、4802 包装类、4803 印刷类、4804 纺织服装类。

（9）食品药品与粮食大类专业代码：49。其中包含：4901 食品类、4902 药品与医疗器械类、4903 粮食类。

（10）交通运输大类专业代码：50。其中包含：5001 铁道运输类、5002 道路运输类、5003 水上运输类、5004 航空运输类、5005 管道运输类、5006 城市轨道交通类、5007 邮政类。

（11）电子与信息大类专业代码：51。其中包含：5101 电子信息类、5102 计算机类、5103 通信类、5104 集成电路类。

（12）医药卫生大类专业代码：52。其中包含：5201 临床医学类、5202 护理类、5203 药学类、5204 中医药类、5205 医学技术类、5206 康复治疗类、5207 公共卫生与卫生管理类、5208 健康管理与促进类、5209 眼视光类。

（13）财经商贸大类专业代码：53。其中包含：5301 财政税务类、5302 金融类、5303 财务会计类、5304 统计类、5305 经济贸易类、5306 工商管理类、5307 电子商务类、5308 物流类。

（14）旅游大类专业代码：54。其中包含：5401 旅游类、5402 餐饮类。

（15）文化艺术大类专业代码：55。其中包含：5501 艺术设计类、5502 表演艺术类、5503 民族文化艺术类、5504 文化服务类。

（16）新闻传播大类专业代码：56。其中包含：5601 新闻出版类、5602 广播影视类。

（17）教育与体育大类专业代码：57。其中包含：5701 教育类、5702 语言类、5703 体育类。

（18）公安与司法大类专业代码：58。其中包含：5801 公安管理类、5802 公安技术类、5803 侦查类、5804 法律实务类、5805 法律执行类、5806 司法技术类、5807 安全防范类。

（19）公共管理与服务大类专业代码：59。其中包含：5901 公共事业类、5902 公共管理类、5903 公共服务类、5904 文秘类。

（二）认清环境时代下的自己

不同的环境对就业者的素质有不同的要求。只有分析当前环境条件的特点和发展变化情况，才能搞清楚自己与环境的关系，弄明白自己在特定环境中所处的位置，并且理解当下环境对自己综合素质的要求。在这个基础上，通过审视自己的能力、认识自己的优势与不足、了解自己的兴趣爱好和性格特征等，才能充分认识自身条件与相关环境的融合性，把握环境对自己就业或者职业选择的优势与限制。从环境因素来看，大学生要想优化个人的职业生涯规划，就要考量组织环境、政治环境、社会环境和经济环境。例如，准备从事教师工作的，需要掌握国家教育政策、教育效益与评价、社会重教氛围、教师教学基本功等环境信息，以此确定自己是否适合这一行业或职业。从自我认知来看，一方面，可以通过分析个人真正的职业需求、自身的真实能力、稳定的兴趣爱好、固定的性格特征和社会气质等，了解自己具备什么实质性的能力，明确自己的优势和不足；另一方面，除了要看到现在环境下的自己是一个什么状态外，还要明确以后的自己想要成为什么样，以此志向和目标来确定适合自己的职业。自我分析决定职业生涯规划的优化与否，因此，要在结合环境中深刻分析自我，找出优点与优势，但也不能忽视缺点和不足，还要考虑自己的兴趣爱好和国家发展中形成的重点领域。

1. 认识自己的专业

通过专业学习，大学生可以学得专业知识和专业技能。同时，接受高等教育除了学习专业知识与专业技能外，还可以在通用知识和通用能力方面得到学习和锻炼。从普遍意义上来说，每个学科、每个专业的学习过程都可以锻炼学生的通用能力，如学习能力、发现问题和解决问题的能力、沟通与合作的能力等，这些通用能力可能会在职业领域中发挥重要作用。

要完成专业学习，就需要选择和了解自己的专业。

（1）专业培养目标。目前，很多高校按学科大类进行招生，入学后的培养模式也是大类培养，在大一时主要学习公共基本课程、通识教育课程和学科基础课程，大二、大三时学生学习专业方向课程和其他教学内容。低年级的学生要尽可能通过新生入学教育、研讨课、导师指导等方式充分了解学科专业的发展现状、社会对专业人才的需求，在兼顾个人能力倾向和学习兴趣的基础上选定自己的专业。

了解专业，核心是要了解本专业的培养目标和培养过程（方式）。了解本专业的培养目标，好比司机出发前要知道自己的目的地和路线图。了解本专业的培养过程（方式），好比司机在出发前要知道自己使用的交通工具和路程使用时间。

（2）专业课程体系。在培养过程中，最重要的环节是构建课程体系以及确定培养方式。课程既根据培养目标设置，又将培养目标具体化，把培养目标落实到具体的教学内容和教学环节之中，从而对专门人才的培养产生现实的定向和规范作用。若干门相关联的课程组合成课程体系。不同院校的相同专业，所开设的课程体系可能也有所不同。大类招生政策在“厚基础，宽口径”的原则下，通常建立“全校必修课程 + 学科必修课程 + 专业发展课

程 + 开放选修课程”的模块化课程体系，引入第二课堂资源，建立多元化的实践教学育人体系。为了更好地帮助学生学习，有些高校为学生编制了“修读导引图谱”，把大学期间每个学期所学的基础理论课、专业核心课、实践课等标识出来，便于学生安排大学生活，学生可以留意此类信息，也可以编制专属于自己的大学课程图谱。

不同院校的相同专业所开设的课程体系和培养方式各有差异，学生要充分利用学校资源，贴合学科专业人才培养目标、培养路径，选择适合自己的方向，通过构建自己的课程体系来实现自己的目标。

（3）通过专业学习获得的学习成果。通过专业学习，学生能够获得知识和技能的提升，这些成果不仅可以满足学生的好奇心，满足学生对知识的渴望，还能够激发学生的斗志和进取心。当看到自己在学习的道路上取得的成果，学生就会更加有动力去学习。例如，学生在学习英语的过程中，掌握了越来越多的词汇和语法规则，能够流利地用英语进行交流，这些都是学习的成果，也是学生不断学习的动力。

学习的成果和收获主要体现在知识和技能的提升上。通过专业学习，学生能够不断积累各种知识，并将其转化为实际的技能和能力。无论是在学校的课堂上还是在社会实践中，学生都能够通过学习获得许多有价值的成果。例如，在学习科学知识的过程中，学生能够了解到许多科学大发现和实践经验，这些对学生的工作和生活会有很大的指导作用。

思考与讨论

通过专业学习，你获得了什么样的学习成果？前文已经分析了专业的培养目标和课程体系，现在尝试着通过以下的步骤更加直观地分析你所学的专业。

步骤一：在纸的中间写上你的专业，画一个圆圈圈住它。

步骤二：在纸上分散地写上以下词语，分别用圆圈圈住。

课程、技能、理论或者观点、知识、在其他教学单位学到的相关课程、其他你认为重要的内容。

步骤三：记下和每个项目有关的想法，用圆圈圈起来。要尽可能多地写上去，将关于你的专业的一切内容都写在上面。

步骤四：你如果遇到了阻碍，可以考虑和其他同学一起完成这个练习。有时你的同学会想到一些被你忘记或者忽视的内容。

步骤五：完成上述步骤之后，回望一下你的“地图”。你看到了什么？“地图”上最有趣的部分是什么？它告诉了你什么？在你的专业中你是怎样完成那些独一无二的事的呢？你是怎样使它和自己的兴趣相贴合的呢？你是否参与了一系列对自己的专业很实用的课程呢？为什么？你享受这些课程的哪些部分？你学到了什么技能？

步骤六：将你的想法集中到一起。你的专业中最重要的因素是什么？如果让你甄别出三个从专业中学到的特质，你会选择什么？

2. 了解专业与职业的关系

前面已经分析了你所学的专业，或许你已经对自己所学专业的培养目标，课程体系，你所获得的知识、技能和养成的态度等有了进一步明确的认识。那么，专业与职业是什么关系呢？是否学了某个专业就一定要从事对口的职业？

（1）专业与职业的发展。

① 专业是选择职业的重要依据。社会分工和劳动组织内部的劳动分工交互发展，决定和制约着现代社会的职业发展，劳动分工越发达，专业化程度越高，职业也就越多。因此，专业与职业都是社会分工的结果。社会分工体现在经济、社会领域，就是职业；体现在学习领域，就是专业。学生毕业时通常都是以一种职业身份进入社会从事某个行业的活动，所掌握的专业知识成为其从事某个行业工作的专才，因此，高校专业成为人们选择职业的重要依据。

② 专业与职业不能一一对应。每个专业可能对应的职业或行业情况称为专业口径。一个专业可以对应一种职业，也可以对应多种职业。专业对应职业种数多，表示专业口径大，该专业的适应性强，但针对性比较差。专业口径小，则该专业对应行业或是岗位的针对性强，适应性比较差。

一个专业可以对应一个职业群，甚至是几个相关的职业群。所谓的职业群是由基本技能相通，工作内容、社会作用以及从业者所应该具备的素质接近的若干个职业构成的，如建筑专业对应的职业群包括建筑师、土木工程师、制图员、机械工程师和测量员相同的职业可存在于不同的产业或行业之中，如人力资源专业所对应的职业群广泛分布于国民经济的各个产业和行业之中。因此，一种职业可能涉及一种专业，也可能涉及多种专业。

③ 专业和职业的关系。专业对口率与“专业改变率”相对。高等学校和中等专业学校毕业生在分配使用上与所学专业对应的程度，是考察教育投资利用效率的指标之一。计算公式为：专业对口率 =（专业对口的人数 / 毕业生总人数）× 100%。计算得出的比值越高，说明教育投资利用效率越高。

研究发现，不同学科门类学生的专业对口率是不同的。专业对口率相对较高的专业有土木工程类、医药卫生类等，对口率较低的专业有艺术类等。可以看出，基础学科的对口率要低于应用学科，但这并不意味着基础学科的就业质量和职业发展前景要比应用学科差。基础学科尽管距离社会生产比较远，但其重视培养学生的批判性思维能力、逻辑思维能力等核心通用能力，使得这些学科的毕业生在很多领域都有创造性表现，生涯适应力很强。

在人才市场上，越来越多的岗位招聘“不限专业”人才，上学读书期间学习的各类知识、做过的各种实验，都可能与职业的发展有意想不到的联结，并且可能创造意想不到的职业机会。因此，大学的学习不能过于功利化，学生要基于自己的兴趣、知识体系的内在逻辑去完成自己的专业学习与通用能力的培养。

从岗位需求来看，技术含量越高的岗位，对专业知识和专业技能就越重视；对销售、服务类岗位来说，通用知识和通用技能则更加重要。

学习相同专业的学生，也可能选择对口、相关或不对口的职业。不管你如何选择，在应聘时，为了更好地向招聘主管介绍你的专业，请自己先回答以下几个问题：

• 你的专业给你应聘的岗位带来什么样的优势？

• 你的专业让你在写作能力、人际交往能力、组织能力、学习能力等这些通用能力方面有何提高？为什么？

• 你在大学期间最喜欢的课程是什么？ 为什么？

• 在大学期间，你养成了什么样的态度和习惯？它们会让你在职业领域中有更好的表现吗？

（2）专升本与职业的发展。在普通高等教育中，专升本是普通高等教育专科层次起点升本科教育的简称。在成人高等教育中，专升本是成人高等学历教育专科起点本科的简称。

在某些职业领域，学历与职业发展密切相关，技术含量越高的职业，高学历就越重要，如大学教师、企业的研究人员。

2021 年，中共中央办公厅、国务院办公厅印发的《关于推动现代职业教育高质量发展的意见》提出，到 2025 年，职业教育办学格局更加优化，办学条件大幅改善，职业本科教育招生规模不低于高等职业教育招生规模的 10%。

自 2019 年教育部批准全国首批职业本科试点大学开始。2019 年，南昌职业学院、上海中侨职业技术学院等 15 所学校由“职业学院”更名为“职业大学”，同时升级为本科院校；2020 年，教育部批准六所本科职业学校更名为大学；2021 年，共有 11 所高校获批更名为职业大学。2021 年获批的职业大学，多是由独立学院转设或与高职院校合并转设而成。2022 年开始，“职业技术大学”的增设与更名加速进行中，大批职业本科陆续被各省市列入“十四五”规划中。2024 年 6 月 21 日，教育部公布了全国高等学校名单。截至 2024 年 6 月 20 日，全国范围内的高等职业院校总数达到了 1611 所。其中，专科层次的职业学校占据了 1560 所，而本科层次的职业学校则为 51 所。本科层次职业大学名单如表 2-1 所示。

表 2-1　本科层次职业大学名单

序　号	学校名称	学校标识码	所 在 地	备　注
1	民政职业大学	4111014139	北京市	
2	河北工业职业技术大学	4113016204	石家庄市	
3	河北科技工程职业技术大学	4113016203	邢台市	
4	河北石油职业技术大学	4113016202	承德市	
5	唐山工业职业技术大学	4113012787	唐山市	
6	山西工程科技职业大学	4114016201	太原市	

（续表）

序　号	学校名称	学校标识码	所 在 地	备　注
7	运城职业技术大学	4114014226	运城市	民办
8	辽宁理工职业大学	4121012595	锦州市	民办
9	长春汽车职业技术大学	4122011436	长春市	
10	哈尔滨职业技术大学	4123012911	哈尔滨市	
11	上海中侨职业技术大学	4131012915	上海市	民办
12	南京工业职业技术大学	4132010850	南京市	
13	浙江广厦建设职业技术大学	4133013029	金华市	民办
14	浙江药科职业大学	4133016207	宁波市	
15	金华职业技术大学	4133012061	金华市	
16	浙江机电职业技术大学	4133012861	杭州市	
17	泉州职业技术大学	4135012928	泉州市	民办
18	南昌职业大学	4136013420	南昌市	民办
19	景德镇艺术职业大学	4136013435	景德镇市	民办
20	江西软件职业技术大学	4136013776	南昌市	民办
21	江西职业技术大学	4136011785	九江市	
22	山东工程职业技术大学	4137013356	济南市	民办
23	山东外国语职业技术大学	4137013387	日照市	民办
24	山东外事职业大学	4137013874	威海市	民办
25	河南科技职业大学	4141014169	周口市	民办
26	漯河食品工程职业大学	4141014233	漯河市	民办
27	湖南软件职业技术大学	4143013925	湘潭市	民办
28	湖南汽车工程职业大学	4143013937	株洲市	
29	广州科技职业技术大学	4144013717	广州市	民办
30	广东工商职业技术大学	4144013721	肇庆市	民办
31	深圳职业技术大学	4144011113	深圳市	
32	广东轻工职业技术大学	4144010833	广州市	
33	广西农业职业技术大学	4145016205	南宁市	
34	广西城市职业大学	4145013920	崇左市	民办
35	南宁职业技术大学	4145011355	南宁市	
36	柳州职业技术大学	4145012104	柳州市	

（续表）

序　号	学校名称	学校标识码	所 在 地	备　注
37	海南科技职业大学	4146014172	海口市	民办
38	重庆机电职业技术大学	4150012607	重庆市	民办
39	重庆电子科技职业大学	4150012609	重庆市	
40	成都艺术职业大学	4151012969	成都市	民办
41	四川工程职业技术大学	4151012763	德阳市	
42	贵阳康养职业大学	4152016206	贵阳市	
43	贵州交通职业大学	4152012222	贵阳市	
44	西安汽车职业大学	4161013738	西安市	民办
45	西安信息职业大学	4161014030	西安市	民办
46	兰州石化职业技术大学	4162016209	兰州市	
47	兰州资源环境职业技术大学	4162016208	兰州市	
48	甘肃林业职业技术大学	4162012835	天水市	
49	青海职业技术大学	4163012973	西宁市	
50	新疆天山职业技术大学	4165013727	乌鲁木齐市	民办
51	新疆农业职业技术大学	4165010995	昌吉回族自治州	

3. 了解专业发展的资源

大学是一个自由开放的地方，学生的专业知识可能来源于本院专业课程，来源于其他感兴趣的学院课堂，来源于图书馆，来源于讲座，来源于自学，等等。从这个角度来说，学习任何专业的学生在同一所高校中拥有的资源是相似的，重点是学生个人如何把握。

（1）高职院校人才培养模式和学科结构。目前，很多高校都在推进“大类招生、大类培养”，力求打造个性多元的人才培养模式，为学生自主选择提供更多自由的空间。特别是一些研究型大学为了适应经济社会发展需要和学生个性化需求，深入实施以突出学生“自主学习、研究性学习、实践性学习”为特征的人才培养新方案。有些学校实行小班教学，强调师生互动，鼓励探究式学习，以激发学生学习的主动性、创造性和内在潜力。同时，在经济全球化的推动下，学生有了越来越多的跨学科、跨学校、跨国界的学习和研究的机会。有的学校还推进网络教育，为学生学习提供了更大的灵活度。网络课程的种类越来越多，内容越来越细化，为学生的职业生涯带来了更多的机会。

学生应重点了解本校的人才培养模式，了解本校的学科门类分布在哪些一级、二级学科中，有哪些是重点学科，有哪些学科专业是综合改革试点专业，如有没有实施“基础学科拔尖学生培养试验计划”“卓越工程师教育培养计划”“国际化专业改革试点计划”的专业，这些专业通常是学校里的重点专业或是特色专业，在人才培养模式、教师队伍、课程教材、教学方式、教学管理等方面有着独特的地方。

（2）高职院校的教学管理制度。

① 培养体系。要了解学校有哪些制度可能会对你的学习有影响，如转专业、导师制、重修制、选课制等。

② 通识教育和选课制度。要了解本校的通识教育课程和选课制度，课程资源是否共享，可否进行跨学科自由选修课程。

③ 转专业制度。要了解本校转专业的相关政策如何。了解每年可以接收学生转专业的专业目录及计划接收学生人数情况。

④“双证教育”制度。要了解本校是否推行职业资格证书与激励制度。每个专业提供执（职）业资格证书。

⑤ 联合培养人才。要了解本校是否有境内外合作、中外合作、校企合作办学，以及是否有到国内外高校学习交流的机会。

⑥ 其他教学管理制度。要了解如何竞聘班委及班委职责等。

（三）制订动态的行动计划

职业生涯规划不是静态的，而是一个动态的过程，可以在实现个人职业的基础上推动其他理想的实现。如何为个人制订一个动态调整的行动计划，可以从以下三个方面着手。

1. 确定目标

确定职业生涯的近期、中期和长期目标，以大学期间、10 年内、事业生涯作为时间界线。对比不同时期的目标，找出自己在专业知识、技术技能和经验阅历等方面存在的差距，旨在为具体的职业生涯探索解决方案。

（1）大学生人生目标的重要性。人生目标是人生观的核心问题，人生目标的确立是人们实践活动的前提和根由，它左右着人生道路的方向，又从根本上决定着人生态度和人生价值的取向。树立为人民服务的人生目标，是党和人民对当代大学生的要求和期望，也是大学生成长、成才的内在要求。由于受到全球化和互联网的影响，部分大学生面对激变的社会环境，在人生观和价值观等各个方面都受到了冲击和影响。在这种情况下，部分大学生受拜金主义、享乐主义、利己主义的影响，重金钱实惠轻理想追求，重物质享受轻无私奉献，重个人利益轻国家利益，不再只是满足吃饱穿暖的要求，而是追求更流行更时尚的东西。他们盲目追求个人享受，互相攀比，缺乏独立意识，由此也引发了一系列问题。这些问题不能不引起高校思想政治工作者的重视。因此，加强对大学生进行正确的人生观的教育已刻不容缓。

（2）目标的分解。制定目标后要学会分解目标，也就是将大目标分解成若干个小目标，让小目标产生的张力保持在你可以接受的程度。按时间不同，目标可分为短期目标、中期目标、长期目标。

① 短期目标（大学期间）。

• 适应大学生活，养成良好的学习习惯。

• 积极参加各类文体活动，在娱乐中锻炼自身的能力。

• 增强人际交往能力，广结志同道合的朋友，交流思想观点。

• 认真学好大学专业基础课程，多接触专业性的报刊，多分析，多思考。

• 充分利用学校图书馆资源，提高自身各方面的文化素养。

• 充分利用在校学习的时间，为自己补充所需的知识和技能，包括参与社会团体活动、广泛阅读相关书籍、选修或旁听相关课程、报考技能资格证书等。

• 充分利用学校或社团提供的培训机会，争取更多的培训机会，提高自己的知识运用能力。

• 充分利用自身的条件扩大社交圈、重视同学交际圈、重视和每个人的交往，用真心交往，多结交益友。

• 积极参加各类招聘活动，积累经验，学习求职技巧，锻炼自己的面试能力，为毕业后求职就业进行充分的准备。

• 坚持每天在图书馆读书和看新闻，捕捉灵感。

• 利用自己的知识和技能进行创作，提高个人写作能力，能利用自己的技能让自己活得更精彩。

• 自学心理学课程，提高自身的抗压能力，让自己更了解自己的心灵，不断完善自己的人生观、价值观、世界观；并运用心理学知识去经营人脉圈。

② 中期目标（十年内）。

• 制定短期目标并实现目标，再制定新的目标。

• 对自己的目标与事业进行反思，修正调整自己的职业综合计划，不断地反思并进行修改。

• 对不合理、难以完成的计划积极改正止损，完善职业计划。

• 不断学习，发展自己职业技能，丰富发展自己的事业资源。

• 在毕业前做好充分的思考和准备，毕业即就业，在工作岗位上兢兢业业，不断升职，丰富工作内容，实现个人价值，并为社会创造更大的财富。

• 善于发现市场机会，捕捉机遇，获得更高的收入。

• 在个人资产达到一定程度后，捕捉市场机遇并尝试创业，为将来事业生涯发展打造更多路径。

• 继续拓展自身知识面，学习感兴趣的新知识，不断尝试新事物。

③ 长期目标（事业生涯）。

• 坚持终身学习习惯，培养强大的职业关系网。

• 学习管理相关知识，在本行业中起到有效的计划、组织、领导作用。

• 在社会竞争中不断打磨自己，不能故步自封，要不断学习新东西并做新的尝试，与时俱进。

• 建立家庭，强化责任感，用心经营亲密关系。

• 在家庭与事业中把时间、精力分配做到更好的平衡。

• 投身于社会主义建设，支持与帮扶公益事业，爱国爱民。

2. 反馈与修正目标

针对自己与职业或行业要求存在的差距，制定具体的改进或优化措施。

俗话说，计划赶不上变化，职业规划同样也是一个动态的过程，它不是一个固定的生涯发展路线，职业规划只是以现在的眼光去看待未来，但每个人的人生、每个人的世界都是处在不断变化中的，受诸多因素的限制，往往一个因素的变化就会对整个计划产生影响。所以，一份职业规划书不可能伴随终生，个人要做的是根据具体情况的变化不断对职业规划书进行修改。

（1）对计划的评估。已经制订的计划，如考证，可能会因为学习动力不足或者被其他事情耽搁而备考不充分导致无法完成。执行力可能受到外界干扰和内心的情绪波动而变化无常，导致效率时高时低，影响了任务的进行，这是执行过程中可能存在的问题。目标正确但行动方式可能不正确，也会导致在众多规划的细节上出现漏洞，达不到预期。

（2）对计划的调整。要在大轮廓的基础上细化任务流程，并使用时间轴进行客观规划，根据实际情况调整任务量和实行方式。在受到执行力的牵制，如心情低落或者压力过大时，可以自身的心理学知识进行治愈，和亲密的人或者信赖的朋友进行心与心的交流，并在恰当的时候用正确的方式进行短时间的放松来调适心情，以便下一阶段更好地投入学习和工作中。

3. 持续的行动

一旦愿景明确、目标清晰，接下来要做的就是持续行动，以及阶段性地在每一个重要节点停下来重新明确方向。

大学阶段是人生发展的黄金时期。在这个阶段，大学生要夯实专业知识和技能基础，并随着个体的智力、心理不断成熟，不断提高人际交往能力。大学生要正确认识自己，要意识到从学生转变为职业劳动者的必要性，要树立正确的人生观和价值观，尽快摒弃那种"边走边看""车到山前必有路"的后马拉松效应的不良心态。大学生要从步入高职院校的第一天起，对自己的三年高职生活进行精心规划设计，确定自己的中远期目标，最终实现自己的人生目标。

（四）接受个性化的生涯规划指导

大学生的就业是体现高职院校教学质量和办学水平的重要指标。高职院校如果把大学生的就业与职业生涯规划结合起来，不仅可以提高院校的就业率，还可以提高大学生的职业适应能力。因此，高职院校的相关部门应该依托学校专业课程和课外实训的平台，适时引导大学生理解职业生涯规划的意义和实践操作，构建全员参与、全过程控制的差异化和个性化并重的就业与职业生涯规划指导体系。这个指导体系要吸纳全校教师资源、培训资

源和平台资源，通过“一对一”辅导、“一对多”培训、集体讨论等方式引导学生认识和理解职业生涯规划，并做出合理的职业规划和就业选择。这个指导体系要为学生提供差异化、针对性的就业指导与评价，并根据不同的需求提供针对性的训练，重点培养职业需要的和学生需要的交流能力、技能技术、专业知识和管理能力等。

实践与指导

树立职业规划意识

同学们，在确定了理想职业之后，如何在今后的职业生涯规划中实现这个理想呢？请试着从现在开始，给自己做一个一年的大学生涯规划并填写表 2-2。

表 2-2　一年的大学生涯规划

序号	问　　题	回　　答
1	在大学第一年，你想要什么？（写下你这一年最希望获得的东西，可以是很具体的“认识三个朋友”，也可以是比较抽象的“智慧”。请按照你认为的重要程度排出顺序）	
2	哪些学习、学校活动、生活方式能够满足你？（写下你希望获得的东西，它在学校和社会的什么地方能够获得？哪些社团、哪些活动可以满足你的需求？哪些生活方式是可以了解一下的）	
3	你的环境和资源支持你做什么？（学校有哪些机会和平台做这些事？你的同学、老师、朋友有哪些资源支持你做这些事情？请按照环境资源支持程度排出顺序来）	
4	在这个方向上，你有什么优势或者准备培养什么优势？（假如你准备掌握演讲技能，并且加入学校的演讲社团：你在演讲方面具有什么优势？如果没有，你希望在哪一方面培养出优势）	
5	今年你的目标是什么？（综合上面的思考，你能确定自己希望达成的目标吗）	
6	你会何时、何地开始什么样的行动？（用你的手机设置一个提醒，一个月以后，回顾一下你做得怎么样）	

同学们，请根据自己的实际情况进行填写。生涯规划是一个动态的自我实现过程，并无标准答案，需要每个人在自己的生活中具体践行。

第三章　认清实情：做好大学生职业生涯规划的基本要素

认识自我，掌握命运

“什么东西早晨四只脚走路，中午用两只脚走路，傍晚用三只脚走路？”这就是著名的斯芬克斯之谜。在古希腊神话中，斯芬克斯是一只长着狮身人面的怪兽，它借助雅典娜的智慧，为难古希腊忒拜城的居民。它坐在忒拜城山崖上（出入城的主要入口），让过路者来猜它的谜语，猜不中的就要被它吃掉。

千百年来，人们对“斯芬克斯之谜”的阐释构成了一道人类自我意识和认知的亮丽风景，锻造着无数哲学、语言学、心理学、文学、美学等方面的思想者的智慧。人们对于这个谜题的结果早已达成共识，并且通过俄狄浦斯之口向世人宣告：人。但是这个谜题的意义不仅是获得一个答案，还在于它提出了一个伟大而深刻的问题——人是什么。

人是那种“早晨四只脚走路，中午用两只脚走路，傍晚用三只脚走路”的东西吗？这个谜题还展示了一种预示性的结果，那就是当人无法认识自己的本质时，就会被吃掉——被“怪兽”吃掉，被“现实”吃掉，被“命运”吃掉。

围绕着人与命运的关系，伟大的古希腊悲剧诗人索福克勒斯在著名的《俄狄浦斯王》中为人们展示了一幕人类历史上空前绝后、惨绝人寰的个体人生悲剧：田间麦穗枯萎，牧场上牛羊瘟死，妇人流产，哀鸿遍野；带火的瘟神降临到这城邦——忒拜。神谕明示消灾的办法在于缉拿杀害前国王的凶手问罪。这样大家的目光均被吸引到谁是凶手的问题上去了。紧接着，剧本以倒叙的形式让俄狄浦斯显身：无子的忒拜国王拉伊俄斯曾经诱拐了皮萨国王佩洛普斯的小儿子克律西波斯，导致克律西波斯自杀。佩洛普斯向主神宙斯祈祷降祸于拉伊俄斯。当拉伊俄斯祈求神恩赐他一个儿子的时候，神一边答应了他的请求，一边预言他的儿子将弑父娶母。为了逃避神谕的实现，拉伊俄斯夫妇待儿子一降生即钉住他的双足（俄狄浦斯乃双脚肿胀之意），派一位仆人把他扔进山谷。但心地善良的仆人却将俄狄浦斯送给了科任斯国的牧羊人，以至于俄狄浦斯被无子的科任斯国王波吕玻斯收养。逐渐长大了的俄狄浦斯在一次宴会中偶然闻知自己非科任斯国王

亲生子，便去求问神谕，得知自己命将弑父娶母。为避厄运，他离开了科任斯，来到了忒拜边境。在一个三岔路口，为争夺道路，他与一个老人起了争执，一怒之下，他用手杖打死了这个老人。俄狄浦斯不知，这老人就是他的正要去德尔斐神庙求取解除斯芬克斯灾难的父亲。此时，忒拜城正遭受狮身人面鸟翼怪兽——斯芬克斯的灾难。俄狄浦斯来到斯芬克斯面前，毫不犹豫地回答了“斯芬克斯之谜”，于是斯芬克斯一头扎入大海。俄狄浦斯被忒拜民众拥戴为新国王，并娶王后为妻。至此，“弑父娶母”的神谕得以彻底“实现”。

资料来源：罗来松，李淑贤.大学生职业生涯规划［M］.哈尔滨：哈尔滨工程大学出版社，2022：46.（有改动）

分析

一个真正认识了自己的人，应该具有斩断“悲剧”命运，自己掌握自己命运的能力。而俄狄浦斯弑父娶母的悲剧表明，生理上处于青年时代的俄狄浦斯，其心理（理智或理性）是并不成熟的，他并没有真正地“认识自己”。思想家苏格拉底说出了一句至理名言：我知道自己“无知”。亚里士多德在他著名的《诗学》中是这样说的：俄狄浦斯所以陷于厄运，不是由于他为非作恶，而是由于他犯了错误。“犯了错误”，在这里指的是人的“无知”，而不是指“道德上的缺陷”。只要人不认识自己，注定要受“命运”的捉弄和支配。

第一节　认识自我

为什么要在职业生涯规划中谈论“认识你自己”这个古老的话题呢？看看过去的历史，可以发现某些“活计”都是以家族命运的方式呈现在世间，时代赋予某个家族某一使命，家族中的每个成员都肩负着相应的义务和责任。那时候的人们感受到的痛苦来自不自由、不能按照自己的意愿来生活。

但是到了现代，随着人类文明的发展和人类自我意识的不断觉醒，人类一边抗拒着加在自己身上的未知的命运，一边感到自己越来越迷茫和困惑。人类与自己疏离到一种难以企及的程度，与自己的关系越来越难以协调。于是现代心理学开始研究如何让人成为自己、如何让人的生命能够呈现出它最佳的姿态等诸如此类的问题。在回答这个问题的过程中，有人发现，职业作为人与世界互动的重要方式之一，就是协助人回归内在、呈现出成功卓越姿态的重要方式。职业为人们提供 70% 的物质收入以及超过 40% 的成就感。在过去，人们把认识自己作为选择职业的起点，但是人们发现认识自己不仅仅是一个起点，更是一个过程。职业活动启动了这个过程，使得人们真正逐渐明确了自己的渴求，明确了自己的天赋，确认了自己的人生发展方向、使命和责任。这才是职业发展与规划的最终归宿，通过职业找到通向幸福生活的道路。

如果把人看成一棵大树，职业发展这一枝出现问题，仅仅靠“求职秘籍”或者“职业测评大全”，修剪枝丫的方法已经不能解决问题，因为更大的问题可能出现在树根上，源于人们未能及时厘清自己的状态。如果树木的根部腐烂，那么不管如何杀虫修枝，树木都会继续枯萎。因此，人们需要通过各种活动（包括职业活动）找到自己本源的道路。

典型案例

性格与职业

王小姐，29 岁，上海某大学硕士毕业，文秘专业，性格内向，在毕业后经过学校推荐进入一家事业单位当秘书。单位领导快速认识到了王小姐的性格特征，所以尽量安排一些与文字相关的工作给她做。

王小姐在五年的秘书生涯中一直平平淡淡，工作相当安逸，没有来自生活的压力。然而许多事情并非人所能预测，这家企业的领导退休，新上任的领导对王小姐的工作并不认可，他希望自己的秘书能够八面玲珑，善于和别人沟通，但这些要求和王小姐的性格相差很大。为了保住这份工作，王小姐只能硬着头皮与不同的人打交道，而这对性格内向的她来说很难适应。王小姐感觉到了前所未有的职业压力，想重新找一份工作。

做秘书本来就是为上级分忧解难的，一般需要一定的交际能力，这也是秘书工作的一大要求。王小姐性格内向，文静内敛，做一些文书工作比较适合，而与不同的人打交道就困难了。就像从事人力资源的人如果很害羞，一见到许多人就脸红心跳，怎么开展工作呢？

资料来源：作者自编。

启示

不同性格的人适合不同的职业，所以获得一份理想职业的前提是了解自身性格、职业偏好，筛选出与自身性格相匹配的职业、岗位应聘，这样不仅能发挥出自己的才能，还能在工作岗位上获得价值感。

一、性格探索

（一）性格的概念

“活泼”“沉静”“内向”“外向”等词常常与一个人的性格有关。性格也称为人格，是指个体在思想、情感和行为方面区别于他人的独特而稳定的反应模式。性格是遗传因素和

环境因素综合影响的结果，每个人在其成长经历中都会受到生理、遗传、家庭教养、文化、学习经验等因素的交互作用，从而形成独特的个性，在不同的情境中表现出特定的性格。“这不像你”“你今天的举动完全不像你自己”说明每个人的性格差异巨大，由此构成了一个个独特的个体。

性格并不是偶然出现在一个人身上的心理特征，个人的性格一旦形成就具有很强的稳定性，在某种情况下，一个人总是表现出特定的生活情感和态度。当然，所谓的性格稳定并不是说一个人在行为举止上一成不变，不可能有不同的表现，而是指性格的基本结构是不变的，在不同情境下同一性格可能会以不同的形式表现出来。据研究，遗传因素对个体差异有 50% 的贡献。

（二）性格的测评

1. 卡特尔十六种人格因素测验

卡特尔十六种人格因素测验（Cattell sixteen personality factor questionnaire）是美国伊利诺伊州立大学人格及能力测验研究所卡特尔（Cattell）于 1949 年提出的。卡特尔根据自己的人格特质理论，采用系统观察法、科学实验法以及因素分析统计法，经过几十年的研究确定了 16 种人格特质，并据此编制了测验量表。该测验在国际上颇有影响，具有较高的效度和信度，广泛应用于人格测评、人才选拔、心理咨询和职业咨询等领域。

卡特尔十六种人格因素是各自独立的，每一种因素的测量都能使个体对自己某一方面的人格特征有清晰而独特的认识，更能对自己人格各种因素的不同组合有综合性的了解，从而全面地评价自己的人格。每种因素分数高低的意义及重要性有赖于其他各因素分数的高低或全体因素的组合方式。因此，在评价各个因素分数的高低时，应参考其他方面的行为和生活状况，不能仅仅根据测验的结果武断地评价自己的人格。需要特别强调的是，十六种人格因素测验所反映出的人格特点并不是不可改变的，个人的成长过程，学习的机会、动机、目的和生活环境的变化等都会随时随地改变一个人的人格因素与类型。因此，对自己人格特点的了解有助于人们通过努力来改善、优化人格。

16 种人格因素主要体现如下：

因素 A（乐群性）：描述是否愿意与人交往，待人是否热情。其低分特征为缄默、孤独、冷漠；高分特征为外向、热情、乐群。

因素 B（聪慧性）：描述抽象思维能力和聪明程度。其低分特征为知识面比较窄、抽象思维能力比较弱；高分特征为富有才识、善于抽象思维、学习能力强、思维敏捷。

因素 C（稳定性）：描述对挫折的耐受能力，能否做到情绪稳定。其低分特征为情绪激动，易生烦恼，心神动摇不定，易受环境支配；高分特征为情绪稳定而成熟，能面对现实。

因素 E（持强性）：描述是否愿意支配和影响他人，是否能领导他人。其低分特征为谦逊、顺从、恭顺；高分特征为好强固执、独立积极。

因素 F（兴奋性）：描述情绪的兴奋和活跃程度。其低分特征为严肃、审慎、冷静、寡言；高分特征为轻松兴奋、随遇而安。

因素 G（有恒性）：描述对社会道德规范和准则的接纳和自觉履行程度。其低分特征为苟且敷衍，缺乏奉公守法的精神；高分特征为有恒心，负责任，做事尽职。

因素 H（敢为性）：描述在社会交往情境中的大胆程度。其低分特征为畏怯退缩，缺乏自信心；高分特征为冒险敢为，少有顾忌。

因素 I（敏感性）：描述敏感程度，即判断和决定是否容易受到情感的影响。其低分特征为理智、注重现实；高分特征为敏感、感情用事。

因素 L（怀疑性）：描述是否倾向于探究他人言谈举止之后的动机。其低分特征为依赖随和，易与人相处；高分特征为怀疑、刚愎自用、固执己见。

因素 M（幻想性）：描述对客观环境和内在的想象过程的重视程度。其低分特征为现实，合乎成规，力求妥善合理；高分特征为幻想、狂放不羁。

因素 N（世故性）：描述是否能老练、灵活地处理事务。其低分特征为坦白、直率、天真；高分特征为精明能干、世故。

因素 O（忧虑性）：描述体验到的烦恼和忧郁程度。其低分特征为安详、沉着、有自信心；高分特征为忧虑抑郁，烦恼自扰。

因素 Q1（实验性）：描述对新鲜事物的接受和适应程度。其低分特征为保守，尊重传统观念与行为标准；高分特征为自由、激进，不拘泥于现实。

因素 Q2（独立性）：描述独立程度，对群体的依赖程度。其低分特征为依赖、随群附众；高分特征为自立自强、当机立断。

因素 Q3（自律性）：描述自我克制、自我激励的程度。其低分待征为易起矛盾冲突，不顾大体；高分特征为知己知彼、自律严谨。

因素 Q4（紧张性）：描述生活和内心的不稳定程度，以及相关的紧张感。其低分特征为心平气和、闲散宁静；高分特征为紧张困扰、激动挣扎。

2. 迈尔斯－布里格斯人格类型测验

迈尔斯 - 布里格斯类型测验（Myers-Briggs type indicator，MBTI）的理论基础源于瑞士心理学家荣格（Carl Jung）有关知觉、判断和人格态度的观点，由美国学者伊莎贝尔・B. 迈尔斯（Isabel B. Myers）和凯瑟琳・C. 布里格斯（Katherine C. Briggs）研究发展成为心理测评工具。目前，MBTI 已成为世界上应用最广泛的人格测评工具之一，被广泛用于团队建设、职业发展、婚姻教育、职业咨询等方面。

MBTI 衡量的是个人的类型偏好（或称为倾向），是一种天生的倾向性、一种特定的行为和思考方式。这些偏好没有好坏优劣之分，但导致了人与人之间的不同。MBTI 用四维度偏好二分法评估一个人的类型偏好（见表 3-1 至表 3-4）：外向（extroversion，E）- 内向（introversion，I），感觉（sensing，S）- 直觉（intuition，N），思维（thinking，T）- 情感

（feeling，F），判断（judging，J）- 感知（perception，P）八个方向的不同组合构成了 16 种性格类型。四个维度如同四把标尺，每个人的性格都会落在标尺的某个点上，该点靠近哪个端点，意味着个体就有哪方面的偏好。

表 3-1　外向 - 内向

能量倾向：你更喜欢将自己的注意力集中于何处？你从何处获得活力？	
外向型（E）：注意力与能量主要指向外部世界的人和事，而从与人交往和行动中得到活力	内向型（I）：注意力和能量集中于自己的内心世界，从对思想、回忆和情感的反思中得到活力
关注外部环境	关注自己的内心世界
喜欢用谈话的方式进行沟通	更愿意用书面的方式沟通
通过谈话形成自己的意见	通过思考形成自己的意见
用实际操作或讨论的方式能学得最好	用思考、在头脑中“练习”的方式学得最好
兴趣广泛	兴趣专注
好与人交往，善于表达	安静而显得内向
先行动，后思考	先思考，后行动
在工作和人际关系中都很积极主动	当情境或事件对他们具有重要意义时会采取主动

表 3-2　感觉 - 直觉

接受信息：你如何获取信息？	
感觉型（S）：用自己的五官来获取信息。喜欢收集实实在在的、确实已出现的信息。对于周围所发生的事件观察入微，特别关注现实	直觉型（N）：通过想象、无意识等超越感觉的方式来获取信息。喜欢看整个事件的全貌，关注事实之间的关联。想要抓住事件的模式，特别善于看到新的可能性
着眼于当前的实际情况	着眼于未来的可能
现实、具体	富有想象力和创造力
关注真实的、实际存在的事物	关注数据所代表的模式和意义
观察敏锐并且能记住细节	当细节与某一模式相关时才能够记得
经过仔细周详的推理一步步得出结论	靠直觉很快得出结论
通过实际运用来理解抽象的思维和理论	相信自己的灵感
相信自己的经验	希望在应用理论之前先能对之进行澄清

表 3-3　思考 - 情感

处理信息：你是如何做决定的？	
思考型（T）：依据分析某一行动或选择的逻辑后果做出决定。会将自己从情境中分离出来，对事件的正反两方面进行客观的分析。从分析和确认事件的错误并解决问题中获得活力。目标是要找到一个能应用于所有相似情境的标准或原则	情感型（F）：喜欢考虑对自己和他人来说什么是重要的。会在头脑中将自己放在情境所牵涉的所有人的位置上并试图理解别人的感受，然后在此基础上根据自己的价值判断做出决定。从对他人表示赞赏和支持中获得活力。目标是创造和谐的氛围。会把每一个人都当作一个独特的个体来对待
好分析的	善于体贴他人、感同身受
运用因果推理	受个人价值观的引导
以逻辑的方式解决问题	衡量决定对他人产生的后果和影响
寻求一个合乎真理的客观标准	寻求和谐的气氛和积极的人际交往
爱讲道理	富有同情心
可能显得不近人情	可能会显得心肠太软
公平意味着每个人都能得到平等的待遇	公平意味着每个人都被作为独特的个体来对待

表 3-4　判断 - 感知

行动方式：你如何与外部世界打交道？	
判断型（J）：喜欢将事情管理得井井有条，过一种有计划的、井然有序的生活。喜欢做出决定，完成后继续下面的工作。生活通常会比较有规划、有秩序，喜欢把事情敲定下来。按照计划和日程安排对他们来说很重要。从完成任务中获得能量	感知型（P）：喜欢以一种灵活、自发的方式生活，更愿意去体验和理解生活而不是去控制它。详细的计划或最后决定会使他们感到被束缚。愿意对新的信息和选择保持开放，直到最后一分钟。足智多谋，善于调节自己适应当前场合的需要，并从中获得能量
有计划的	自发的
喜欢组织管理自己的生活	灵活
有系统有计划	随意
按部就班	开放
喜欢制订短期计划和长期计划	适应，改变方向
喜欢把事情落实敲定	不喜欢把事情确定下来，以留有改变的可能性
力图避免最后一分钟才做决定或完成任务	最后一分钟的压力会使他们感到活力充沛

为了方便理解，前面将 MBTI 的各个维度做了单独的介绍，但并不等于可以从单个的维度去理解人。人的性格非常复杂，每个维度都会彼此影响。因此，将四个维度结合起来，是正确理解一个人的方法。知道自己属于ISTJ型（内向+感觉+思维+判断）、ESTJ型（外向+感觉+思维+判断）、ISFJ型（内向+感觉+情感+判断）、ESFJ型（外向+感觉+情感+判断）、ISFP型（内向+感觉+情感+感知）、ESFP型（外向+感觉+情感+感知）、ISTP型（内向+感觉+思维+感知）、ESTP型（外向+感觉+思维+感知）、INFJ型（内向+直觉+情感+判断）、ENFJ型（外向+直觉+情感+判断）、INTJ型（内向+直觉+思维+判断）、ENTJ型（外向+直觉+思维+判断）、INFP型（内向+直觉+情感+感知）、ENFP型（外向+直觉+情感+感知）、INTP型（内向+直觉+思维+感知）、ENTP型（外向+直觉+思维+感知）中的哪一种 MBTI 类型，可以有助于了解职业倾向。

有研究数据表明，S-N、T-F 两种维度的组合 ST、SF、NF、NT 与职业的选择更为相关。

ST 型的人更关注通过实效和实际的方式应用详细资料，如商业领域。例如，ST 型的心理咨询人员将会成为心理测评和应用方面的专家。

SF 型的人喜欢通过实践的方式帮助别人，如健康护理和教育领域。例如，SF 型的心理咨询人员将关注自己的管理、督导技能，以发展和促进同事之间有效的工作关系。

NF 型的人希望通过宗教、咨询、艺术等领域的工作来帮助人们。例如，NF 型的心理咨询人员将成为临床专家来帮助人们成长、发展，学习如何更好地了解自己和他人。

NT 型的人更关注理论框架，如科学、技术和管理，喜欢挑战。例如，NT 型的心理咨询人员将运用他的战略重点和管理技巧成为人力资源领域的管理者。

工作安全感则受 IJ、IP、EP、EJ 的影响最大，其中 EJ 类型的人最易有工作安全感，而 IP 类型的人常常在工作中对组织、未来等缺乏安全感。

16 种 MBTI 类型各有其职业倾向。其中，职业倾向的描述都是从大的类别方面描述的，从中理解自己的职业倾向时不应陷入类别名称的描述，而应看到这一类别工作的特点。因为在现实的工作中，工作名称千变万化，即使相同名称的职位也可能因不同公司而要求相异，所以只有了解适合自己性格类型的工作特点，才能灵活地运用这一理论帮助自己选择工作。

3. 弈衡测评

弈衡是一个招聘选拔测评系统，由我国知名人才管理企业北森公司研发。这个测评系统基于国际领先的岗位胜任力模型理论，并结合企业人力资源招聘选拔工作的实际需求，通过测试人才与岗位的匹配度，帮助用人单位深入了解、准确辨识优秀人才。根据岗位的不同，如技术型岗位、管理型岗位、行政型岗位，弈衡招聘选拔测评系统会提供不同的测试模型。

弈衡测评包含目标与实现、行为与成效、人际与影响、沟通与服务、合作与协调、推理与判断六大类，以 36 个维度来考察测试者设定目标和采取行动实现目标的取向、遇到紧急或困难事件时行为的有效性以及与他人沟通协调的意愿和能力。

当前很多用人单位在校园招聘时会让求职者做网测，测试应聘者与岗位需求的符合程度，这其中很多就来自弈衡招聘选拔测评系统。

4. 性格色彩学

美国人罗格·波尔克曼（Rogers Brown）提出的性格密码理论中，将个体的性格特质分为四种颜色，每种颜色代表不同的性格类型和倾向，如图 3-1 所示。这个理论通常被称为“真实的颜色”（true colors），它可以帮助人们更好地理解自己和他人。

红色 快乐的制造者 这一类人做事情的出发点和核心动机是乐趣，快乐是他们的最大动力。他们积极乐观，有超凡的魅力，随性而又善于交际	黄色 有力的指挥者 这一类人深层次的驱动力来源于完成目标时所获得的成就感，他们具有前瞻性和领导力，通常有很强的主见和自信心
绿色 和平的促进者 这一类人的核心本质是对稳定与和平的追求，缺乏锋芒与棱角。他们宽容透明，通常非常友善，适应性强，是很好的倾听者	蓝色 最佳的执行者 持久深入的关系是这一类人所能建立和维系的。他们具有可贵的品质。对待朋友忠实诚挚，渴望在思想上有深层次的交流

图 3-1　不同性格的特质

以下是四种颜色及其特点的详细介绍：

蓝色代表的是关心他人和情感的人。性格特质为蓝色的人通常敏感、有理解力和富有同情心。他们注重人际关系，重视情感表达，善于倾听他人的需求和感受。性格特质为蓝色的人通常是优秀的团队成员，擅长建立亲密的关系，但有时可能过于情绪化或过分关注他人的需求而忽视自己。

黄色代表的是有秩序、责任感和组织的人。性格特质为黄色的人通常有很强的组织能力，喜欢有计划地进行工作和生活。他们注重准时和可靠性，擅长管理事务和确保一切井然有序。性格特质为黄色的人可能会有一些保守倾向，偶尔过于拘谨或追求完美。

绿色代表的是善于分析、创新和富有逻辑思维的人。性格特质为绿色的人通常好奇心强，喜欢深入研究问题，追求理性和逻辑。他们擅长解决复杂的问题，寻找新的解决方案，并喜欢思考抽象概念。性格特质为绿色的人可能过于追求完美的解决方案，有时可能在与人交往时显得有些冷漠。

红色代表的是喜欢冒险、刺激和乐观的人。性格特质为红色的人通常富有活力，喜欢冒险和新鲜事物，充满乐观和积极的态度。他们喜欢挑战和竞争，对于灵活性和即兴表现有很高的欣赏度。然而，性格特质为红色的人有时可能过于冲动，缺乏耐心，可能会忽视细节。

这四种颜色代表了不同的性格特点，但实际上，大多数人都会在不同程度上具备这四

种特点。每个人的性格都是独特的，而运用“true colors”理论的目的是帮助人们更好地理解自己和他人，从而更有效地沟通、合作和建立关系。这个理论可以在教育、职业发展和人际关系等领域中有所应用。

红色性格的学生属于活泼型，这一类学生充满热情，善于表达和分享，是富有感召力的乐观主义者，但容易情绪化、性急和注意力不集中。在择业过程中，红色性格的学生热衷于接触新事物，主动积极和富有创造性的心理特点使他们敢于参与面试，接受各种岗位的挑战，快速找到工作岗位。但是，这类学生的心境容易受到多种择业因素的影响，主要局限是渴望他人能够完全接纳其积极展示，出现他人无法全部接纳的情况时，容易产生挫败感，消极悲观。

蓝色性格的学生最主要的特征表现为注重细节，追求完美，具有较强的责任心，目标性强，且擅长分析与思考，但是较为内敛，处事容易过于谨慎，拘泥于细节。在择业过程中，蓝色性格的学生择业步骤有条理，善于规划自己的职业生涯，主要局限在于与外界的交流较少，信息闭塞，不会主动寻求就业指导与帮助；容易过度计划导致就业缓慢。

黄色性格的学生目的性强，通常以目标为导向，乐于冒险，求胜心较强，但容易以自我为中心，对人、对事缺乏耐心，控制欲强。因此，黄色性格的学生在择业过程中能够形成明确的职业目标且将其付诸具体行动，主要局限在于相较于其他三种性格，黄色性格是最为自信的，也是容易产生自视过高、自负倾向的，容易出现在择业过程中对自己的期望值过高、眼高手低等现象，在与社会期待不相吻合的情况下，易产生焦虑、恐慌等不良的心理状态。

绿色性格的学生属于明白人，他们追求稳定和平，拒绝可能造成麻烦的人和事，在付诸行动和做出决定之前需要确保得到周围人的赞同，是四种性格中最为被动的。在择业过程中，这类性格的学生追求稳定的工作岗位，拥有较好的耐性，面对难题能屈能伸，心理状态良好。这类学生主要局限在于凡事不积极主动，求职过程中主观能动性较差、依赖性较强，天性追求稳定、追求他人的认同感，择业过程中过于依赖学长学姐、父母、教师的意见和建议，缺乏自我决断的能力。

5. 性格与职业

职业心理学研究表明，性格影响着一个人对职业的适应性，影响人的行为。一定的性格适合于从事一定的职业，同时不同的职业对人的性格有不同的要求。例如，性格外向、善于交际、耐心细致、为人热情的人适合做人事顾问、营销员、演员、记者、教师等与人交往的工作；性格内向的人适合会计等要求细致、严密、以数据为主要工作对象的职业；精神饱满、意志坚强、有韧性、不怕吃苦的人适合做挑战性强的工作；活泼好动、敏感的人适合做多变、反应迅速而敏捷的工作；性格安详平稳的人适合做条理性和持久性强的工作。

你的性格如果与职业要求相适应，你工作起来就会感到得心应手、心情舒畅，也就容易在工作中取得成就；反之，就会阻碍你完成工作任务，使你感到被动，缺乏兴趣并难以胜任。构成性格的态度、气质、理性、情绪和意志特征都对职业选择和发展有着重要的影响。有人说态度决定出路，很多领导看重的不是你是否具备完成某项任务的能力，而是你是否愿意付出、愿意学习等态度品质。理性、情绪与意志特征影响着一个人的自我状态，对人的独立性、主动性、自制力等具有促进强化或抑制削弱的作用。因此，大学生在进行职业生涯规划时，一定要考虑自己的性格特点，选择合适的职业，并在职业中不断培养发展相应的职业性格，以达到职业与性格相匹配。

如果性格与职业不匹配，我们应该如何处理呢？

首先，要学会接纳自己。例如，内向型的人如果从事教师行业，那么授课、与学生沟通这些工作对他来说都是耗能的过程。从性格的角度分析，内向型人喜欢安静，因此静静地待着就是内向型人充电的方式。

其次，可以通过其他角色进行生涯平衡。要明确的一点是，没有任何一份职业会与性格完全匹配，因此要学会通过其他角色进行调整。例如，感知型的人从事着会计职业，而感知型性格特点中包含着灵活、随性，他就可以在休闲生活中来场说走就走的旅行，从而得到补充和平衡。

再次，要学会适应。学习性格不是为了改变他人的性格来适应自己，而是完善自己的人格来适应环境。在职场上，要明确企业对员工的要求和期待，通过不断提高能力完善自己的人格，适应职场的需要。

最后，要认识到性格没有好坏之分。在大学阶段，需要明确自己的性格特点，可以在职业生涯规划中扬长避短或者努力地补短，为职业生涯做好充分的准备。

二、兴趣探索

兴趣是影响人们工作满意度、职业稳定性和职业成就感的重要因素，同时也是对职业进行分类的重要基础。因此，兴趣是职业生涯规划中进行自我探索的一个重要方面。任何人的兴趣都不是与生俱来的，而是在生活实践中逐渐发展起来的。如果一个人对某一事物根本不了解，他也就不可能感兴趣。兴趣与价值观、家庭生活、社会阶层、文化背景、物质环境等因素有关。但是具有相同价值观的人可能拥有不同的职业兴趣，如科学工作和文学工作同样都可以满足创造性的价值要求。当然，兴趣是会改变的，也是可以培养的。研究发现，人们在 25 ～ 55 岁时兴趣变化较小，但在 15 ～ 25 岁时可能变化会很大。

下面重点介绍霍兰德的职业兴趣类型理论，并通过兴趣探索练习和标准化测评等多种形式对个人的兴趣进行探索和分类，评估个人的兴趣与职业的适配度。

（一）兴趣和职业生涯发展的关系

美国芝加哥大学心理学教授米哈里·契克森米哈伊（Mihaly Csikszentmihalyi）用了 30 多年对几百个各行各业的人进行访谈，研究什么可以真正令人感到幸福和满足。他发现结果与人们通常想象的不同，人们不是在什么事也不做时很放松，而是当专心致志地从事某种活动，甚至忘我地完全沉浸在这种活动中时感到最愉快和满足。对不同的人而言，幸福和满足可能是跳舞，可能是演奏乐器、绘画，也可能是阅读、写作或即兴演讲，等等。

米哈里的这一发现说明：人们的满足感、幸福感往往源于从事某种活动，而不是无所事事或单纯地享乐游玩。他一直强调人要做自己喜爱的事情，才能获得快乐。这一点也正是工作原本的意义所在。对大多数人而言，工作占据的是他们一天之中、一生之中最好的时光。

1. 兴趣的分类

人的兴趣是多种多样的，概括起来主要分为三大类：

（1）物质兴趣和精神兴趣。物质兴趣主要是指人们对舒适的物质生活（如衣、食、住、行方面）的兴趣和追求，精神兴趣主要是指人们对精神生活（如学习、研究、文学艺术、知识）的兴趣和追求。在大学阶段，学生正处于人生观和世界观形成的关键时期，无论是物质兴趣还是精神兴趣都需要师长进行积极的引导，以防止学生出现物质兴趣方面的畸形发展和在精神兴趣方面的消极追求。

（2）直接兴趣和间接兴趣。直接兴趣是指对活动过程的兴趣。例如，有的学生学习英语，只是对学习英语的过程感兴趣，而对学习结果的好或差无所谓。间接兴趣是对事物的结果产生的兴趣。例如，有的学生对学习英语过程本身并不感兴趣，而是对学习英语的结果（如取得好的成绩、能与外国人进行文化交流）感兴趣。间接兴趣往往与个人的目的相联系，有较强的目的性。直接兴趣与间接兴趣对于个人而言都是十分有利的，是不可缺少的。

（3）个人兴趣和社会兴趣。个人兴趣是指个人以特定的事物、活动为对象所产生的带有倾向性、选择性的态度和情绪。个人兴趣可用来解释个人的爱好与环境期待之间的关系。例如，有的人喜欢绘画，而他的父母却希望他学习金融。社会兴趣是指社会成员对某一领域的普遍兴趣，或社会某一领域对社会成员的普遍需求。例如，有人喜欢做公益、志愿服务等积极向上的活动。

2. 兴趣的发展与差异

从职业兴趣的发生和发展来看，兴趣一般要经历有趣—乐趣—志趣。有趣是兴趣过程的第一阶段，处于这一阶段的职业兴趣是变化多端的、短暂的，如今天想当教师，明天想当设计师等。第二阶段是乐趣，它是在有趣的基础上发展形成的，处于这一阶段的职业兴趣会向专一的、深入的方向发展，如一个人对无线电有乐趣，他不但会学习这方面的知识，还会亲自装配和修理，参加有关活动等。第三阶段是志趣，当人的乐趣与人的社会责任感、理想、奋斗目标结合起来时，乐趣便转为志趣，志趣具有社会性、自觉性和方向性的特点。在职业生涯规划上，应鼓励探索自己感到有趣的事物，并发展相关技能，使其成为自己的乐趣，最终把它确立为自己的志趣。

人的职业兴趣差异主要表现在以下几点：一是兴趣对象差异，如偏好物质生活还是精神生活；二是兴趣空间差异，如兴趣广泛还是单一；三是兴趣稳定性差异，如兴趣是会持久或易变；四是兴趣效能差异，如是会对兴趣执着还是漠视；五是兴趣可行性差异，如兴趣是切实可行的还是过于浪漫的。显然，如果人们所从事的事情是自己喜欢的，工作和生活会愉快得多，多半也会对工作更有激情，更有可能在工作中获得满足感。当一个人对某种事情有兴趣时，他会产生一种强大的精神力量，调动整个身心的积极性，并能克服种种困难。

3. 兴趣与职业匹配的误区

很多人都有兴趣爱好，但是他们从不认为自己的爱好是择业的基础。也有部分大学生说自己没有什么兴趣爱好，没有想过兴趣与工作有关。其实，这与他们从小到大所受的教育有关，特别是家庭和文化背景。

图文
人工智能时代，职业按兴趣分工?

有个大学生说她的父母相对开放，他们从小到大从不逼迫她学习，她完全凭着兴趣做出选择和努力，因此在课堂上她表现出对兴趣探索极强的热情。也曾有位会计专业的大学生在课堂上和课间休息时常常涂涂画画和看一些设计类的杂志，与她交谈时，她表达了对艺术设计的极大兴趣，同时也说会计专业让她无法忍受。可是当建议她去旁听艺术专业的课程时，她却很直接说"可是那不是我的专业"。当再反问她"可是你不喜欢你的专业"，她却很肯定地说"可是那是我的专业"。

许多人认为，把职业选择建立在适合自身特点和喜好的基础上是不现实的。不知从何时起，一些人开始迷失了由真正的自我激发出的早期梦想，而把注意力集中在更现实的事物上，如这所学校能提供什么样的学位和课程，哪些职业有较高的职业稳定性和较好的工资报酬。其实在许多情况下，人们都有机会根据自己的兴趣探究和了解一些职业。例如，一个男孩热爱足球，但又不愿意经过长时间的训练成为一个职业足球运动员，干脆放弃了这一领域一切可能的工作机会。其实，他完全可以寻找一个与自己的兴趣有关的职业，如成为一个球队的体能教练、一个足球场的管理员，或是一个公园娱乐活动的组织者，这些都比做一名足球运动员或与足球毫无关联的职业更适合他的个性和兴趣。

4. 兴趣与职业规划的关系

从帕森斯开始，职业发展专家就专门把兴趣当作职业选择的一个重要部分。将一个人的职业建立在兴趣的基础上不仅是现实可行的，而且是十分必要的。

（1）兴趣比天才重要。一个人一生中选择什么样的职业，兴趣占主导地位，有时兴趣甚至比能力更重要。假如有两份工作摆在你的面前，对于第一份工作，你有兴趣但感觉没有能力做好；对于第二份工作，你觉得有把握胜任却不感兴趣，你会选择哪份工作？如果你选择第一份工作，可能你暂时会感到有压力，但是从长远来看，你的能力会不断得到提升，因为兴趣是最好的老师，最终你将拥有一份兴趣与能力相匹配的职业。如果你选择第二份工作，很大的可能是你的能力会不断衰退，而且因为你没能从事你自己喜欢的职业，可能会在工作时感到不开心，或者少有成就感。显然，选择第一份工作比较符合人职匹配的理念。

（2）成功的真正秘诀是兴趣。许多成功人士都有一个相似之处，就是对自己感兴趣的事情非常执着。对他们来说，为自己感兴趣的事情付出是一种乐趣，而不是负担。兴趣是成功的推动力，正如一句台词所讲"有喜好，就会执着；有执着，才会成功"。

（3）兴趣不仅是择业的基础，更是职业满足感的来源，它还能提高职场压力与竞争

的应对能力。兴趣是引起和维持人的注意的重要内部因素，就像一座灯塔，为人们探索职业发展指明了方向。有研究证实，如果一个人对某一工作有兴趣，他就能发挥其全部才能的 80% ～ 90%，并且长时间保持高效率而不感到疲倦；反之，他的才能只能发挥到 20% ～ 30%。

（4）目标职业应该源于兴趣。兴趣是点燃激情的火种，激情是成功的内燃机。真正的兴趣是发自内心的，一个人如果发自内心热爱自己的事业，就不会将工作仅仅当作谋生的手段，而是当作事业去干，完全自愿、不知疲倦地投入，充分体验到工作带来的乐趣和成就感。当然，有时人们并不十分清楚对什么工作感兴趣，可能会将家人、亲友的不切实际的期望误以为是自己的真实理想。

兴趣与能力也有密切的关系。人们倾向于在感兴趣的事情上投入更多的时间，这往往也培养了自身能力。有了较强的能力后，人们在从事自己喜欢的事情时就会感到得心应手，提高对这些事情的兴趣，从而形成良性循环。比尔·盖茨曾说："在你最感兴趣的领域，隐藏着你人生最大的秘密。"大量研究表明，兴趣和工作满意度、职业稳定性和职业成就感之间存在着明显的关联。因此，规划职业生涯时应将兴趣作为自我探索的一个重要方面。

思考与讨论

兴趣岛游戏

恭喜你！你获得了一次免费度假游的机会，有机会去下列六个小岛中的一个。唯一的要求是你必须在这个岛上居住至少半年。请不要考虑其他因素，仅凭自己的兴趣按一、二、三的顺序挑出你最想前往的三个小岛。

1 号小岛：自然原始的小岛。岛上的自然生态保持得很好，有各种野生动物。居民以手工见长，自己种植瓜果蔬菜、修缮房屋、打造器物、制作工具，喜欢户外运动。

2 号小岛：深思冥想的小岛。岛上有多处天文馆、科技博览馆及图书馆。居民喜好观察、学习，崇尚和追求真知，常有机会与来自各地的哲学家、科学家、心理学家等交换心得。

3 号小岛：美丽浪漫的小岛。岛上布满了美术馆、音乐厅、街头雕塑，街边艺人随处可见，弥漫着浓厚的艺术文化气息。居民保留了传统的舞蹈、音乐与绘画，许多文艺界人士都喜欢来这里找寻灵感。

4 号小岛：友善亲切的小岛。岛上居民个性温和、友善、乐于助人，社区均自成一个密切互动的服务网络，人们重视互助合作，重视教育，关怀他人，岛上充满人文气息。

5 号小岛：显赫富裕的小岛。岛上居民善于企业经营和贸易，能言善道。经济高度发展，处处是高级饭店、俱乐部、高尔夫球场。来往者多是企业家、经理人、政治家、律师等。

6号小岛：现代井然的小岛。岛上建筑十分现代化，是进步的都市形态，以完善的户政管理、地政管理、金融管理见长。岛民个性冷静保守，处事有条不紊，善于组织规划，细心高效。

按照自己第一选择的小岛就座。选择同一小岛的人组成一个小组，小组成员交流为什么选择该小岛，并将小组成员共同的兴趣爱好归纳为关键词，并根据小组成员的交流为小组选取一个标志物。每个小组选择一名代表在全班分享小组成员共同的特点。

我最想前往的小岛：____

____

小岛的标志物及其含义：____

____

小岛的关键词：____

____

（二）霍兰德的职业兴趣理论

1. 理论概述

霍兰德是美国著名的职业指导专家。他于1959年提出了具有广泛社会影响力的职业兴趣理论。他认为，职业选择是人格的一种表现，某一类型的职业通常会吸引具有相同人格特质的人，这种人格特质反映在职业上就是职业兴趣；大多数人的职业兴趣可以归纳为六种类型，即实用型（R）、研究型（I）、艺术型（A）、社会型（S）、管理型（E）和事务型（C）；个人的职业兴趣往往是多方面的，很少只是集中在某一种兴趣类型上。人们可能或多或少地具备所有六种兴趣，只是偏好程度不同。

因此，为了比较全面地描绘个人的职业兴趣，人们通常用得分最高的三种兴趣的字母代码来表示一个人的兴趣，该代码也称霍兰德代码。霍兰德代码的三个字母的顺序表示了兴趣的强弱程度不同，如SAI和AIS的人具有相似的兴趣，但他们对同一类型事务的兴趣强弱程度是不同的。

2. 六种职业兴趣类型

（1）实用型。实用型又称现实型或实际型。实用型的人属于技术与运动取向的人，具有良好的机械协调能力，喜欢有规则的具体劳动和技术性工作，动手能力强，做事手脚灵活，动作协调，喜欢使用工具。他们往往不善于辞令，不善于与人交往，喜欢独立做事，通常不愿意担任监督或领导角色。他们会避免从事需要抽象思考的工作，缺乏洞察力，对新观念持保守态度，注重实效。这种类型的人倾向于以机器和设备为工作对象，相应的职业工作特点是需要一定的体力，明确、具体、按一定程序要求的技术性、技能性工作。其典型的职业是操作型技术工人。

（2）研究型。研究型的人是抽象问题的解决者，他们求知欲强，肯动脑，善思考。他们

对科学研究和科学探索有热情。这种类型的人平静、深邃、内敛，知识渊博，有追求精确的特点。他们独立性强，对周围的人不感兴趣，不善于领导他人，适合需要通过观察、科学分析而进行的系统的、创造性的科学研究工作和理论性工作。其典型的职业是研究型人员。

（3）艺术型。艺术型的人天资聪慧，喜欢具有许多自我表现机会的艺术环境，有强烈的自我表现欲望。他们喜欢单独一个人活动，往往过于自信。他们独立性、自主性、自发性、非传统性和创造性都较强，不拘小节，自由放任，不受常规约束，情绪变化大，比较敏感，喜欢美、自由、变化，富有想象力，具有语言、美术、音乐、戏剧或者写作等方面的技能。其适合需要通过非系统化的、自由的活动进行艺术表现的工作。

（4）社会型。社会型的人关心社会的公平和正义，责任感强，渴望发挥自己的社会作用，具有较强的人道主义倾向，喜欢帮助别人解决问题，社会适应能力强。他们善于表达，善于与人交往，乐于与他人共事，为人爽朗，喜欢通过与他人讨论来解决存在的难题。他们的语言能力优于数理能力。他们适合需要人际交往技能、需要更多时间与人打交道的说服、教育和精神治疗性工作。其典型的职业是社会服务类和人际交往类职业。

（5）管理型。管理型的人通常精力充沛、热情洋溢、做事有较强的目的性、喜欢竞争、富有冒险精神、勇于承担压力、自信。他们喜欢影响、管理和领导他人，支配欲强，总是力求使别人接受自己的观点，有野心和抱负。他们喜欢争辩，通常追求权力、财富、地位，有领导才能，乐于从事群体性的社会工作。他们适合组织与影响他人共同完成组织目标，需要胆略，有风险且需承担责任的工作。其典型的职业是商业或与管理人有关的职业。

（6）事务型。事务型又称常规型。事务型的人通常谨慎保守、尽职尽责、忠实可靠、自我控制能力强，尊重权威和规章制度，喜欢按计划办事，细心、有条理，习惯接受他人的指挥和领导，不喜欢冒险和竞争，缺乏创造性。他们较看重得到社会的赞许和认可，不喜欢在工作中与别人形成过于紧密的联系，数理能力较强，从众性高，适合要求注意细节、精确度，有系统性和条理性，严格按照固定的规则、方法，重复性、习惯性的工作。

六种职业兴趣的相互关系如图 3-2 所示。

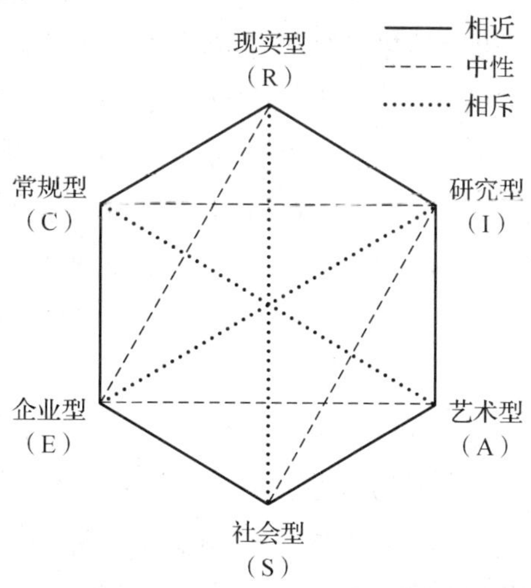

图 3-2　六种职业兴趣的相互关系

3. 职业环境类型

霍兰德认为，同一职业群体内的人有相似的人格特质，对情境和问题会有类似的反应，从而产生特定的职业氛围（职业环境）。职业环境具有特定的价值观念、态度倾向和行为模式；职业环境也可以分为六种类型，其名称及性质与兴趣类型的分类一致；具体职业通常采用三个字母代码描述其工作性质和职业氛围。例如，建筑师这一职业的代码是 AIR，律师是 EAS，而会计是 CRI。

为了鉴别不同职业的代码，霍兰德及其同事做了一项非常庞大的研究，并于 1996 年出版了《霍兰德职业索引》一书，为 12 000 多个工作提供了霍兰德代码。需要说明的是，《霍兰德职业索引》是一份未经本土化的版本，因此在职业名称和职业对应的霍兰德代码上可能与中国国情有偏差，在使用时仅作为参考。

4. 个人兴趣类型与环境的适配

霍兰德指出，个人兴趣类型和职业环境之间的适配将增加个人的工作满意度、职业稳定性和职业成就感。因此，占主导地位的兴趣类型可以为个人选择职业和工作环境提供方向。

需要说明的是，在实际生活中，同时拥有相对立的两种兴趣类型的人并不少见。但他们在寻找与这种兴趣类型完全匹配的工作时往往会出现困难，因为同一个工作环境很少会包含相对立的两种情况（如既提供大量与人打交道的机会，又提供大量个人单独工作的机会）。在这种情况下，个人可以考虑从事包含自己某种兴趣类型的工作（如 RE 或 SE），而在业余生活中寻求在工作中未能满足的兴趣。

人们在寻求个人兴趣类型与职业环境之间的适配时，“完全的”适配只是不断接近的一个理想目标。现实中，个人兴趣类型与职业做不到百分之百的适配，但不必因此而放弃对个人兴趣的重视。职业至少应当在一定程度上体现兴趣，可以是 90%，也可以是 40%，其余的部分可以在生活中的其他方面通过其他活动（如业余爱好、志愿服务、辅修专业等）来实现。

即使一个人从事与自己的兴趣类型不适配的工作，也没必要沮丧，因为具体的工作种类太多，很难用简单的类型来划分。例如，对于机械修理这类实用型的工作，也可以加上社会型的元素，将它作为一项为客户提供满意服务的职业来从事。从事某一职业的典型人群通常趋向于特定的兴趣爱好，这可以是他们的长处，也可以是他们的弱点。一个与职业环境不太适配的人则有可能成为这个群体中独树一帜的人，做出一些独特的贡献。当然，个人也需要理解并能接受这样的现实：在这一职业环境中可能会感到格格不入。

通过对职业兴趣的分析，你可以为了解自己和了解社会职业提供帮助。这些职业兴趣分类的共同特点在于，所划分出来的兴趣类型能够与绝大部分社会职业建立联系。在运用这些职业兴趣分类分析自己时，需要注意一些问题。一是通常每个人不仅仅具有一种职业兴趣，有时可能会有几种职业兴趣。这就要求根据自己在各种类型上兴趣强度的差别来确

定中心兴趣。当然，个人确定兴趣时要考虑到社会的需要和自己的优势能力。二是一种兴趣类型可以对应许多种职业，而每一种职业往往同时具有几种兴趣类型的特点。一个人如果希望成为一名行政管理人员，就应有乐于与人打交道、乐于做组织和管理工作、乐于研究人的行为和心理三个兴趣类型的特点。因此，个人不能将各种职业兴趣截然分开。三是职业兴趣只能作为了解自己的一个重要方面。兴趣只能代表人在职业方面的认识倾向，并不意味着了解了自己的兴趣就完全了解了自己。因此，个人还应把职业兴趣与职业能力结合起来分析。

所学的专业不是兴趣所在，除了考研或换专业还有别的出路吗？

其实，现在许多职业对于专业的限制没有那么僵化。学习同一个专业的人可以从事多种不同的职业，而从事同一种职业的人也可能来自不同的专业。相对于专业知识和技能，很多用人单位在招聘时更看重个人的综合素质。专业知识和技能也不见得非要通过大学本科学习才可以获得，社会上各种各样的培训机构、学历班、认证等都可用于获得工作所需的专业技能。许多大型公司还为新员工专门提供专业知识和技能培训。因此，跨专业找工作并非不可能。

同时，复合型人才越来越受欢迎。将专业与个人兴趣相结合，可能形成个人独一无二的优势。例如，一位喜欢文学写作却学了计算机专业的大学生可以考虑从事计算机杂志编辑的工作，喜欢戏剧表演却学了会计专业的大学生也许可以在某个剧院担任会计。

从进入大学开始，大学生就需要转变中学阶段被动学习的状态，发挥自己的主观能动性，让自己遨游于一切可能感兴趣的领域，因为接触的信息面越广，引起共鸣的可能性就越大，越能找到兴趣所在。有的大学生选择双学位，学习两个专业方向，有的大学生跨专业考研，还有的大学生选择兴趣方向的工作实习和校园实践，这些都是既照顾了专业学习又兼顾自身兴趣的好方法。

资料来源：作者自编。

【分析】

兴趣是最好的老师，兴趣也能指引大学生未来人生的方向，专业是大学生的背景，但是如果不喜欢自己的专业，大学生也无须苦恼，保持学习，拥有一项技能才是寻找工作最核心的竞争力。

三、能力探索

“你有什么样的能力”是每一个人在求职时都要面对的问题。能力是用人单位最关心的问题，也是求职者最需要证明的。怎样发现、培养和表现自己的能力，从而在劳动力市场中拥有竞争力是非常关键的。不同的人具有不同的优势能力，善于发现、利用自身的优势能力有助于取得更好的成绩。

典型案例

发现自己的优势

杨澜是我国家喻户晓的电视节目主持人。但很多人不知道，中央电视台《正大综艺》节目在全国范围内招聘主持人时，杨澜差点因为长得并不漂亮而落选。当时，杨澜以自然清新的风格、镇定大方的台风及出众的才气脱颖而出，但是在第六次试镜时还只是在“被考虑范围之列”。杨澜知道后，就问导演：“女主持人是不是一出场就是给男主持人做陪衬的？其实女性也可以很有头脑，自己如果能够获得这个机会，就希望做一个聪明的主持人。”“我不漂亮，但我很有气质。”杨澜表现出来的自信最终打动了导演。

资料来源：作者整理。

启示

了解自己的优势和劣势，对于提高个人能力、达到目标是非常重要的。

（一）能力与职业生涯发展的关系

视频

未来，我们如何与机器人抢饭碗?

心理学家罗圭斯特（Lofquist）与戴维斯（Dawis）在对个体的工作适应问题进行多年研究以后，提出了明尼苏达工作适应论。他们认为，工作环境能够满足个人的需求时，个人会感到“内在满意”；个人能够满足工作的要求时，能够达到“外在满意”（令自己的雇主、同事感到满意）；个人能够同时达到内在和外在满意时，个人与环境之间的关系就比较协调，个人的工作满意度会比较高，在该工作领域也能持久发展。

在对“内在满意”和“外在满意”这两个指标进行衡量时，能力占有很重要的地位。罗圭斯特与戴维斯认为：“外在满意”主要可以通过衡量个人职业技能与工作要求的技能之间的配合程度来进行评估，“内在满意”则主要通过衡量个人价值观与企业文化及奖惩制度之间的适配性来评估。做自己能够胜任的工作，培养和发展自己的能力，发挥个人的潜能，常常是个人选择职业时希望能够得到满足的需求，也是与能力相关的价值观。由此可见，能力与个人的职业满意度、工作适应性以及职业稳定性具有直接的相关关系。

1. 兴趣与能力

兴趣是一个人从事何种职业的导向，而能力则是他能否从事这种职业的必要条件。许多能力倾向与兴趣类型具有同样的名称，但区分兴趣和能力十分重要。兴趣表明喜欢做某事，能力则表明能运用技能做某事。前者表达了喜好，后者则指明胜任与否的资格。喜欢做什么和能把它做好是两回事，喜欢踢球但不一定可以成为职业球员，喜欢音乐但不一定会成为音乐家。兴趣和能力是两个需要独立思考的因素，但两者也并不全然无关。兴趣可

能促使人去学习而提高做某事的技能；喜欢做某事很有可能是因为有能力把它做好，能做成某事的成就感会让人对这件事情产生兴趣。

职业生涯规划过程的下一步是确定能力。正如肌肉塑造人的身体一样，能力塑造着人的职业生涯。职业生涯规划有助于发现和确认现有的和准备开发的能力，一个透彻的能力分析是不可或缺的步骤。

2. 能力的内涵

能力是人们比较熟悉的心理现象，它是指“所能为者”（actual ability），亦指“可能为者”（potential ability）。前者主要指专业知识和技能，后者主要指潜能和天赋，两者都是人们所定义的能力。从一定程度上讲，后者代表着一种倾向性，正如价值观、性格与兴趣，是进行能力探索的主要方向。

一个人的潜能（aptitudes）与天赋（talents）不同于他的专业知识，也不同于他的专业技能。专业知识是人类进行各种专业活动经验的概括性总结，而专业技能则是人们在长期的学习和工作中逐步形成的、熟练的操作规范方式。一般而言，专业知识和技能都是后天获得的，并随着年龄的增长而增长。而潜能与天赋则含有某些先天的因素，并不总是随着年龄的增长而增长，事实上，到了一定的年龄，它们还会出现减退的现象，如我国对飞行员和驾驶员都规定了终止驾驶的年龄。因此，潜能与天赋不等同于专业知识和技能，专业知识和技能强也不等于就有天赋。潜能与天赋影响掌握专业知识和技能的速度与程度，也影响着专业知识的运用。

3. 能力的来源

（1）能力源于遗传，即一个人从父母处获得的基因特点。每个人都有先天的遗传优势和不足，可以识别出自己的潜能优势与天赋并利用它，但也必须承认自己的不足，尽管对此无能为力。当然，许多缺陷可以通过强烈的成就征服、补偿和改变，历史上不乏人们战胜身体缺陷的例子。

（2）环境也能塑造能力。文化影响通过社会、学校和家庭在能力发展中发挥作用。例如，学习斯诺克台球需要去英国，一个天生具有音乐才华的人在没有音乐氛围的环境中是很难发展其音乐能力的。文化也可以通过其对能力的评价作用来影响能力的发展。在个人的文化中，如果某项能力被认为是有价值的，就会努力去发展；反之，能力则得不到挖掘。在中国商业气息浓郁的泉州、温州和广东地区，很多人具有商业头脑，来自这些地区的大学生多数会确立经商、创业的目标。做生意的方法、打台球的技术、弹钢琴的技巧等许多技能需要在后天的个人努力中获得。

4. 能力与职业规划

现实中，有人无法胜任其工作，也有人没有充分发挥他们的聪明才智，这两种人都没有实现人职匹配。如果一个人没有从事某项职业的能力却在做着这项工作，对自己而言，他总是在努力，但总是达不到要求，很辛苦但难以成功；对组织而言，聘用了一个无法胜任本职工作的人，难以实现应有的生产力水平。如果一个人的能力得不到发挥，他常常会感到郁郁不得志，甚至因为郁闷而消磨了斗志，最终难以实现自我。

一个人所从事的职业不仅应该是自己感兴趣的，同时也应该是自己所擅长的，即对自己所从事的工作具有与生俱来的天赋条件，并且能够充分运用潜能达成优秀的成就。我国职业教育奠基人黄炎培说过：“一个人的职业和才能相当和不相当，相差很大。用经济的眼光看起来，要是相当，不晓得增加多少效能；要是不相当，不晓得埋没多少人才。就个人而言，相当，不晓得有多少快乐；不相当，不晓得有多少怨苦。”

能力类型与职业类型的匹配，一方面是能力水平与职业层次相一致，另一方面则必须充分发挥优势能力。例如，从思维能力来看，有些人擅长形象思维，这类人比较适合从事写作、音乐、绘画等文学艺术方面的工作；有些人擅长抽象思维，这类人比较适合从事哲学、物理等理论性、逻辑性较强的工作；有些人擅长动作思维，这类人比较适合从事体育、机械维修等动作技能的工作。每个人只有根据自己的能力来确定自己的职业方向和领域，才可能胜任工作，也才可能取得职业的成功。好高骛远、不切实际的做法的结果只能是适得其反。

在求职竞争力方面，能力显得更为重要。技能是求职者所使用的通货，在职业市场上以技能换岗位。一个能够清晰地向雇主描述自己技能的人最有可能获取一份能充分发挥自身特定技能的职位。一般而言，喜欢自己工作的人效率更高，身体和心理也更健康。在进入职场之前，必须能够根据一份职业所要求的技能以及所拥有并善于运用的技能和准备开发的技能，对一份潜在的工作进行分析。此外，还必须掌握更多的词汇，以便在简历和面试中准确地描述自己的优势。

（二）能力的分类

当一个人的能力和工作要求相匹配时，他最容易发挥自己的潜能，并且获得一种满足的感觉。相反，当一个人去做自己力所不能及的工作时，他就会感到焦虑，甚至产生挫败感。因此，要寻求个人能力与职业技能要求的适配。需要清楚能力有哪些分类，从而清楚自己具备什么样的能力，职业要求个人有什么样的能力。能力按获得的方式可以分为能力倾向和技能两大类。

1. 能力倾向

能力倾向是指每个人的特殊才能，如音乐、运动能力等。它是与生俱来的，如果未被开发，可能会荒废。例如，虽然不是每个人都能像游泳运动员覃海洋一样游得那么好，但一定有一些人同样具备像覃海洋那么好的节奏感和身体协调能力，只是他们从来没有机会发展这方面的天资。遗传、环境和文化都可能影响能力倾向的发展。

2. 技能

技能是指经过后天学习和练习培养而形成的能力，如阅读能力、人际交往能力、表达能力等。在个人成长的过程中，从什么也不会的婴儿到一个生活自理，能够看、听、说、行走、阅读、写字的普通成年人，每个人都已经学会了无数的技能。

在现实生活中，个人的能力水平往往是能力倾向和技能两方面综合的结果，如覃海洋

取得游泳比赛的世锦赛冠军，这中间既有他先天良好的个人身体素质的原因，也离不开他后天勤奋刻苦的训练。有人说“我这方面的能力不行”，是真的不具备这方面能力还是缺乏机会培养和练习？事实上，人际交往能力、沟通能力等主要靠后天的练习。许多人际交往能力不佳的人往往是在青少年时期受了家庭教育环境影响，只注重学习成绩而不注重其他能力的培养造成的。他们成年后，可以通过听讲座、看书、向人请教乃至心理咨询等方式改善自己这方面的能力。例如，邓亚萍虽然作为乒乓球运动员的先天条件并不好，但通过后天的刻苦训练还是取得了惊人的成绩。一个人如果勇于、勤于学习，并且不怕失败和挫折，那么很多能力是可以通过练习而获得的，就像《卖油翁》中所讲的：“无他，惟手熟尔。”

思考与讨论

插 土 豆

你能用一根吸管一下插穿一个土豆吗？你是否会在心里对自己说：“我的力气太小了，要力气大的人才能穿过去，或者我是女生，恐怕只有男生才能做到。”如果有人告诉你每个人都能穿过去，你愿意试试吗？如果你看到一个与你同性别并且体格差不多的人成功地插穿了土豆，你是否会更有信心一些？

一个人的心理活动或多或少地反映了自己的自我效能感，即对自己能力的信心会在很大程度上影响行为。试想一下，在平时的生活中，自己在各种事情上的自信程度是否真实地反映了相关的能力？可与周围熟悉的人讨论一下，别人往往能看到你没有意识到的不一致之处。当了解到自己在某些事情上或许不是能力不够，而是自我效能感较低时，你可尝试在新的信念的基础上生活和工作。

美国心理学家辛迪·梵（Sidney Fine）和理查德·鲍尔斯（Richard Bolles）将技能分为三种类型，即知识和技能、自我管理技能、可迁移技能（或称通用技能）。通常，人们比较容易想到自己所具备的知识和技能，但事实上，自我管理技能和可迁移技能更为重要，它们使人有可能不局限于自己的专业，可以在更广的范围内选择职业。自我管理技能和可迁移技能对于人在竞争中胜出具有关键性的作用，并且能够使人在工作中更长久地发展，而雇主对它们的重视程度超过了对单纯知识和技能的重视。

（1）知识和技能。知识和技能是指需要通过教育或者培训才能获得的特别的知识或能力，即个人所学习的科目、所懂得的知识，如外语、计算机、法律等知识。知识和技能一般用名词来表示。它是一些特殊的语汇、程序和学科内容，需要经过有意识、专门的学习或培训，并通过记忆才能获得。

知识和技能不可迁移，常常与人们的专业学习或工作内容直接相关。正因为如此，有些大学生由于不喜欢自己的专业，在找工作时往往陷入两难境地：一方面，他们认为找工作必须“专业对口”，但是又不喜欢自己的专业，不想将其作为一生的职业；另一方面，如果“专业不对口”，则担心自己与专业出身的应聘者相比缺乏竞争力，甚至觉得与他们之间有一道很难跨越专业的鸿沟。

事实上，知识和技能并非只有通过正式的专业教育才能获得。除了学校课程，课外培训、专业会议、讲座、研讨会、自学、资格认证考试等都可以让个人获得知识和技能。此外，很多公司也为新员工提供相关的上岗培训。例如，某著名会计师事务所对新员工第一年培训的主要内容就是针对非专业学生补充财务会计基础。由此可见，即使是一些专业要求较高的职业，其专业知识和技能也可以在就职后的培训中获得。实际上，越是大型公司越看重个人的综合素质（自我管理技能与可迁移技能），而不那么在意个人是否已经具备专业知识。不少外资企业在校园招聘时已经不再区分学生的专业背景。

因此，你如果想从事本专业之外的工作而又不愿或不能重新选修一个专业，仍然有许多途径可以获得相关的知识和技能。当前现存的状况是知识和技能的重要性被夸大，以至于许多大学生在校内选修很多的课程，在校外参加各种培训班并取得证书。他们在简历上以大篇幅列举的学习成绩、获得的证书、拿到的一等奖学金等都只证明了个人的知识和技能。堆砌在简历上的互不相干的知识和技能只能给人以庞杂的感觉，不能让招聘人员明白它们与所要招聘的职位之间有多大的关系。实际上，所有得到面试机会的人的简历上表述的知识和技能已基本达到了招聘职位的要求（当然，这一点还需要在面试中加以审核），而进入最后一轮面试的人实际上都是能够胜任该职位专业技能要求的人，而最终使人获得工作机会并在工作中能够长久发展的是自我管理技能和可迁移技能。

现实中，大学生就业难在一定程度上也与此有关系。因为大学生在校时往往更重视专业知识的学习，而忽视自我管理技能和可迁移技能的培养。事实上，作为接受过国家正规高等教育的合格大学生，就专业知识而言，都能达到工作的要求。但为什么企事业单位普遍对刚毕业的大学生不满意呢？从用人单位对大学生的反馈中得知：大学生通常不缺乏知识和技能，但常常缺少敬业精神、沟通能力等自我管理技能和可迁移技能。因此，大学生在校期间要在学好专业知识的基础上加强对自我管理技能和可迁移技能的培养。

需要注意的是，技能的组合更为重要。通常人们所说的“复合型人才”正是指具有不同知识和技能的人。技能的组合使得人们在人才市场上更具有竞争力，也更有可能将工作做好。例如，如今精通英语的人很多，但既精通英语又精通机械设备专业知识的人就不多了。在大型企业中，有很多进口设备的维修非常需要能与外国售后维修专家进行良好沟通的专业人才。从这一角度来看，不论现在学习的专业是否是自己所喜爱的或将来要从事的，从中获得的专业知识在某个时候就有可能派上用场。甚至一些并非所学专业、看上去似乎并不起眼的知识都有可能使个人在面试时显得与众不同，比他人略胜一筹。例如，小时候学习的绘画技术可能会使个人更具创意和美感，而这样的创意也许正是招聘者所需要的。

（2）自我管理技能。自我管理技能是指一个人的行事风格或特点，经常被看作个性品质而非技能，因为它被用来描述或说明人具有的某些特征。它一般用形容词或副词来表达，如踏实的、自信的、负责任的。它涉及个体在不同的环境下如何管理自己，是勇于创新还是循规蹈矩，是认真做事还是敷衍了事，能否在压力下保持镇定，是否对工作有热情，是否自信，等等。自我管理能力可以从非工作领域迁移到工作领域，是成功所需要的品质，

是个人最有价值的资产。

良好的自我管理技能有助于个体更好地适应周围的环境，应对工作中出现的问题，因此也被称为适应性技能。一个人如何使用自己的专业知识，以什么样的态度从事工作，甚至比工作内容本身更为重要。正是这种品质和态度将个体与许多其他具有相同知识和技能的候选人区别开来，进而得到一份工作，并能够适应新的环境和规则，在工作中取得成就，获得加薪和晋升的机会。

事实上，人们被解雇或离职，更多的时候是因为缺乏自我管理技能（如因个性上的原因而易与他人发生摩擦等），而不是因为缺乏专业能力。在用人单位对刚毕业大学生的意见中，会有“缺少敬业精神、没有服务意识、眼高手低、不认真不踏实、没有主动进取精神”等，而这些都是与自我管理技能相关的。部分大学生因为从小受到父母和老师的呵护，缺乏这方面的意识，在处理工作问题和人际关系时往往显得不成熟，以自我为中心。可以说，在大学生从校园走向社会之前，培养良好的自我管理技能，学会如何为人处世，是至关重要的。

自我管理技能无论是一个人先天具有的还是后天习得的，都需要练习。也就是说，耐心、负责、热情、敏捷等技能并不是通过专门的课程学习到的，而是在日常生活中随时随地培养的。

自我管理技能词汇

诚实 正直 自信 开朗 合作 耐心 细致 慎重 认真 负责 可靠 灵活
幽默 友好 真诚 热情 投入 高效 冷静 严谨 踏实 积极 主动 豪爽
勇敢 忠诚 直爽 现实 执着 机灵 感性 善良 大度 坚强 随和 聪明
稳重 乐观 朴实 渊博 机智 敏捷 活泼 敏锐 公正 宽容 勤奋 稳定
坦率 慷慨 清晰 明智 坚定 亲切 好奇 果断 独立 成熟 谦虚 理性
周详 客观 平和 有创意 有激情 有远见 有抱负 有条理 想象力丰富
善于观察 坚忍不拔 足智多谋 精力旺盛 头脑开放 多才多艺 彬彬有礼
善解人意 吃苦耐劳 精益求精

自我管理技能词汇的作用是启发思路，让个人可以更全面地看到自己所拥有的技能。

思考与讨论

通过他人对自己的反馈来了解自己是一种很好的方法。你如果让亲朋好友用 3～5 个词来形容你，他们会说什么？你可以通过面谈、打电话、发短信或电子邮件等多种方式来完成这一练习。需要询问 10 个以上的人。

得到他人的反馈后，看一看他们对你的描述中有哪些是你知道的，有哪些是你以前没有想到过的。他们所说的符合你对自己的评价吗？哪些方面是你的长处？哪些地方你需要改进？

（3）可迁移技能。可迁移技能也称通用技能，是指一个人的行为，即会做的事情。可迁移技能是职业生涯中除岗位专业技能之外的基本能力，是适用于各种职业，能够适应岗位不断变换，伴随人终身的可持续发展能力。在一些国家和地区可迁移技能被称为“关键能力”，其特征是可以从生活的方方面面得到发展，可以迁移应用于不同的工作，并且能力的等级是可以逐渐培养提高的。

可迁移技能词汇

达到 照顾 巩固 指导 执行 运送 建设 洞察 适应 制图 联系 发现
管理 选择 控制 拆除 做广告 分类 烹调 展示 劝告 打扫 协调 证明
开玩笑 攀登 复制 草拟 分析 训练 纠正 绘制 预测 收集 联络 申请
咨询 驾驶 评价 交流 计数 编辑 安排 比较 创造 授予 声称 装配
比赛 培养 鼓励 决定 忍耐 评估 完成 定义 加强 调和 协助 构成
代表 提高 参加 领会 娱乐 审核 建立 权衡 集中 设计 估计 讨价还价
概念化 详述 美化 探测 膨胀 预算 面对 发展 解释 购买 联结 发明
探索 计算 保存 诊断 表达 促进 领导 生产 分享 喂养 学习 编程
感受 搬运 提升 演出 填充 倾听 校对 简化 融资 装载 保护 唱歌
调整 定位 提供 给图 维修 证明 交际 追随 制造 宣扬 分类 预见
演讲 伪造 操纵 提问 拼写 构成 最大化 阅读 阐述 测量 推理 激励
募捐 调停 推荐 精简 收集 会见 调解 研究 测量 记忆 记录 建议
给予 招聘 总结 统治 最小化 减少 监督 研磨 示范 仲裁 支持 种植
现代化 恢复 审视 引导 修改 讲述 合成 处理 记起 回忆 系统化 收获
激发 列表 前进 移动 呈递 遵守 指示 治愈 航行 修理 交谈 帮助
商讨 报告 传授 识别 养育 描绘 趋向 举例 观察 研究 测验 想象
获得 改造 适时 执行 操作 解决 贸易 改进 组织 修复 培训 即兴表演
找回 翻译 增加 战胜 回顾 旅行 影响 包装 治疗 通知 绘画 改写
解决 发起 冒险 教导 革新 发明 感觉 航行 打字 检查 坚持 打磨
理解 鼓舞 说服 节省 统一 安装 更新 互动 倡导 拍摄 升级 放置
雕塑 使用 计划 挑选 描述 介绍 种植 播种 销售 证实 玩耍 设想
精确化 招待 做志愿者 调查 准备 洗涤 判断 安顿 纺织 印刷 缝纫
工作 编织 加工 塑造 写作

可迁移技能是个人最能持续运用和最能够依靠的技能，无所谓更新换代，而且无论个人的需求和工作环境有什么样的变化，都可以得到应用。随着人们工作经验和生活阅历的增加，可迁移技能还会得到不断的发展。

知识和技能的运用也是建立在可迁移技能基础之上的。例如，一个人的知识和技能也许是法律知识，但怎样运用它呢？是教授法律知识，还是当法律顾问帮助需要法律援助的人，或是创作法律相关的文章宣传法律知识，抑或是在人民法院担任一名法官审判案件，

这些都是可迁移技能。一个人以前可能没有正式当过教师，但是通过当家教、在课堂上汇报小组的调研项目等经历已经具备了教学的技能，当他把教学技能与法律知识结合在一起时，就可以应聘相关的职位。

从这个意义上说，一个人在求职时尽管从来没有从事过某个职务，但只要实际上具备该职务所要求的种种技能，就有资格去从事它。因此，个人如果不是“科班”出身，仍然有可能跨专业从事想从事的职业，尤其是对知识和技能要求并不是很高而可迁移技能占重要地位的职业。例如，一位非营销专业的大学生凭着良好的人际交往技能曾经担任过某计算机程序软件的校园代理，并在地区销售评比中取得过好成绩。从可迁移技能的角度看，这种经历足以使其成功地应聘一家公司的销售岗位。

思考与讨论

成就故事

请写下生活中令你有成就感的三个具体的事件，这些“成就事件”可以是工作或学习上的，也可以是课外活动或家庭生活中发生的，如同学聚会、一次美好而难忘的旅行等。它们不必是惊天动地的大事，只要符合以下两条标准，就可以被视为“成就”：一是你喜欢做这件事时体验到的感受，二是你为完成它所带来的结果感到自豪。如果你同时获得了他人的认可和表扬，则更好，不过这并不重要。

请和两三个同学一起逐一分析讨论在“成就事件”中你使用了什么样的技能。在这些事件中有重复出现的技能就是你喜爱施展且擅长的技能，请将这些技能按优先次序加以排列。

夸奖别人

8～10 人的小组中，小组成员轮流被别人指出优点，每个人只对被谈论者指出一个确实存在的优点，被谈论者只允许静听，不必做任何表示。结束后小组成员讨论：当被大家指出优点时，你有什么感受？是否有一些优点是自己以前没有意识到的？你是否加强了对自身优点的认识？

通过上述两个活动，你找到的也许是你已经拥有的技能，也许是你尚未得到系统训练的能力倾向。

第二节　了解职业

选择职业是人生大事，因为职业决定了一个人的未来。教育部公布的数据显示，2023 年全国高校毕业生达到 1 156 万人。面对复杂严峻的就业形势，大学生该如何选择呢？高校毕业生必须结合自身因素、外部因素等做出合理、科学的评估，选对出路。

2021 年，教育部成立全国高校毕业生就业创业指导委员会，设立了 19 个分行业就业指导委员会，构建用人单位与高校沟通协作新机制。目前，我国的大学毕业生就业初步实现了“市场导向、政府调控、学校推荐、毕业生和用人单位双向选择”的就业模式，大学毕业生的就业去向主要分为即时就业、延时就业、升学深造、出国留学、考取公务员、参加国家和地方支持项目、应征入伍和自由职业等。大学毕业生在就业去向的选择上要对自我进行评估，包括对自我的兴趣、自我的能力、自我的价值观、自我的性格等，还需要对外部环境、目标职业等进行选样和评估，做到择己所爱、择己所长、择世所需等。

一、认识工作世界

社会发展需要自己干什么？要回答这个问题，就需要对宏观社会政治经济环境、产业、行业、企业和岗位的要求进行分析，这是对职业环境的调查探索。分析有助于自己在职业生涯中“顺势而为”“乘势而上”。环境允许或支持自己干什么？要回答这个问题，就要求自己对间接职业环境有实事求是的把握。自己应该通过对自己家庭情况、学校所学专业以及人才和劳动力市场状况的了解，分析自己拥有的社会资源，扬长避短，创造属于自己的“头顶一方天”。

探索职业世界的过程，实质上是就业环境的探索过程，重点是职业信息调查与职业分析。

（一）职业信息收集的基本原则

大学生必须掌握获取职业信息的途径和方法，学会如何辨别、处理对自己有价值的信息，培养并迅速提高自己收集信息能力。“工欲善其事，必先利其器”，掌握高效的收集方法能让求职者事半功倍。

求职者要明白，信息能力是指信息的获取、理解、分析、加工、处理、传递能力以及对信息的理解和利用能力。要有强烈的获取信息的意识，学会评估、分析、表达信息，并能灵活运用信息为自己服务。职业信息收集的基本原则如下。

1. 真实性原则

“真”就是要做到信息准确无误。在面对大量的需求信息时，要善于对比鉴别，辨别其真伪，去伪存真。“实”就是收集的信息要具体，如用人单位的地址、环境、生产规模、发展前景、人员构成、生活待遇、联系人、联系电话、网址、电子信箱等方面。此外，还需了解清楚用人单位需要的是什么学历、什么专业、什么素质的人才，在生源地、性格、性别、相貌、外语水平等方面有无特殊要求等。

大学生应当警惕一些过时的或虚假的信息，以免浪费巨大的人力、财力或时间成本。尤其应当防止“陷阱”性信息导致自己误入传销圈套之类的恶性事件发生。总之，一定要了解清楚信息来源，确保真实性。

2. 适用性原则

首先要明确收集信息的目的，有了明确的目的，信息收集才有方向性，才有针对性；

其次信息纷繁复杂，并不是每一条信息都适合自己。因而，大学生必须准确认识自身的专业、特长、能力、性格、气质等方面，明确自己所需信息的范围，做到有的放矢，避免收集范围过大且对自己无效的信息，增强就业信息的适用性，避免时间和物质成本的浪费。

3. 系统性原则

要将各种相关的、零碎的信息积累起来，然后分析、加工、整理与分类，形成一个能客观、系统地反映当前就业市场、就业政策、就业动向的就业信息链，为自己的信息分析和择业提供更可靠的依据。

4. 计划性原则

收集信息有计划性是指根据事先拟订的计划收集不同类型的企业、事业或公司的信息，并根据自己希望就业的地区，有重点地收集，避免大海捞针。

（二）职业信息的调查与分析

1. 职业信息调查与分析的内容

职业信息的收集与分析，需要把握的内容包括宏观的职业世界现状，如社会经济发展形势、就业政策、劳动力供求关系、各地区各行业的需求分布、多种工作形式选择的可能性等；与个人就业相关的一些情况，如可供利用的社会、组织、家庭资源、各个行业、职业的发展性，各个行业、职业的待遇与机会等；与具体职业岗位相关的信息，如单位的文化、价值观，工作岗位的职责内容，工作的要求、待遇及发展空间，等等。具体职业信息的调查分析主要从以下 10 个方面着手：

（1）职业描述。职业描述，即定义这个职业的内涵，具体包括职业名称以及各方面对其所做的定义。职业描述是对职业最精练的概括和总结，是透彻理解职业和调研职业的基础。给职业定义的每个字都值得仔细思考，因为日后要做的事情全是对定义的拓展。除了最新的职业，绝大多数职业都有固定的定义，国际劳工组织、中国人力资源和社会保障部，以及很多职业分类大典都有对职业的详细介绍。

（2）职业的核心工作内容。每个职业都有核心的工作职责，职责背后对应的就是工作内容，通俗来讲，就是这个职业一般都干什么活儿，什么工作是这个职业必须做的。了解职业的核心工作内容，有利于了解胜任该工作必须具备的工作能力。在多大程度上了解工作内容，是衡量一个人对工作熟悉程度的重要标准。成熟的职业都有权威人事部门给其总结确定的核心工作内容，一些企业的招聘广告中也有对工作内容的描述。

（3）职业的发展前景及其对社会和生活的作用。职业的发展前景，是指国家、社会等对这个职业的需求程度，具体包括三个问题，即职业在国家阶段发展中的作用、职业对社会和大众的影响、职业对生活领域的影响。也就是说，不仅仅要知道这个职业对国家、对社会、对行业的作用，也要知道这个职业对大众生活的影响、人们对这个职业的依存度和这个职业的声望度。分析一个职业的发展前景，应该关注国家的导向，因为这是促进职业发展的黄金动力；同时，应该分析判断该职业对大众生活的影响，因为只有大众认可并需要，该职业才能立于不败之地。

（4）薪资待遇及潜在收入空间。职业是社会分工的产物，职业根据参与社会分工的实际状况来确定其相应的报酬。值得注意的是，每个职业的起薪可能都差不多，但每个职业潜在的收入成长空间并不相同。能力不断提升的背后蕴藏着不同的薪资水平。一个职业的收入及其成长空间，可以从各种不同的渠道去了解，如前程无忧的调查、天涯职场论坛上的评论等。

（5）岗位设置及不同行业、企业间的差别。岗位与职位是不同的。一般来说，一个职业是有一系列岗位划分的，如人事工作的岗位就分招聘、考核等很多具体岗位，而不同行业、不同性质、规模的企业对岗位的划分和理解也是有很大不同的，同样都叫一个名字，但很可能干的活儿却完全不一样。了解职业的岗位设置，能加深对职业外延的理解，以便自己更加明确目标方向，有利于职业规划与决策。

（6）入门岗位及其职业发展通路。入门岗位一般是指针对应届毕业生的初入职场的一些中低端岗位。在进行职业分析时，既要了解入门岗位的情况，更要了解其日后职业的发展方向、发展途径、最高端岗位。人们看好一个职业，是看好自己在这个职业中的发展前景，同时必须关注眼前能够获得的入门岗位，因为这正是人们进入目标职业的现实通道。

（7）职业标杆人物。了解职业标杆人物，就是要了解这个领域谁做得最好，是怎么做到的，取得了什么成绩，遇到了什么困难，具备什么素质等。通过研究职业标杆人物的奋斗轨迹，可以加深对职业的了解，从而找到在这个职业领域奋斗的途径。职业标杆人物一般不难找到，通过上网搜索对该领域中贡献最大的人即可。

（8）职业的典型一天。职业的典型一天，更多是在访谈中完成的，你要知道这个工作的一天都是怎么过来的，从早上离家到晚上下班回家的时间都是怎么安排的，了解职业的典型一天是判断自己是否适合这个职业的重要前提，如果你不想过那样的一天，完全无法接受这份工作对你个人生活的影响，那么这份工作也不适合你，你也不需要再为之努力去了。职业的典型一天，在职业的核心工作内容中会有涉及，但更多的还是要去访谈做这个职业的人，这样才更真实。

（9）职业通用素质要求及入门具体能力。职业通用素质要求是指从事这个职业的一般的、基本的要求，主要是个人通用素质能力，就是把这个工作做好要具备的能力。其实每个岗位对其任职资格都有介绍，你只是需要把它做一个系统的整理，加上职业访谈中的内容，列出十项最常用的能力，然后与自己一一对照，找出自己需要提高和补充的能力，并在大学生活里尽可能培养相关能力。

（10）职业对个人的内在素质要求。有些工作对人的内在要求是很高的，如工作态度等，这些是从个人的内在来判断他是否适合和喜欢一个职业的核心标准。在考量职业的方方面面之后，最后一关就是对职业内在要求的盘点。岗位描述的任职资格中，会有对其内

在素质的要求；同时，业内也有普遍认为的个人素质要求。是否具备相关素质，将直接影响个人能否胜任这份工作。

2. 职业信息调查与分析的方法

进行职业信息调查与分析一般采用文案调研法、观察法、问卷调查法等方法，在实际运用过程中，职业信息调查与分析的方法需要根据调查的内容、对象而定。

（1）文案调研法。在对职业信息进行调查时，通过收集第二手资料、文献等了解职业信息，也是比较常用的方法。文案调研又称第二手资料调研或文献调研，是指根据一定的研究目的，通过对收集到的、与调查课题相关的各种信息和情报资料等进行分析、研究，获得调研成果的一种调研方法。

从文献方面对职业信息进行调查的主要步骤：确定查询渠道—进行文献检索—实施文献收集—展开文献鉴别—进行文献的研究与应用。

从第二手资料入手收集职业相关信息一般有以下方式：

① 通过查看企业的内部资料获取职业信息，如了解企业岗位的设置、工作任务。

② 通过网络获取职业信息。第二手资料的网上收集主要通过搜索引擎查找所需信息的站点网址，然后访问所想查找信息的网站。

③ 通过行业协会和商会获取第二手资料。例如，想了解行业集中度、行业中企业的市场占有率、各行业中相对应的职业情况、各行业的发展趋势等相关内容，都可以从行业协会、商会中获得。

④ 通过研究机构和调查机构获取第二手资料。不少经济、工商业研究所和调查咨询公司经常发表相关行业的市场调查报告和专题评论文章，能提供大量的背景材料。

⑤ 通过各类会议获取第二手资料。主要渠道有学校、政府、公司招聘会供需洽谈会、人才交流会、网络人才交流会，各种博览会、展销会、交易会，专业性、学术性经验交流会等。

⑥ 通过新闻媒体来获取第二手资料。一般刊物的出版机构以及网络媒体和电视媒体每天都会传播出大量的正规信息资料，这对于调查者来说，也是重要的资料来源。

（2）观察法。观察法是研究者有目的、有计划地在自然条件下，通过感官或借助于一定的科学仪器，对社会生活中有关人们行为的各种资料进行收集的过程。观察法也是人们了解职业信息的有效方法，可以通过了解工作程序、工作演示等来知晓职业信息。

① 准备阶段。该阶段需要实施的工作内容包括：检查文件，形成工作的总体概念；明确工作的使命、主要职责和任务、工作流程；准备一个初步的观察任务清单作为观察的框架；为数据收集过程中涉及的还不清楚的主要项目做一下注释。

② 进行观察。在部门主管的协助下，对员工的工作进行观察。在观察中要适时做记录。

③ 进行面谈。最好选择一个主管或有经验的员工进行面谈，因为他们了解工作的整体情况以及各项工作任务是如何配合起来的。这个环节需要确保所选择的面谈对象具有代

表性。

④ 合并工作信息。这个环节包括两个任务：首先要检查最初的任务或问题清单，确保每一项内容都已经被回答或确认。然后进行信息合并，把所收集到的各种信息，包括主管、工作者、现场观察者、有关工作的书面材料等合并为一个综合的工作描述。在合并阶段，工作分析人员应该随时获得补充材料。

⑤ 核实工作描述。这个阶段有三个步骤：第一步，要把工作描述分发给主管和工作的承担者，并附上反馈意见表；第二步，根据反馈意见表逐句检查整个工作描述，并对遗漏和含糊的地方做出标记；第三步，召集所有观察对象进行面谈，补充工作描述遗漏的东西，明确其含糊的地方，最终形成完整和精确的工作描述。

（3）问卷调查法。问卷调查法又称书面调查法或填表法。这是用书面形式间接收集研究材料的一种调查手段，是一种通过向调查者发出简明扼要的征询单（表），请求填写对有关问题的意见和建议来间接获得材料及信息的方法。问卷调查包括问卷设计、问卷调查、调查结果汇总等阶段。核心环节是调查问卷设计。成功的问卷设计应该具备三个功能：

① 能将所要调查的问题明确地传达给被调查者。

② 能够让对方合作，并取得真实、准确的答案。

③ 问卷应具有一些自我校测的功能，帮助确定被访者回答问卷的认真程度。

在校大学生通过问卷调查了解职业信息是一个不错的途径，可以自己设计问卷，带着问卷走访各个企业、各个机构，访问企业家、工人、专家，从他们那里了解职业信息，了解现在的职业世界。

典型案例

信息收集要讲究方法

李易今年大三。在校期间，他年年拿奖学金。学习、社会工作都做得很多也很好。然而面对就业的问题，他困惑了——天天在网上投简历，可都石沉大海；学校的校园招聘会，他几乎场场参加，可都失望而归。他不禁慨叹：“就算是千分之一的成功率，我也该碰到一份合适的工作啦！”他不知道是自己不够优秀，还是运气不好，非常苦恼。

资料来源：作者自编。

启示

不难看出，李易既不是不够优秀，也不是运气不好，而是他的信息收集能力不够。找工作就是找信息，要善于捕捉各种媒介传递的与就业有关的消息和情况，包括就业政策、就业机构、人事制度、劳动力的供求状况、劳动用工制度、经济发展形势与趋势、国家发展规划、就业方法和招聘信息等。

二、职业世界的发展

大学生职业生涯的规划与发展，是面向未来的，必须具有前瞻性。在日新月异的社会发展过程中，职业环境瞬息万变。只有用发展的眼光看世界，切实把握职业世界的未来趋势，因势利导，循声而动，职业生涯规划与发展才会有可靠的基础。

（一）职业世界与职业观的新变化

1. 职业世界的新变化

职业世界的变化是客观的，也是必然的。随着社会经济结构与形态的发展变化，社会职业的结构形态也一定面临全新的变化。“硅谷精神教父”凯文·凯利（Kevin Kelly）说：“展望今后 20 年，今天的我们是难以想象的，所有生意都是数据生意，介入网络的能力将会重于所有权。”“注意力在哪儿，钱就会在哪儿。”人类社会经济生活和商业世界中，都可能产生颠覆性的领域；法国时尚学院哲学教授奥利维耶·阿苏利（Olivier Assouly）在《审美资本主义：品味的工业化》一书也试图揭示，工业国家之间正在发动一场美学战争。在他看来，从 20 世纪末至今，资本主义的发展趋势主要就是审美资本主义，它的特征是审美动因成为经济增长的主要动力。审美品位的问题，似乎涉及整个工业文明的前途和命运，也涉及每一个个体的未来与发展。如此看来，规划自己的生涯，谋划自己的未来，就没有理由忽视“品味与审美”这两个关键词。这难道不是职业世界即将面临的“彻底性的颠覆”？

职业世界的变化还与人才和劳动力市场自身的状况相联系。在市场经济条件下，劳动力自由流动，价值规律对劳动力市场发挥着调节作用，劳动报酬主要由劳动生产率和劳动力市场供求关系决定。随着社会经济的发展，人们的职业世界呈现出新的特点。

① 工作转换将成为一种常态。随着经济结构的转型升级，第二产业的就业人数减少，第三产业的工作机会增加。同时，企业的破产与建立将是普遍的事情，这些都会使工作者一生在不同岗位上工作，经常换工作将会是一种常态。

② 劳动力市场全球化。随着信息时代的到来，整个世界就像是一个村落——“地球村”。劳动力在全球范围内流动将是平常的事，中国人可能在美国工作，美国人也可能在中国工作。劳动力市场的全球化，要求人们必须用全球化的视角去看待工作。

③ 培训和再教育成为常事。21 世纪是信息时代，知识与信息的更新年限不断缩短；工业经济时代，即 19 世纪 60 年代，知识更新需要 50 年左右；而在知识经济时代，知识更新年限为 3 ～ 5 年，人们如果不学习，很快就会被社会淘汰。未来的职业世界将是个“学习社会”，不断更新知识将成为生存的必要条件。没有任何一种教育和技能可以在未来社会中一成不变，这就要求工作者不断参加培训与再教育，充实和提升自我以适应社会发展的需要。

④ 工作要求技术化。不断发展的经济社会对劳动力的素质、技能的要求在不断提高，就业市场越来越需要具有广博知识及技术基础的专业人员。有调查显示，劳动力市场中高

技能人才供不应求，从供求状况对比看，各技术等级的求人倍率均大于1，劳动力需求大于供给，其中求人倍率较高的是高级工程师、高级技师和高级技能人员。

⑤ 工作形式多样化。工作形式有很多种，最常见的就是全职工作，即连续为同一雇主工作，每周工作40或40小时以上的工作。学生在求职时都希望能找到一份全职工作，因为其具有相对的稳定性和生活保障。兼职工作是指每周为同一雇主工作的时间不足40小时，兼职者通常没有将工作报酬作为生活费的主要来源，主要是为了赚取额外的收入而考虑工作。尤其对那些希望继续读书但又受限于经济条件的学生来说，这是很好的增长社会经验的途径。另外一种和兼职工作类似的工作形式是多重工作，是指一个人同时兼有两个或两个以上独立的工作角色。还有自由职业，它是目前社会中比较受追捧的一种自雇的工作形式，是一个人的经营模式。自由职业的风险性相对较大，因此选择此种工作形式的人通常具有良好的心理安全感、自我管理能力和自信心。另外，还有工作分享、工作分工或团队模式等工作形式。

2. 职业观的新变化

传统职业观与新职业观最大的区别在于：前者认为组织应当为员工的职业生涯发展负责，后者认为员工应当为自己的职业生涯负责。在传统的职业观中，员工应当以组织利益为第一、以组织为家，组织要像父母一样照顾员工；而在新职业观中，组织与员工更像是合作者的关系，组织为员工的发展提供学习锻炼的机会，员工在不断学习新技术与知识的过程中适应组织的发展需要，同时提升自我能力。新职业观是经济和技术快速发展的产物，日趋激烈的竞争要求企业有更灵活和快速的适应能力，所以组织更愿意采取一种期限更短、双方承诺更少的契约。这种具有竞争性与不确定性的契约，使员工更需要为个人的职业规划负责，以便能更好地掌控自身的发展。传统职业观和新职业观之间的比较如表3-5所示。

表3-5　传统职业观和新职业观之间的比较

传统职业观	新职业观
重视忠诚和工作人员 ① 接受工作稳定的职业生涯模式。 ② 忠诚于公司，公司将以延长工作任期作为奖励。 ③ 经常需要个人为“公司利益”做出牺牲	重视承诺和绩效 ① 接受实现个人理想的职业生涯模式。 ② 忠诚于增强信心的理想，人生的价值是做贡献和适应新的要求。 ③ 认为团体协作和彼此忠诚是重要的
成长 ① 成长就相当于晋升。 ② 逐级晋升就等于成功	成长 ① 成长与个人发展和人生意义有关，尤其要扩大知识面，提高技能水平。 ② 从事个人认为有意义的活动就等于成功

（续表）

传统职业观	新职业观
员工发展 ① 组织重视员工发展。 ② 个人重视组织提供的职业生涯道路，通过获得组织认为重要的技能寻求保障。 ③ 组织对员工的职业发展负责	个人发展 ① 组织重视个人发展。 ② 最成功的工作环境会鼓励员工不断学习和进步。 ③ 个人对自己的职业发展负责
绩效 ① 工作时间越长越好。 ② 个人保障与受雇用时间长短有关。 ③ 个人应该在同一家单位工作很长时间	暂时性 ① 个人保障与个人能力和适应性挂钩。 ② 一个人可能不在同一家公司工作很长时间
组织模式 ① 组织相当于一个小家庭。 ② “妈妈和爸爸”（高级管理人员）会照顾我们	组织模式 ① 组织相当于一个大家庭。 ② 重要的是伙伴和关系网络，服务是共享的
组织体制 以职位等级为基础，由具体的工作组成	组织体制 以要做的工作为基础，由合同、联盟和网络组成

（二）未来职业的发展趋势

职业的产生与发展是人类文明的标志，但职业并不是人类社会一经形成就出现的，而是社会分工的结果。职业随社会需求而产生，随社会变迁而变化。一些旧的职业会逐渐消亡，比如老一辈人所熟悉的卖货郎、抄写员等职业，如今几乎销声匿迹。在社会需求的推动下，种种新兴职业应运而生。为顺应这种发展趋势，人力资源和社会保障部建立了新职业信息发布制度，定期发布新职业的信息，并适时对新职业制定出国家职业标准。但是这仍然难以及时对当前社会新兴的职业和工作加以全面概括。

当代职业发展将可能出现以下几种趋势。

1. 职业的种类大量增加

随着社会发展以及科技发展的加快，职业种类增加的速度也逐渐加快，当代新兴行业不断涌现，新的职业也大量出现。技术创新已成为经济发展的决定性因素，在发达国家，生产技术每年淘汰率高达 20%，一项新技术平均寿命只有 5 年。因此，技术创新带来的职业变化速度在加快。

2. 职业活动的内容不断弃旧从新

同样的职业，时代不同，其技术方法、工作手段有着天壤之别。职业演变提高了对从业者素质、技能的要求。

3. 第三产业职业数量增加

随着科学技术水平的提高、产业结构的调整，第三产业在国民经济发展中所起的作用越来越大，如金融、商务、传播、物流、卫生、教育、旅游等。第三产业的就业人数不断增加，这是现代社会发展的大趋势。

4. 职业将向智能化、高科技化、专业化方向发展

目前，得到世界各国公认并列入21世纪重点开发的领域有：信息技术、生物技术、航天技术、新材料技术、新能源技术和海洋技术等。在加快高新技术发展的政策的实施过程中，与此有关的职业将得到较快发展，职业的专业化和复合化程度也将越来越高。

5. 职业的流动性增强

世界的不断发展不可避免地打破了“从一而终”的传统职业观念，职业流动的频率加快，范围越来越广，人们通过职业流动能更好地发挥出自己的专业才能。

拓展资料

当今十大热门行业

随着科技的不断进步和社会的不断发展，各种新兴行业不断涌现，而在这些行业中，有一些行业备受瞩目，成为当今十大热门行业。本文将为大家介绍这十大热门行业，并探讨它们的发展趋势和前景。

1. 人工智能行业

人工智能行业是当今热门行业之一，它涵盖了机器学习、深度学习、自然语言处理、计算机视觉等多个领域。随着人工智能技术的不断成熟，人工智能行业的市场规模也在不断扩大。据统计，到2025年，全球人工智能市场规模将达到3.5万亿美元。

2. 新能源行业

随着全球范围内人们环保意识的不断提高，新能源行业成为当今热门行业之一。新能源行业包括太阳能、风能、水能等多个领域，其中太阳能是最为重要的一个领域。随着太阳能技术的不断成熟和成本的不断降低，太阳能发电已经成为一种可行的替代能源。

3. 虚拟现实行业

虚拟现实技术的出现让人们能够身临其境地体验各种场景，这也让虚拟现实行业成为当今热门行业之一。虚拟现实行业不仅应用于游戏、电影等娱乐领域，还可以应用于教育、医疗、房地产等多个领域。

4. 区块链行业

区块链技术是一种去中心化的技术，它可以保证数据的安全性和可信度，因此在金融、物流、医疗等领域得到了广泛的应用。随着区块链技术的不断发展，区块链行业也成为当今热门行业之一。

5. 生物科技行业

生物科技行业是一个非常广泛的领域，它包括了生物制药、基因编辑、生物芯片等多个领域。随着生物科技技术的不断发展，生物科技行业的市场规模也在不断扩大。

6. 物联网行业

物联网技术是一种将各种设备和物品通过互联网进行连接的技术，它可以使各种设备之间实现智能化互联。随着物联网技术的不断发展，物联网行业也成为当今热门行业之一。

7. 无人驾驶行业

无人驾驶技术是一种通过计算机和传感器等设备实现车辆自主驾驶的技术，它可以提高交通安全性和交通效率。随着无人驾驶技术的不断发展，无人驾驶行业也成为当今十大热门行业之一。

8. 人类延寿行业

人类延寿行业是一个非常具有挑战性的领域，它包括了抗衰老、基因修复、干细胞治疗等多个领域。随着人类延寿技术的不断发展，人类延寿行业也成为当今热门行业之一。

9. 智能制造行业

智能制造技术是一种通过计算机、机器人等设备实现生产过程智能化的技术，它可以提高生产效率和生产质量。随着智能制造技术的不断发展，智能制造行业也成为当今十大热门行业之一。

10. 文化创意行业

文化创意行业是一个非常广泛的领域，它包括了文化旅游、文化艺术、文化创新等多个领域。随着人们对文化创意产品的需求不断增加，文化创意行业的市场规模也在不断扩大。

你如果能够在其中的某一个行业中获得成功，不仅可以实现自己的梦想，还可以为社会做出更大的贡献。

资料来源：青年创业网。2023 年 5 月 31 日。（有改动）

第三节 认识环境

在学校读了十几年的书，突然要面对社会、面对工作，这份陌生感对大学生而言是正常的。他们对工作世界的不了解，通常表现为两种极端状态：一无所知和想当然。这两种状态令他们在进行职业规划或求职时常常感到困惑，在进行生涯规划时难以决策，陷入被动，就像大学生常说的那样：稀里糊涂地就把自己“卖了”。所以，学习对工作世界的探索和了解有助于大学生更为主动地把握个人生涯的发展。

职业的产生和发展是社会生产力发展、进步的结果。一个国家的经济结构、产业结构、科技结构和生产力总体水平决定了社会职业的构成。随着经济社会发展进程的加快，特别是科技的迅猛发展，社会分工越来越细，职业种类越来越多，新兴的职业不断涌现发展，一些传统职业逐步萎缩，如日中天的职业成了昨日星辰，黄昏职业可能又显现出曙光。职业变化可谓前所未有，职业世界可谓扑朔迷离。

大学生职业生涯规划不能凭空自我设计。探索职业世界、全面了解现实中的行业与职业状况、科学评估自身面临的职业社会环境有利于大学生把握社会发展需求，抓住职业生涯机会，增强职业生涯规划的自觉性、针对性和有效性。

一、职业生涯环境的概念及分类

（一）职业生涯环境的概念

职业生涯环境是指一个人在职业生涯中所处的外部条件和内部因素，包括工作领域、组织文化、社会经济状况、个人技能和价值观等，都会影响到他们在职业道路上的发展和表现。这些因素共同塑造了一个人在工作中的体验、机会和成功的可能性。

（二）职业生涯环境的分类

根据角度的不同，职业生涯环境可以有许多不同的分类，常见的是分为外部环境和内部环境。

1. 外部环境

（1）经济环境。经济环境包括行业的景气程度、就业市场状况等。

（2）社会文化环境。社会文化环境涵盖社会价值观、文化因素对职业选择和发展的影响。

（3）技术环境。科技进步对不同行业的影响，可能会创造新的职业机会或使某些职业不再被需要。

（4）政治法律环境。法律法规、政府政策对职业发展的影响。

（5）全球化环境。国际化趋势对跨国公司、跨文化交流等方面的影响。

2. 内部环境

（1）个人兴趣和价值观。个人的兴趣爱好、价值观念会影响职业选择和发展方向。

（2）能力和技能。个人所具备的能力和技能，决定了可以从事的职业范围。

（3）教育背景。个人所受教育水平和专业领域会影响职业的起点和发展方向。

（4）职业经验。个人之前的工作经验和成就会影响后续职业的发展阶段。

（5）职业目标和规划。个人设定的短期和长期职业目标，以及相应的规划，影响职业发展的方向。

这种分类方法有助于理解职业生涯中各种外部和内部因素如何相互作用，影响个人的职业选择和发展。

二、大学生就业政策

视频
大学生应关注的就业信息

大学生就业政策是党和国家在一定历史条件与历史阶段，为促进经济、社会的发展和稳定，为高校毕业生创造就业条件、扩大就业机会、促进高校毕业生充分就业，并维护高校毕业生和用人单位合法权益所制定的指导方针和行为准则，是专门针对大学生就业工作而制定的、规范相关部门行为、

为大学生创造就业机会、规范就业服务的一系列制度、规则及法规的总称。大学生在就业过程中，几乎每一步都与就业政策和权益相关，大学毕业生只有了解了大学生就业的相关政策和法律基础知识，掌握了就业权益的内容和保护方法，才能少走弯路，在择业和就业过程中更加顺利。

（一）我国大学生就业政策体系

1. 就业政策体系结构

大学生就业政策体系的结构特点是政策制定主体的多元化，主要表现在以下三个方面：

（1）以国务院、教育部、人力资源和社会保障部等为主体的国家机关，负责制定高等教育的总体发展规划，使高层次人力资源的社会总供给与总需求协调一致；组织研究并指导实施大学生就业政策改革；提供大学生就业信息交流平台和渠道；检查并监测大学生的就业情况等。与此相关的财政部、公安部、国家发展改革委等有关部门，配合教育部做好人才需求预测，并围绕教育部的大学生就业政策，制定和实施相关配套与支撑性政策。

（2）省一级的地方政府，含教育厅、人力资源和社会保障厅等，其基本职责是依据上述相关大学生就业政策，因地制宜地制定、实施地方大学生就业政策。

（3）群团组织，如行业性的就业服务机构、工会、共青团等，其主要职责是配合上述大学生就业政策制定主体，制定具有鼓励性、引导性和倡议性的就业政策。

这三类大学生就业政策制定主体分工合作、协同运行，在各自的职能范围内完善着大学生就业政策体系。

2. 就业政策的主要类型

根据我国的国情，目前大学生就业政策主要有以下几种类型：

（1）就业市场政策。大学生就业市场是在国家有关方针政策的指导下，运用市场机制和必要的宏观调控手段，通过双向选择、自主择业等途径，优化毕业生人力资源配置的一种方式，是利用市场规律调节毕业生人才供求的一种机制。它由毕业生、用人单位及其服务机构、交流洽谈场所、社会保障制度等组成。国家不断出台相关政策法规来维护和支持大学生就业市场。

（2）指导服务政策。就业指导又称“择业指导”或“职业指导”，它是为求职者选择职业、准备就业以及在职业中求进步、求发展而提供知识、经验和技能的指导。通俗地讲，它是给求职者传递信息，帮助其求职择业，为其与职业牵线搭桥当“红娘”。它包括预测就业市场，汇集、传递就业信息，培养劳动技能，组织劳动力市场，以及推荐介绍和组织招聘等与就业有关的综合性社会咨询服务活动。在我国，就业指导还应包括就业政策导向和与之相适应的思想工作，就业指导的目的是使无业者有业、有业者敬业、敬业者乐业、乐业者创业。

（3）就业援助政策。就业援助是指就业困难的高校毕业生通过各级政府贯彻落实促进就业扶持政策和就业服务机构为主的有关部门的具体帮助实现就业，以此达到增加家庭劳动收入、摆脱贫困的目的。其主要表现在四类困难毕业生的就业援助方面：一是对困难家庭的毕业生，高校可以根据情况给予适当的求职补助，公务员考录、事业单位招聘时免收报名费和体检费；二是对离校后未就业回到原籍的高校毕业生，各地要摸清情况，免费提供政策咨询、职业指导、职业介绍和人事档案托管等服务，并组织他们参加就业见习、职业技能培训等促进就业活动；三是对登记失业的高校毕业生，各地要纳入当地失业人员扶持政策体系，抓好政策落实；四是对就业困难和零就业家庭的高校毕业生，要实施一对一职业指导、向用人单位重点推荐、公益性岗位安置等帮扶措施，按规定落实社会保险补助、公益性岗位补助等就业援助政策。就业困难人员的标准由各地省政府规定。

（4）权益维护政策。毕业生权益维护政策是指毕业生在就业过程中对就业者本人和就业单位权利维护的一系列原则、规范。对于就业者本人，主要是维护其平等的就业权。对于用人单位，主要是保护用人单位的一系列利益。权利维护政策有利于就业过程的规范化和秩序化，也是对毕业生的保护。毕业生作为就业的一个重要主体，在就业过程中享有多方面的权益，如获取信息权、接受就业指导权、被推荐权、选择单位权、公平待遇权、违约及求偿权等。《中华人民共和国就业促进法》《中华人民共和国劳动合同法》等法律也为大学生维护自身合法权益提供了法律支持。

（5）招考录用政策。招考录用政策主要指在选拔毕业生（大学毕业生、高校毕业生的简称）过程中的一系列关于招考的规定，是国家在大学毕业生录用方面制定的一系列限制性原则和措施。例如，国家公务员招考的相关制度和企事业单位录用大学生程序上的一系列规范。

（6）宏观调控政策。宏观调控政策是指政府为了促进我国人才结构的平衡而出台的一系列关于大学生到基层、到中小城市企业、到农村、到西部等地区去就业的鼓励性措施。

（7）就业准入政策。就业准入政策是指大学生就业获准进入某些职业、专业等的相关政策，《中华人民共和国劳动法》和《中华人民共和国职业教育法》规定，对从事技术复杂、通用性广、涉及国家财产、人民生命安全和消费者利益的职业和工种的劳动者，必须经过培训，取得职业资格证书，方可就业上岗。实行就业准入的职业范围由人力资源和社会保障部确定并向社会发布。

（8）社会保障政策。人力资源和社会保障部门关于大学生社会保障的相关政策主要有：将高校毕业生就业工作纳入当地就业工作整体规划，在宏观调控和增加就业岗位等方面进行统筹安排；积极组织实施“毕业生职业资格培训工程”和多种形式的创业培训，为毕业生自主创业创造条件；发挥公共职业介绍机构的作用，加强职业指导和就业信息服务，为大学生择业提供更多帮助；加强失业登记和组织管理，对未就业和生活困难的高校毕业生，在失业、求职期间给予生活和就业方面的帮助；加强劳动力市场的管理，为高校毕业生就业创造良好的环境。

（二）我国大学生就业政策变迁

经济体制的变革对我国高校毕业生就业政策的转变具有决定性的影响，就业政策的不断调整就是为了适应社会经济的发展进程。

我国高校毕业生就业政策变迁可分为三个阶段：统包统分阶段、由供需见面逐步走向双向选择的过渡阶段和以市场为导向的自主择业阶段，可以说是经历了从被动的社会管理到积极社会管理、从政府主导的社会管理到多主体的社会管理和从管制型社会管理到服务型社会管理等三个阶段。

1. 计划经济时期

这一时期从中华人民共和国成立初期一直延续到 20 世纪 80 年代中期，我国在这一时期实行计划经济体制，大学生招生培养规模小，适龄人口入学率远远低于 15%，属于“精英教育”阶段。大学生就业实行国家主导干预的“统分统配”的制度，即由国家统一招生、统一公费培养、统一分配工作，教育是“调控分配”为主的统一化引导，大学生就业方式、就业观念呈现出“服从分配、为人民服务”的时代特征。

中华人民共和国成立之初，面对国民党政府遗留下来的严峻经济形势，中国共产党领导中国人民巩固新生政权和进行社会主义改造，立足于现实国情，建立了计划经济模式，大学生就业制度相应地发展成以“统包统配”为主要特征的计划分配形式，成功地支援了地方工农业建设。在“统包统配”制度下，国家、政府根据人才需求计划来培养大学生，以“地方分配、中央调剂”为原则，鼓励和引导大学生面向农村、面向边疆、面向工矿、面向基层，到祖国最需要的地方去。

在计划经济时期，党和国家领导人都十分关注劳动者的就业问题，高度重视大学生就业工作，国家、政府围绕“统包统配”的计划经济模式出台了一系列的政策和规定。1950 年 6 月 22 日，政务院成立高等学校毕业生工作分配委员会，并发布《为有计划地合理地分配全国公私立高等学校今年暑期毕业生工作的通令》，提出对大学生实行有计划的统筹分配，标志着“统分统配”政策的正式形成。1956 年社会主义改造完成后，国务院对大学生统筹分配的基本方针做了补充，即“根据国家需要，集中使用，重点配备和一般照顾”，对急需或特需的部门和重点单位或地区给予重点配备。1977 年 10 月 12 日，国务院批转了教育部根据邓小平指示制定的《关于 1977 年高等学校招生工作的意见》，从此，高等学校实行全国统一的招生考试制度重新开始，大学生“统分统配”就业制度得以逐步恢复和发展，对社会发展和建设提供了有力的支持。1983 年，《国务院批转国家计委等部门关于一九八三年全国毕业研究生和高等学校毕业生分配问题报告的通知》允许用人单位与毕业生直接见面、查阅毕业生档案和不接受学校推荐的毕业生，并提出在清华大学、西安交通大学、上海交通大学和山东海洋学院等四所院校建立“供需见面”的试点，打破了多年来“统分统配”就业政策、就业计划的神秘性，尝试就业供需双方自主选择的初步探索。

2. 社会转型双轨制时期

从 20 世纪 80 年代中期到 90 年代末，国家不断推进高校招生制度改革，以标准化全国统一考试为主，改变了大学生全部按国家计划统一招生和全部由国家包分配工作的办法。随着我国经济体制逐步由计划经济向市场经济的转轨，我国大学生就业制度开始步入由“供需见面”到“双向选择”的过渡阶段，教育是“服务推荐”为主的就业指导，大学生就业方式、就业观念呈现出“市场为导向”的时代特征。

随着改革开放的不断深入，“以经济建设为中心”成为党和国家的首要任务，政府在大学生就业分配方面也逐步减少直接的行政干预，转向宏观调控为主，并不断强调市场作用的发挥。

1985 年 5 月 27 日，在充分调研的基础上，中央颁布了具有里程碑意义的《中共中央关于教育体制改革的决定》，明确提出国家招生计划内学生的毕业分配，“实行在国家计划指导下，由本人选报志愿、学校推荐、用人单位择优录用的制度”。这是中央首次以文件的形式对大学生服从国家统一配置的政策进行改革，实现了重大的制度上的突破，标志着计划经济时期的“统分统配”就业制度完成其历史使命，“双向选择”登上历史舞台。1989 年《高等学校毕业生分配制度改革方案》明确了大学生就业分配制度改革的目标是“逐步实行毕业生自主择业，用人单位择优录用的‘双向选择’制度”，这标志着就业市场供需双方由一元的“供需见面”转向市场配置下二元的“双向选择”。《关于进一步改革普通高等学校招生和毕业生就业制度改革的意见》（1994 年）提出大学生就业实行“供需见面”和一定范围内“双向选择”的办法，《国家教委关于 1995 年深入进行普通高等学校招生和毕业生就业制度改革的意见》提出在条件成熟后逐步过渡到大多数大学生自主择业，《国家不包分配大专以上毕业生择业暂行办法》（1996 年）的颁布标志着大学生不包分配政策的正式施行，《普通高等学校毕业生就业工作暂行规定》（1997 年）提出供需见面和双向选择活动是落实大学生就业计划的重要方式，这些都进一步明确了大学生就业市场是一定范围内有限度的双向选择。1998 年，首批“双轨”改革后的高校毕业生走向社会，绝大多数毕业生实现了自主择业，少数定向生、民族生在国家规定范围内择业。

3. 社会主义市场经济初步建立之后

1999 年，为满足市场经济完全建立起来的高速发展，我国开始了大规模的高校扩招，高等教育逐步迈向“大众化”阶段。2003 年是实施高校扩招政策后本科学生毕业的第一年，毕业生人数高达 188 万人。然而，我国经济发展水平远不足发达国家的水平，更存在下岗职工再就业、城镇新增就业人员、农村转移剩余劳动力等社会遗留问题亟待解决，在如此复杂的背景下，大学毕业生数量激增带来严峻的就业问题。在市场经济完全建立起来的 21 世纪，国家逐步退出对大学生个人就业的直接行政介入与分配，大学生就业进入积极的“自主择业”阶段，教育以“价值塑造”为主的思想引领，大学生就业方式、就业观念呈现出“灵活多元化”的时代特征。

进入 21 世纪，党中央、国务院把大学生就业视为重要的政治任务，放在就业工作的首位，制定和实施了以促进大学生就业为核心的积极就业政策。随着“九五”计划的完成，我国已初步建立了社会主义市场经济体制，市场作为人力资源配置的主要形式，在大学生就业中发挥着主导作用，逐步形成“市场导向、政府调控、学校推荐、学生与用人单位双向选择”的良好局面。2000 年，教育部停止使用计划经济时代一直沿用的大学生就业派遣

证，启用就业报到证（于2023年取消），至此，计划经济体制下“统分统配”就业制度终结，“双向选择、自主择业”大学生就业制度改革确立。从2008年1月1日起，我国正式施行《中华人民共和国就业促进法》，确立了就业工作在国家经济社会发展中的突出位置，促进就业走上法制化轨道，为解决大学生就业问题提供了坚实的法律保障。基于此，促进大学生就业、为大学生就业搭建更为广阔的发展平台，成为经济社会发展中的重要问题。国家积极从实际出发，出台促进大学生就业的系列政策，不断探索大学就业的多种途径并强化就业服务。其概括起来主要有以下几个方面：

（1）鼓励和引导大学生到城乡基层就业。党中央、国务院着眼党和国家事业发展全局大力开发、实施面向基层就业项目，鼓励和引导大学毕业生到西部、到农村、到基层、到祖国和人民最需要的地方去建功立业，对到农村基层和城市社区工作的大学生给予薪酬或生活补贴、实施相应学费和助学贷款代偿等。例如，2003年国家开始实施“大学生志愿服务西部计划”，2006年国家正式实施高校毕业生“三支一扶”计划和“农村义务教育阶段学校教师特设岗位计划”，2008年在全国范围内开展“选聘高校毕业生到农村任职”工作，2010年国家实施应届毕业生应征入伍制度。

（2）鼓励大学生到中小企业和非公有制企业就业。中小企业和非公有制企业在高新技术产业化与市场化方面具有旺盛的生命力，是拉动国民经济增长的重要力量，也是扩大就业、改善民生的重要支撑。国家鼓励大学生到中小企业和非公有制企业的小舞台施展青春才华，为打消大学生就业顾虑，在户档流动、人事代理、社会保险办理和接续、职称评定及权益保障等方面出台了相关政策，清理影响就业的制度性障碍和限制，努力为大学生就业创造有利条件。同时，为帮助有技术专长的大学生顺利就业，国家出台政策鼓励国有大中型企业特别是创新型企业更多地吸纳大学生，支持困难企业保留大学生技术骨干。承担国家和地方重大科研项目的单位要积极聘用优秀大学生参与科研项目，高校的科研专项可吸收大学生参与研究，并给予政策保障。

三、江西省大学生就业省情

（一）江西省大学生就业背景

江西省地处中国东南部，长江中下游南岸，尽管近年来在经济文化的发展上取得了不小的成就，但是工作机会相对较少，导致就业率相对较低。与此同时，江西在人口密度方面居全国前列，出生率相对较高，因此在江西的大学毕业生数量相对较多。江西的高校类型包括综合大学、师范类院校、农林类院校等，而这些院校的专业设置可能与当地经济发展不太相关，毕业生就业难度相对较大。这些因素导致江西地区的大学生留本省就业意愿不强，江西省面临严重的人口流失以及人才流失问题。

1. 薪酬福利

江西地区近年来就业水平正在好转，但城镇化水平较低，经济体量较小，江西地区务工人员的工资收入低于全国平均水平，尤其是非私营单位的薪酬水平位列全国后列，较低的薪酬水平不利于吸引大学生前来就业。

2. 职业发展

江西省内缺少大型企业，不能为就业人员提供良好的发展，而今大学生更加注重实现个人价值。基于这个情况，很多大学生选择去资源配置更加完善的一线城市。所以江西地区的大学生对毕业之后留赣就业的机会以及留赣就业后的职业发展情况很不乐观。

（二）江西省就业政策介绍

为全面贯彻落实党的二十大精神和省委经济工作会议、省“两会”精神，落实2023年省《政府工作报告》重点工作任务，深入实施就业优先战略，建立常态化援企稳岗帮扶机制，多措并举稳定和扩大就业岗位，全力促发展惠民生，根据《国务院办公厅关于优化调整稳就业政策措施全力促发展惠民生的通知》（国办发〔2023〕11号）要求，现提出如下措施。

1. 加大对吸纳就业能力强的行业企业扩岗政策支持

及时梳理本地区带动就业能力强、涉及国计民生和生产保供的企业清单，配备就业服务专员，建立惠企政策兑现、岗位收集、技能培训、送工上岗等服务机制。对吸纳高校毕业生等重点群体就业的，在符合发放条件的前提下，运用“直补快办”等模式，一揽子兑现社会保险补贴、吸纳就业补贴、职业培训补贴等政策。畅通产业链大循环，培育一批链主型企业和“专精特新”、单项冠军等中小企业群体，创造更多就业岗位。大力实施一批以工代赈项目，积极组织当地群众参与工程建设，严格按照政策落实劳务报酬发放，促进当地群众就近就地就业增收。鼓励各地按规定制定符合本地实际的扶持政策措施，为吸纳就业能力强的行业企业扩大岗位供给提供有力支撑。

2. 支持金融机构开展稳岗扩岗服务和贷款业务

鼓励金融机构针对实体经济和小微企业融资需求和特点，持续改进和丰富信贷产品，通过大数据、云计算等金融科技手段，开发线上贷款、无还本续贷等产品，优化信贷业务流程，创新风险评估方式，提高贷款效率，提升小微企业金融服务便利度，助力面向吸纳就业人数多、稳岗效果好且用工规范的实体经济和小微企业健康发展。对稳岗率达到95%以上、有扩岗需求的企业，贷款利率原则上不得高于全省企业贷款加权平均利率，对持续增加用工、稳岗扩岗工作成效突出的企业，适当加大贷款利率优惠力度。

3. 稳定机关事业单位岗位规模

挖掘党政机关、事业单位编制存量，统筹自然减员，加大补员力度，稳定招录、招聘高校毕业生规模，合理确定招录、招聘时间。统筹各地各单位选调生招录需求，进一步加大面向省内外高校选调优秀毕业生工作力度。在全省各级各类事业单位编制总量内，加大招录、招聘力度，面向应届毕业生的岗位不得低于40%。

4. 强化高校毕业生创业培育和扶持

加强高校毕业生创业培训，对有创业意愿的高校毕业生优先推荐入驻政府投资开发的创业载体，按规定给予场地免费、创业担保贷款、创业补贴、政策指导等支持。对新入驻

实体在创业孵化基地发生的房租、物管费、卫生费等进行补贴，补贴标准按其每月实际费用的 60% 给予补贴，每个入驻实体每季最高补贴不超过 1 万元，补贴期限不超过 3 年。

5. 保障就业困难群众基本生活

对符合条件的失业人员，做好失业保险金、代缴基本医疗保险费（含生育保险费）和失业农民工一次性生活补助等常规性保生活待遇发放工作。持续做好失业人员信息共享，将符合条件的生活困难失业人员及家庭纳入最低生活保障、临时救助等社会救助范围。当居民消费价格指数（CPI）单月同比涨幅达到 3% 或 CPI 中的食品价格单月同比涨幅达到 6% 时，启动价格补贴联动机制，按规定向困难群众发放价格临时补贴。

6. 优化经办服务

各地要结合实际，细化实化该通知明确的各项政策措施，同步梳理前期本地出台的阶段性稳就业政策，统一政策适用范围、享受条件和申报流程，明确办事指南、办理方式和办理时限，加强大数据比对识别，推动更多政策直达快享，加速释放政策红利，为就业大局总体稳定提供有力保障。要全面推进就业公共服务体系建设，打造省、市、县、乡、村五级“就创之家”。要规范资金管理使用，健全风险防控机制，严肃查处骗取套取、虚报冒领等违法违规行为，保障资金安全运行。要提高政策覆盖面和可操作性，对符合条件的以单位形式参保的个体工商户，可参照企业同等享受就业补贴政策。

7. 强化宣传解读

各地要加大就业政策宣传，及时更新发布本地区就业创业政策清单，广泛推动稳就业政策进企业、进园区、进校园、进社区（村）。要充分利用电视、报纸、门户网站、“两微一端”、短视频等多种媒体，扩大政策知晓度，稳定各方预期，营造良好社会氛围。要进一步完善人社惠企政策兑现窗口，为中小微企业、重点群体和困难群体提供线上线下融合、精准高效的政策推送和政策兑现。

实践与指导

认识自我与认识职业环境

一、自我认知

1. 霍兰德职业兴趣测试

在线测试

霍兰德职业兴趣测试

（1）通过职业兴趣测评，你的职业代码组合是 ________________。

（2）你对这些代码所代表的职业感兴趣吗？

（3）这个结果对你有何启发？

2.MBTI 性格测试

MBTI 性格测试

3. 能力测试

能力测试

二、认识职业环境

（1）选择三个目标行业，从行业特点、发展前景、区域分布、知名企业代表、教育培训及薪资状况进行职业信息收集。

（2）根据职业兴趣测评与 MBTI 性格测试结果，选取自己毕业后可能从事的某个职位进行相应的信息收集，并注明是哪个行业背景下的职位，如机电行业的会计、美容行业的培训教师、IT 行业的销售员等。同时，需要你写出五年后、十年后的自己可能从事的职位。

职位描述：对工作进行一个简要、基本的描述，如工作种类、典型的工作设置、典型的职业生涯路径等（如新手的职位、第一次提拔等）。

做好该工作需要的技能：____

____

____

工作的条件：描述物理环境、压力水平、管理类型、消费者 / 来访者联系、工作时间等。

教育 / 培训 / 资格证书：描述与工作有关的学习专业或领域，确认要求的证书。

前景 / 薪酬：描述这个领域目前和未来的工作机会，目前和未来的薪酬，地域性影响及行业变化等。（需要认真收集资料）

总结：描述你对这个职位的大概认识以及与自己是否匹配，在能力与素质的差异方面有何不同。

第四章　找准定位：大学生职业生涯决策与规划设计

不同情境下的职业生涯决策

故事1：李丽是某高校会计专业一年级的学生。填报高考志愿时，李丽踌躇不定。她想要学中文专业，将来可以当记者或作家，但父母都认为中文专业没有实际意义，毕业后不好找工作。她也很喜欢英语，成绩也好，但父亲觉得纯语言学习仍没有太大优势。最后，在专业选择上，父母和老师的意见起了主导作用，她选择了会计专业。

故事2：小林是一名大三学生，是家中独子，父母亲都是企业管理人员。小林的家乡在浙江，经贸氛围比较浓厚。他一方面受到环境影响，感觉读书和就业没有太大的联系；另一方面又不想和家乡的同龄人过一样的生活，对继续深造有一定的兴趣。对于以后究竟是工作还是继续读研，小林没有拿定主意。

资料来源：作者自编。

分析

上述案例中，大学生遇到的问题都涉及职业生涯决策。小到选一件衣服，大到选择职业或伴侣，都不乏为之茫然失措的人。有些人对自己的兴趣取向有了一些了解，但受周边权威人物的影响，不能自己做出选择。有些人缺乏为自己做决策的信心，他们担心自己会犯错，会后悔，在面对选择时左右为难。也有的人干脆拖延了事，他们没有意识到，当他们这样做时，实际上已经做出了一个决定：不做决定。如何做出有利于自身长远发展的职业生涯决策，已经成为一个摆在人们面前必须面对和解决的问题。

第一节　职业生涯决策概述

一、职业生涯决策的含义

在《教育大辞典》中，职业生涯决策的定义为：人们根据自身特点和社会需求做出合理的职业方向抉择过程，内容包括个人的价值探讨、关于自我和环境的使用、谋划和决定。个人在其职业生涯中经常会面临多重选择，这就需要个人做出决定，即职业生涯决策。职业生涯决策被看成一个由提出问题、收集资料、确定目标、拟订方案、分析评价、最后选定等一系列环节组成的过程。而且在方案选定之后，还要检查和监督其执行情况，以便及时发现偏差并加以纠正。

职业生涯决策是个人针对自己的个性因素对职业类别进行选择和确定。对于大学生来说，进行职业生涯决策是使自己从“学生”转变为“职业人”的关键环节，是实现人生价值的开端。不同的人有不同的职业目标，不同的社会岗位对不同的劳动者进行匹配。在做出职业生涯决策之前，必须考虑到自己的性格、兴趣、气质、技能和价值观等相关信息，才能制定出有效的个人职业生涯发展决策。职业生涯决策是个人对“我与职业”关系的调适过程。要在理想和现实之间进行科学合理的分析与调适，让自己高度认同自己的职业选择。

决策意味着风险，但并不是说不做决策就可以规避风险。敢于冒风险的人有更多机会享受成功的喜悦。良好职业生涯决策有助于决策者理性地去选择未来的职业和工作岗位；有利于个人和职业的双向优化配置。职业选择得当，既能使劳动者的利益得到最大限度的实现，同时也能使用人单位获得正常的经济效益、社会效益，同时也有利于社会的稳定；有利于决策者把握机遇。机遇往往稍纵即逝，一旦错过，将不再重来。在进行职业生涯决策时要迅速、科学地选择，准确定位，及时掌握适合自己个性特征的职业信息，促进职业生涯发展。

二、职业生涯决策的基本原则

职业生涯决策必须有可持续发展性，不能够仅仅制定一个阶段性的目标，而应该是一连串的、可以贯穿自己整个职业发展生涯的远景展望。

制订职业生涯决策需要遵循一定的规律，符合特定的原则。考虑社会需求，并结合自己的性格、特长和兴趣，从事一项自己擅长并喜欢的工作，工作会很愉快，也容易脱颖而出，这正是成功的职业规划核心所在。

（一）择己所爱

在职业生涯方向和目标选择的过程中，每个人都要充分考虑自己的人格特性、职业价值观和兴趣爱好。兴趣是最好的老师，倾听自己的心声，明确自己的兴趣，从事一项自己喜欢的工作，能让自己有一种满足感，也能让自己对工作更加投入，从职业中体会到人生价值，得到生活乐趣，变被动的谋生为主动的付出和创新，让工作成为自己的事业，甘愿为之努力奋斗。

（二）择己所能

任何职业都要求从业者掌握一定的技能，具备一定的能力。一个人不可能将所有技能都全部掌握，在进行职业生涯决策时，还要考虑自身的能力、性格等，做到人、职匹配，

选择的职业要在自己的能力和潜能范围之内，并具有一定的挑战性。职业生涯能够成功发展的核心，就在于个人所从事的工作要求正是自己所擅长的。

（1）职业生涯规划与所学专业相关联，在进行职业生涯决策时，应以所学专业为依据，如果所选非专业，参加工作后需重新补课，这将增加自己的负担。

（2）在进行职业生涯规划时，必须考虑自身综合能力，如创新能力，沟通交流能力，组织策划能力等，知识经济时代应推陈出新，求职者要有更高的综合素质，以应对各种挑战。

（三）择世所需

人的本质属性就是社会性，就业本身就是一种社会行为，不能仅从自身出发，还应充分考虑社会的长远发展需求，人的价值要体现在对社会所做的贡献上。因此，职业生涯决策必须遵循社会的发展规律，与社会需求相结合，把握社会对人才需求的动力，以社会需求作为出发点和归宿。每个个体都是在一定的组织环境与社会环境中学习发展的，要正确处理好个人发展和组织发展的关系，寻找个人发展与组织发展的结合点。个体必须认可组织的目的和价值观，并把个人的价值观、知识和努力集中于组织的需要和机会上。

典型案例

小王的决策原则探讨

小王是艺术教育专业一年级的学生，从刚踏入大学校园的那一刻，她便决定毕业后要当一名教师，其做出这个职业决策的原因如下：

（1）小王性格外向活泼，从小便喜欢唱歌跳舞，每次学校有活动的时候，总是积极报名，她很享受在舞台上的感觉，尤其是在获得掌声的时候，她觉得特别有成就感。小王的父母也很支持她的这些兴趣爱好，为了培养小王的文艺特长，父母还给她报了钢琴和舞蹈班。

（2）兴趣是最好的老师，在喜欢的加持下，小王的钢琴和舞蹈也取得一些成绩，在小学便考过了钢琴八级，舞蹈也学得不错。小王顺利把兴趣爱好变成了自己的专业特长。

（3）小王和父母都觉得老师承担着教书育人的职责，可以为社会、为国家发展贡献自己的力量。

资料来源：作者自编。

启示

通过对以上几个原因的分析，小王在进行职业生涯决策时充分考虑了自己的兴趣爱好、技能专长，同时也考量了该职业的社会价值，符合职业生涯决策的基本原则。

三、职业生涯决策风格的类型

风格是指不同的人在做事方式上所表现出来的习惯偏好。决策风格是指人们在做决策时表现出来的比较稳定的决策态度、习惯、方式等综合特征。决策风格对做事的效果和效率影响较大。按照决策者对职业、对自身了解程度和决策者在决策时价值追求的不同，职业生涯决策风格通常有以下几种。

（一）痛苦型

痛苦型又称苦闷型，属于不确定型决策。这类人会花很多时间和精力来收集信息，确认有哪些选择，并向专家询问，反复比较，却迟迟难以做出决定。他们常爱说的一句话是“我就是拿不定主意”。决策者出现这种情况时，收集再多的信息进行比较、分析也无济于事。对此，决策者需要弄清的是被什么样的情绪和非理性观念困住了，如害怕自己做出错误的决定、追求完美等。

（二）冲动型

与“痛苦型”相反，冲动型决策的人遇到第一个选择时就会紧紧抓住不放，不再考虑其他的选择或进一步收集信息。他们的想法是：“先决定，以后再考虑。”例如，先找一份工作做了再说。冲动的决策方式可能是出于对困难的回避，不愿意花时间、精力去探索。这种风格类型的问题在于风险太大，等看到有更好的选择时自然追悔莫及。在一些无关紧要的小事上采取这种策略还可以；但是，在一些对人生有重大影响的决策上，就可能有副作用。

（三）拖延型

拖延型属于不确定型决策。这类人习惯将对问题的思考和行动都往后推迟，“过两天再考虑”是他们的口头禅。大学生中常见的“我还没有准备好找工作，所以打算先考研”就是这种方式的体现。拖延型的人心中经常抱有这样的想法：也许问题过几天就自动被解决了。然而，问题并不会自动被解决，有时甚至会越拖越严重。

（四）直觉型

直觉型属于风险型决策。这类人将自己的直觉和感觉作为决定的基础，他们通常说不出什么理由，一味表示“就是觉得这个好”。直觉用于对环境情况无法获得充分信息时会比较有效；但它有可能不符合事实，有时判断可能会因先入为主的想法而产生较大的误差。

（五）宿命型

宿命型属于风险型决策或不确定型决策。这类人不能自己承担责任，而将命运寄托于外部形势的变化。他们会说“该怎么办就怎么办吧”或“我这个人永远也不会走运”之类的话。当一个人将自己生活的主导权交给外界环境时，可以预见，这个人是很容易觉得无力和无助的。这类人容易成为环境的“受害者”，怨天尤人，结果落得后悔、失望。

（六）从众型

从众型也称顺从型，属于风险型决策或不确定型决策。这类人倾向于顺从别人的计划，

而不是独立地做出自己的决定。他们常说："只要他们都觉得我好，我就觉得好。"例如，很多大学生争取出国、进外企、考研、参加各种培训班，只因为"别人都这样做"。从众的人虽然在追随群体的过程中获得了一种虚假的安全感，却忽略了自身的独特性，造成他们的选择在很大程度上并不适合自己。他们在不必费心思考的同时，也牺牲了对自身可能有的满足感。

（七）瘫痪型

瘫痪型也称麻痹型，属于不确定型决策。这类人可能接受了应当自己做决定的观念，却无法开始决策过程。他们知道自己应该开始了，可在内心深处总笼罩着"一想到这事就害怕"的阴影。事实上，他们无法真正为决策和决策后果承担责任，而这种害怕承担责任的心理可能源于父母在其成长的过程中长期采用不当的教育方式。

（八）计划型

计划型属于程序化决策，应当积极提倡。计划型决策者能够认真分析自己和外部职业社会，综合考虑各方面的因素，果断自信地决定自己的职业定位与职业方向，敢于自我承诺、自我挑战，有计划、有策略、有控制地发展自己的职业生涯，合理动态地管理自己的职业发展。

此外，还可以根据对自己和环境认知的程度不同决策风格进行分类，这称为决策四分类法，如表 4-1 所示。

表 4-1　决策四分类

项　目		自　身	
		未　知	已　知
环境	未知	困惑和麻木型决策：痛苦挣扎型、拖延型、瘫痪型	直觉型决策：冲动型、直觉型
	已知	依赖型决策：顺从型、宿命型	信息型决策：计划型

典型案例

小李的决策风格探讨

小李是会计专业一年级的学生，她回忆了自己所做的三个重大决定：

第一个决定：高考前填报志愿时，小李踌躇不定。她想要学中文专业，将来可以当记者和编辑，但父母都认为中文专业没有什么实际意义，毕业以后不好找工作。最后，在老师的建议下，小李选择会计专业，父母也同意，因为会计专业比较容易就业。在专业选择上，父母和老师的意见起了主导作用。（从众型）

第二个决定：刚上大学时，小李发现宿舍室友大都购买了笔记本电脑和高端手机，于是选择和家长提出购买电脑和更换高端手机的需求，但是并不知道购买电子产品是不是自己学习所需。（从众型）

第三个决定：大一上学期，小李看到学校社团招新公告，她对文学社非常感兴趣。然而，父母对她的选择并不认同，担心会耽误学习。但小李非常想去尝试一下，最终说服父母同意她参加面试，她被录取为干事。小李对自己当时的决心和勇气感到自豪，这是她在追逐自己梦想的道路上一段重要的成功经历，她觉得自己当时就是凭着直觉做出决定并勇往直前的。（直觉型）

通过对以上几个事件的回顾，小李意识到自己常用的决策风格是从众型，有时也凭感觉行事。现在她已经长大了，有能力为自己做主了，她决定要开始自我决策，当然她知道这种自信不仅建立在对自己和环境有充分了解的基础上，还需要掌握好的决策技能。

资料来源：作者自编。

启示

决策风格属于性格的一种。了解自己的性格能够帮助自己发现性格短板，并提醒自己适时地调整待人接物的方式，使自己在生活与工作中更受欢迎。同理，决策风格体现了一个人在进行决策时是如何思考和行动的。了解自己的决策风格能够帮助自己找到最匹配的决策情境，而决策情境与自己越匹配，自己就越有可能做出高质量的决策。

反思你的决策风格

请回想你在生活中所做的某个重大决定，并按以下几个内容予以记录：

1. 当时所处情境：
2. 你所有的选择：
3. 你做出的选择：
4. 你的决策风格：
5. 对结果的评估：

想一想：

如何描述自己在上述选项中的决策风格，自己通常采用什么样的决策风格？

测一测

决策风格测验

决策风格的测验可以帮助大家更加清晰地了解自己的决策风格。表 4-2 所列的各项陈述句，是人在处理日常事务及生涯决策时的态度习惯及行为方式，请评量每一陈述句与你实际情形的符合程度。

表 4-2　生涯决策风格类型测试表

情景陈述	符合 / 不符合	类　型
1. 我常仓促地做草率的判断	□　□	★
2. 我做事时不喜欢自己出主意	□　□	●
3. 碰到难做决定的事情，我就把它放在一边	□　□	▲
4. 我会多方收集做决定所需要的个人及环境的资料	□　□	■
5. 我常凭一时冲动行事	□　□	★
6. 做事时我喜欢有人在旁边，便于随时商量	□　□	●
7. 遇到需要做决定时，我就紧张不安	□　□	▲
8. 我会将收集到的资料加以比较分析，列出供选择的方案	□　□	■
9. 我经常改变我所做的决定	□　□	★
10. 发现别人的看法与我的不同，我便不知该怎么办	□　□	●
11. 我做事总是犹豫不定，下不了决心	□　□	▲
12. 我会权衡各项可选择方案的利弊得失，判断出此时此地最好的选择	□　□	■
13. 做决定之前，我从未做任何准备，也未分析可能的结果	□　□	★
14. 我很容易受别人意见的影响	□　□	●
15. 我觉得做决定是一件痛苦的事	□　□	▲
16. 我会参考其他人的意见，再斟酌自己的情况来做出最适合自己的决定	□　□	■
17. 我经常不经过慎重思考就做决定	□　□	★
18. 在父母、师长或亲友催促我做决定之前，我并不打算做任何决定	□　□	●
19. 为了避免做决定的痛苦，我现在并不想做决定	□　□	▲
20. 经过深思熟虑之后，我会明确决定一项最佳的方案	□　□	■
21. 我喜欢凭直觉做事	□　□	★
22. 我常让父母、亲友或师长来为我做决定	□　□	●
23. 我处理事情时经常犹豫不决	□　□	▲
24. 当已经决定了所选择的方案，我会展开必要的准备行动并全力以赴做好它	□　□	■

计分方式：将同一类型的得分（“符合”得 1 分）记入测试结果表（见表 4-3）中。哪种类型得分最高，你可能就属于哪种决策类型。

表 4-3　生涯决策风格类型测试结果

题号组	★ 1、5、9、13、17、21	● 2、6、10、14、18、22	▲ 3、7、11、15、19、23	■ 4、8、12、16、20、24
得　分				
决策类型	直觉冲动型	依赖型	困惑和麻木型 （痛苦、拖延、瘫痪型）	信息型

四、职业生涯决策的影响因素

在进行个人职业生涯决策的过程中，存在着多种交互作用的影响因素。

（一）个人因素

1. 遗传和天赋能力

人们先天所获得的，包括各种生理特征，如身高、外形、肤色、身体残疾等，都会拓展或限制你的职业偏好和职业能力。部分人天生在音乐、书法、绘画等方面有天赋，他们在领域内具有获得更好发展并取得优异成绩的潜力，如音乐家莫扎特、画家凡·高等。

2. 兴趣爱好

兴趣是最好的老师，也是最初的源动力。从事一项自己喜欢的职业，职业生涯就会变得更有趣、更有意义，也更容易获得职业满意与成功。很多成功的事例都证明了这一点。被世人视为球王的贝利曾说过：“我热爱足球，足球就是我的生命。”正是对足球的热爱才使贝利步入足坛，把踢球作为他终身的职业目标，也正是足球给他带来了无穷的乐趣、荣誉和财富。因此，在选择职业时，大学生应该明确自己的兴趣类型，寻找与此兴趣类型较为匹配的职业。

3. 性格特征

性格与人们职业生涯的密切关系。古语云：“播种行为，收获习惯，播种习惯，收获性格，播种性格，收获命运。”性格是一个人独特的心理特征的总和。正如古话所说“江山易改，本性难移”。所以，很多单位在招聘新人时，将性格的测试放在首位，当性格与职业相吻合时，才对其能力进行测试考查。

职业心理学研究表明，性格影响着一个人对职业的适应性，不同的性格适合不同的职业；同时，不同的职业对人的性格也有不同要求。因此，大学毕业生在考虑或选择职业时，应根据自己的性格来选择与个人性格相适应的职业。

人们通常将人的性格分为外向型和内向型。一般来说，外向型的人更适应与人接触的

职业，如管理人员、记者、教师、政治家、推销员等；内向型的人更适合有计划、稳定且与人接触少的职业，如会计师、统计员、技术人员、科学家等。当然，在实际生活中，纯粹的外向或内向的人是很少的，绝大多数人是混合型。此外，个人的性格类型到底是先天还是后天形成的，这在学术界上仍有争议。外向与内向是相对而言的，没有一个确切的标准。因此，个人不能轻易地给自己的性格类型做结论，应通过咨询和自我测验来确认自己的性格类型。

4. 个人经验

个人的职业偏好是其先前各种学习经验共同作用的结果，会因为个人学习经历的不同而有所不同，比如，有些学生多次参与出国游学，那么他们可能更多地选择大学毕业后出国留学等。前面提到的各种因素交互作用，形成个人特有的工作取向技能，包括解决问题的能力、工作习惯、工作价值标准、知觉和认知历程等。

5. 自我效能

职业决策自我效能是指个体对自己完成择业相关任务所需能力的信心程度。其操作性定义包括五方面具体任务：个体对自身完成准确自知、收集职业信息、目标定向、制订计划、解决问题等所需能力的信心水平。自我效能感与职业生涯决策呈正相关，自我效能感越强（信心水平越高），越有利于决策者做出职业生涯决策。

6. 受教育程度

教育是通过赋予个人才能来塑造人格，从而促进个人发展的活动。获得不同教育程度的人在个人职业选择或被选择时具有不同能量。一般来说，接受过较高水平教育的人在就业以后会有较大的发展，在职业不如意时再次进行职业选择的能力和竞争力也较强。另外，人们所接受教育的专业、学科门类对职业生涯起着决定性作用。人们在选择职业、转换职业时往往与所学的专业有一定的联系，或以该专业的理论知识、技术能力为基础，流动到更高层次的职业岗位上。

因此，职业生涯发展深受正规教育或专业培训的影响。凡是社会阶层高过其父母所属阶层的人都觉得，教育是改变社会地位的主要动力。但是对大多数的职业而言，也未必尽然。雇主往往对录用者能干什么有更大的兴趣，而不只注重他们所具备的教育资格。一般来说，他们要找的是既受过正规教育，又具备某些没有固定规范的发展潜力的人。

（二）环境因素

影响个体职业生涯的因素中有许多来自外部环境而非个人所能控制。这些事件源于人类活动（如社会、文化、政治以及经济的因素），也可能由自然力量引起（如自然灾害），这些影响因素可归纳为政策因素、教育因素以及职业因素等。

1. 家庭影响

作为最基本、最重要的社会生活单位，家庭承担着教育和抚养儿童并使之社会化的重要责任。大学生在成长过程中，往往将父母视为决策的权威，家庭主要成员的价值观、父母的职业与受教育程度、家庭教育方式、家庭经济水平、成员生活习惯、决策风格及家庭成员社会关系等较大程度影响着大学生世界观、人生观和价值观的形成。

家庭因素作为影响大学生未来职业生涯决策过程中最为重要的一个因素，它对大学生未来的就业方向、就业态度以及就业行为等都有着较大的影响，而其中较为主要的一些家庭影响因素主要有以下几方面：

（1）家庭价值观的影响。家庭价值观就是指一个人对于自己的家庭进行事务处理所表现出来的一种态度和观点，并且这种家庭价值观会对自己未来的家庭生活事务处理以及家庭生活的经营有着一定的影响。大学生在毕业的时候会处于一种寻求就业的初期阶段，这也是他们人生价值观形成的关键阶段。家庭教育对其有着很强的人生价值观教育，可以有效地提高大学生的职业生涯决策能力。除此之外，在大学生进行职业生涯决策的过程中，正确的家庭价值观可以有效地提高大学生的信心，为他们做出正确的职业生涯决策提供相应的动力。总而言之，家庭价值观会直接影响大学生的人生价值观，严重影响他们的职业生涯决策。

（2）父母职业水准和受教育程度的影响。可以说，所有的学生在最初都会模仿父母的行为。他们会长时间受到父母职业水准以及受教育程度的影响。在此过程中，许多父母都会把自身的各种价值观和社会工作经历向子女讲述，以此来让他们作为职业规划的参考，所以，现实社会中经常出现一些艺术世家、教育世家、商贾世家等。

（3）亲子关系的影响。个人早期的家庭氛围与成年后的职业选择有密切的关系，个人所选择的工作环境往往能反映出幼年时期的家庭气氛。所以，亲子关系也会直接影响到大学生的人生价值观以及职业生涯决策。不同的亲子关系会造成不同的家庭相处氛围，而不同的家庭相处氛围也会对学生们的职业生涯决策造成影响，亲子关系越好，得到父母的支持越多，学生在进行职业规划的时候往往会更加顺畅。

（4）家庭经济水平和社会关系的影响。除了上述的一些影响因素以外，家庭的经济水平和社会关系也会影响学生的职业生涯决策。在进行职业生涯决策的时候，经济条件较好、社会关系丰富的家庭可以为大学生提供更多资源，为他们提供最为全面且具体的就业信息，为他们进行求职引荐，这大大提高了就业成功率。

2. 学校因素

学校教育作为个体受教育的重要环节，指导着个体系统地学习科学文化、社会基本规范与核心价值体系，与家庭教育一同推进个体社会化的进程。学校的职业生涯教育是提升大学生职业生涯决策能力的主要途径，通过教师的影响、学校就业指导工作、服务工作得以体现。学校教育可以提高学生的职业生涯决策水平。教师是学校教育直接实施者，是学生健康成长的心灵导师，因此，教师的职业生涯决策意识直接影响着学生的职业生涯决策能力。教师如果对职业决策不够重视，将无法引导学生树立正确的职业生涯决策意识。若学校缺少专业的就业指导，学生就无法利用科学的职业决策方法帮助自己做决策，也无法

对自己做出的决策的合理性进行评估。

3. 传统文化因素

职业生涯决策不仅与家庭和学校因素密切关联，同时也受到社会传统文化的影响。有研究已证明文化价值是职业生涯决策研究中的重要变量。不同国别的学生在职业生涯决策困难上存在着差异，亚裔美籍大学生比美国白人大学生出现了更多的职业生涯决策困难。个体主义文化更有利于培养职业生涯决策的独立性和理性，因此，在决策过程中，来自这种文化的个体可能比集体主义文化个体决策困难更少。每个人都会自愿地与群体中的大多数人的思想与行为保持一致，这是一种普遍的社会现象。即使在进行独立决策时，个体也常常将大多数人的做法作为决策的重要依据之一。可能在大家的传统观念里，集体主义比较有安全感，不会出大问题。这种从众行为本身无所谓好与坏，但却潜移默化地影响着大学生的成长。正如当下的社会经济形势，尤其是社会中存在的急功近利、一切向“钱”看的错误职业价值取向等因素也影响着大学生的职业生涯决策。

4. 政策因素

政策因素主要体现在政策的提供与导向以及就业市场的建设与完善。简化就业程序，减少就业限制，保障就业渠道的畅通。同时出台优惠政策，推动大学生就业 / 创业机制的建立。不同时期的就业政策，体现着不同时期的社会需要，是人才资源配置的具体准则，也是毕业生就业过程中所遵循的基本规范。为全面落实党中央、国务院对高校毕业生就业创业工作的决策部署，进一步落实落细就业优先政策，促进高校毕业生更加充分更高质量就业，各省市陆续出台一系列政策，以保“稳就业”。例如，江西省出台的政策：

（1）政府投资开发的众创空间、科技企业孵化器、大学科技园等创业载体要安排 30% 左右的场地免费向高校毕业生创业者提供。

（2）经金融机构确认，对高校毕业生个人 10 万元及以下的创业担保贷款免除反担保；符合条件的高校毕业生，个人最高贷款额度提高到 30 万元；对还款积极、带动就业能力强、创业项目好的借款个人和小微企业，可提供最高 3 轮的创业担保贷款扶持。

（3）每年招募 300 名以上大学生志愿者开展西部计划志愿服务。全省每年从乡镇公务员考录计划中拿出 10% ～ 15% 的岗位面向基层服务项目人员定向考录和招聘等。

这些政策的出台对学生选择职业、进行职业生涯决策起到一定的引导作用。

5. 职业因素

工作对个人受教育程度、实践经验的要求也不尽相同，个人从工作中获得的薪水、社会赞誉度、安全感、满足感等会因为社会文化价值观的不同而有所不同，进而影响到某个工作的可获得性。例如，对于公务员这一职业，不同观念的人会持不同的态度，目前多数大学生看中公务员的职业稳定性等因素，造成了公务员考试竞争异常激烈的局面，使这一职业的可获得性大大降低。

思考与讨论

1. 谈一谈你对职业生涯决策意义的理解和认识。
2. 结合自身实际，你认为影响自己生涯决策的因素有哪些。

第二节 职业生涯决策方法

大学生职业生涯决策是在分析自身职业兴趣和评估自身职业能力的基础上，结合社会发展等方面做出合适的职业方向的选择。大学生要做出一个合理客观的职业生涯决策，需要理性分析，应掌握一些基本的理性分析方法。本节将详细介绍CASVE[①] 循环决策模型、五问分析法、SWOT分析法、平衡单法等简单、实用且非常有效的职业生涯决策方法。

一、职业生涯决策的基本步骤

成功的职业生涯决策包含两个过程：一是定义目标，二是选择目标。大学生的职业生涯决策简单地说就是在对自身条件和客观条件正确分析的基础上定义目标，选择目标。职业生涯决策的基本思考步骤如图4-1所示。

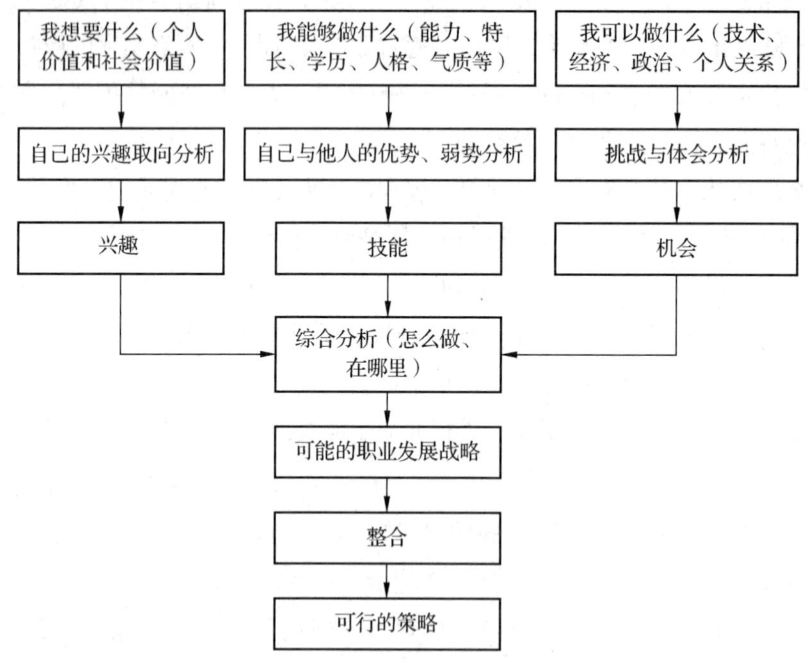

图4-1 职业生涯决策的基本思考步骤

① communication、analysis、synthesis、valuing、execution五个英文单词首字母的组合。

在图 4-1 中，“我想要什么”和“我能够做什么”主要由个人价值观、人格特征决定，与个人的生活积累、气质类型等有着密切的关系，由自身成长环境和遗传因素决定。“我可以做什么”主要由环境需求、个人的社会支持系统和个人对自我的认可度等方面的因素决定。职业生涯决策过程是一个循环的、动态发展的过程，兴趣取向、能力取向和机会取向三者的发展呈现相互促进的正相关关系。职业生涯决策的最终目标要达到四个吻合，即性格和职业的吻合、兴趣和职业的吻合、技能和职业的吻合、气质和职业的吻合。

二、决策模型在职业生涯决策过程中的应用

职业发展在个人生活中是一个连续的、长期发展的过程，在此过程中，面临的职业决策不是择业时的单一事件，而是一个利用已有职业决策理论与基础模型，筛选出职业生涯路线的过程。

（一）国内职业生涯决策模型

目前，职业发展模型多为外国人提出，本土研究较缺乏，职业发展模型受教育的发展水平影响较大，导致诸多职业发展模型不适用于中国学生，职业发展对决策的指导作用发挥不充分。为此，国内学者引入国外的职业生涯研究方法针对我国的实际情况进行研究，其中农宗灵根据中国个体发展的时间、状态等，提出了“职业隧道模型”。

职业隧道模型将职业发展分为四个阶段：职业觉知期、职业聚焦期、职业沉淀期、职业释放期，如图 4-2 所示。

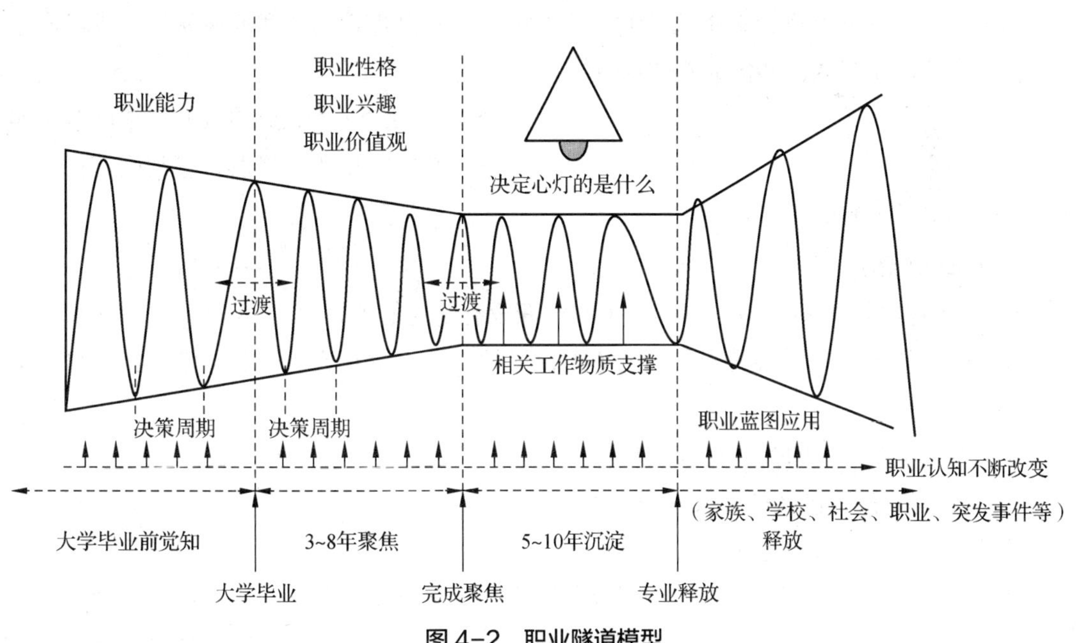

图 4-2　职业隧道模型

1. 职业觉知期

（1）时间范围。从 3 岁到大学毕业之前即进入职场前的阶段，根据中国目前教育年限，一般是 3 ～ 22 岁。

（2）阶段状态。生命自产生就进入了职业觉知阶段，随后不断完善自我职业认知，根据对自我认知和职业认知的不断变化进行决策调整。直至最后确定自我最喜欢的、排名前三的职业领域，才算完成了觉知期的任务。

（3）最大的疑惑。不知道职业生涯从哪里开始。

这一阶段存在的挑战及解决方案：

① 挑战一和解决方案。

挑战一：缺乏理性的自我认知。

解决方案：此时应根据自我理性认知的测评工具，完成职业兴趣、职业性格、职业能力、职业价值观四方面的综合测评，实现自我认知理性与感性的结合。

② 挑战二和解决方案。

挑战二：对职业世界缺乏理性认知。

解决方案：利用大学寒暑假期间进行假期实习、社会实践等活动，亲身参与到工作中。当然，这些实践最好与自我理性认知测评推荐的职业领域相关。

③ 挑战三和解决方案。

挑战三：职业领域的决策困难。在本阶段的末期选择出个体最喜欢的三种职业领域，影响决策的因素众多，且对不同人的影响因素不相同，相同因素对不同人的影响程度也不同，而这会让个人在决策中产生决策困难的情况。

解决方案：此时做决策最大的指导原则就是感性选择——遵从自己的内心。

（4）需完成任务。进行多次循环的职业决策，尤其是理性的自我职业认知，决策出适合自己的三种职业领域，准备进入过渡期。

第一个阶段向第二个阶段之间存在过渡期，合适自己的三个职业领域的选择已有了萌芽，但不稳定，需要个人对所选的三个领域不断进行选择—证明—修改，直到确定稳定的选项，进入第二个阶段。

2. 职业聚焦期

（1）时间范围。毕业后 3 ～ 8 年，但与时间没有绝对的关系。

（2）阶段状态。此阶段是职业的困惑期，最大的特点就是充满困惑，没有找到自己最喜欢的职业领域。

（3）这一阶段存在的挑战及解决方案。

① 挑战。要找到自己最喜欢的职业状态。可以在三个职业领域中选出最喜欢的职业状态，这就是一个做减法的过程。

② 方案。从选出的三个领域中，随便选一个岗位，在实际的岗位中不断产生新的自我认知、职业认知，通过岗位工作来更加了解自己的内心，修正个体判断。在此过程中，要通过决策循环，利用 3 ～ 8 年的时间了解自己内心真正喜欢的职业状态。

（4）需完成任务。要通过真正进入岗位以后的不断选判，找到自己最喜欢的职业状态。

该阶段进行职业生涯咨询的人较少，他们已经知道自己的需求，会产生更多的是工作

或生活的负面情绪。如果能帮他们疏导好情绪，个体自然会继续走下去。

3. 职业沉淀期

此阶段为职业生涯隧道阶段，并非所有完成聚焦期的个体都能进入此阶段。此阶段为事业成功的关键步骤。

关于职业决策的应用主要集中在职业觉知期的后半段，即上大学到大学毕业以及整个聚焦期；如果已经通过科学的方法找到了自我职业发展的方向，并且在认知上肯定此发展方向，则少有人再关注以后的发展规律。

（1）进入此阶段的标志。进入此阶段的标志为状态达到，物质比较缺乏，精神比较愉悦。个体处于有利于自己、使自己开心的，容易产生成就的职业状态。经过聚焦期，个体的选择越来越少，直至剩下一种最喜欢的职业状态，并找到社会上与之匹配的相对稳定的职业形式，此时个人的职业发展已处于相对封闭的环境中，其状态就像进入隧道。

（2）进入此阶段必备的条件。

① 在聚焦期末期，找到了自己最喜欢的职业状态，并能够找到对应的职业与之匹配。

② 必须自己主动进入，内心的执着推动个体进入生涯隧道。

③ 必须有足够强大的心灯，心灯来源于需要层次论的最高层——自我实现，找到属于自身的使命。

④ 该阶段的状态必须为物质相对贫乏，精神相对丰富。

（3）此阶段面临最大挑战。

挑战一：物质相对贫乏，精神相对愉悦。此阶段依然会产生各种问题，这种状态存在的时间较长，为 5 ～ 10 年。因此，在漫长的隧道中，需要点起一盏“心灯”，照亮前行的道路。

挑战二：心灯的寻找较为困难，心灯的来源是生命所背负的使命，使命本身的特点导致其确定性较难。没有找到使命就无法进入隧道，隧道的困苦需要这盏“使命心灯”来照亮，来指引，来保持心情愉悦，保证前行者的坚定和顺利。

挑战三：时间较长、困难较多，对于进入隧道后的沿隧道返回、停下脚步、走出隧道的三种发展形势需要再次决策。

三种形式都将带来不同的痛苦，因此决策很困难。在这个阶段，精神是兴奋的、丰富的，但物质贫乏，因此个人要记住精神上耐得住寂寞，物质上抵得住诱惑。

4. 职业释放期

职业释放期发生在沉淀期结束后，此时已经为自己确定的专业进行了足够的积累，开始进入精神和物质都比较丰富的状态。

根据职业隧道模型，当代大学生主要处在职业觉知期。在该阶段，大学生对职业的概念有了认识但不够清晰，需要不断地分析环境，认识自己，这是一个决策分析过程。

职业生涯决策与大多数的即时决策不同，其特点是没有固定的职业选项，职业选项的属性也是不确定的，有时职业属性之间存在着冲突。当个体意识到需要做出职业生涯决策时，首先要确定可能的职业生涯方案。在初步确定职业生涯方案时，受信息加工能力的有限性影响，个体不可能详细考察每一个可选的职业道路，仅能根据自己设定的目标考察职业生涯的某个属性，从而快速地做出选择，此时个体的信息加工是以属性为基础的。初步的职业生涯选择之后往往得到的并非某一个而是几个职业道路，这些职业生涯方案在某个属性上的价值都能满足个体的最低要求。如果这时所剩的职业生涯方案仍然较多，个体将根据对他来说第二个重要的属性来剔除过多的选项。如果初步选择之后所确定的职业生涯选项信息处于个体认知加工能力范围之内，则个体能够充分考察每个职业生涯的属性价值，通过补偿策略确定最后的职业生涯方案。例如，赋予职业选项的每个属性以一个价值，将同一选项的属性价值累加起来产生一个总体价值，在总体价值的基础上对比各个职业，最后选择具有最高价值的职业生涯方案；或者个体首先对比所有职业在同一属性上的差异，然后把同一选项的各属性差异累加起来，累加的差异将导致个体偏好某个选项。通过对职业生涯属性的加工分析过程，个体可能获得某个最终确定的职业生涯方案。明确了职业生涯方案之后，个体是否会执行这一决策结果呢？这取决于个体对自己决策结果的评估。如果个体认为自己的决策是正确的，对决策结果充满信心，那么，他将很快地投入确定的职业生涯行动中。如果进行精细的决策加工没有能够满足决策者要求的职业生涯方案，那么决策者就需要回到初步选择阶段，收集更多的职业生涯信息做出新的决策，如图 4-3 所示。

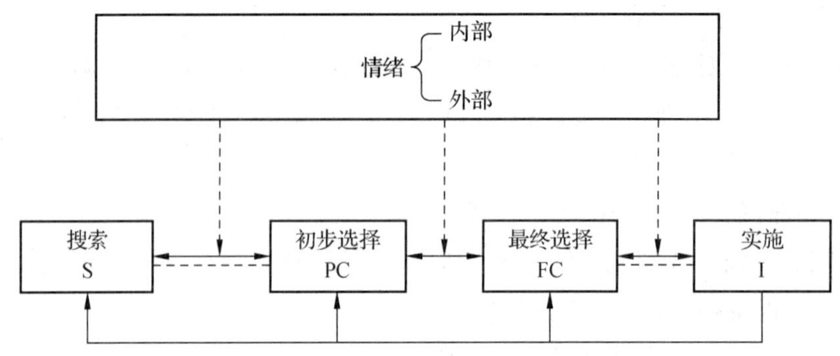

图 4-3　职业生涯决策中的信息加工过程

另外，在决策分析过程中要牢牢把握的原则是，切勿根据自我直觉进行决策，职业生涯的理性决策要求以自身及环境信息作为决策基础。

环境对人的成长有着重要的影响作用。大学生在规划职业生涯时，需要分析外部环境的特点、环境的发展变化情况、自己与环境的关系、自己在环境中的地位、环境对自己提出的要求、环境对自己的有利条件和不利条件等，其中环境因素评估主要包括社会环境、组织环境、政治环境和经济环境。这里重点提出的是社会环境，人的本质属性就是社会性，就业本身就是一种社会行为，不能仅从自身出发，还应充分考虑社会的长远发展需求，人的价值要体现在对社会所做的贡献上。因此，首先大学生要清楚中国的现状和国情，中国要推进中国式现代化建设，推进中国式现代化是一个探索性事业，还有许多未知领域需要大学生在实践中去大胆探索。同时，要处理好守正与创新的关系，要守好中国式

现代化的本和源、根和魂，毫不动摇坚持中国式现代化的中国特色、本质要求和重大原则，坚持党的基本理论、基本路线、基本方略，坚持党的十八大以来的一系列重大方针政策，确保中国式现代化的正确方向。同时，要把创新摆在国家发展全局的突出位置，顺应时代发展要求，着眼于解决重大理论和实践问题，积极识变应变求变，大力推进理论创新、实践创新、制度创新、文化创新以及其他各方面创新，不断开辟发展新领域新赛道，塑造发展新动能新优势。只有把握了社会的发展方向，树立了正确的价值观，才能使大学生在生涯决策过程中不偏离。其次，大学生要对自身情况，包括自身所拥有的资源、自身特长、兴趣爱好等进行正确评价。资源会影响一个人成功决策的概率，资源越广，选择性越多，生涯成功的概率越大。自身特长是职业生涯能够成功发展的核心。在自己擅长的领域工作，会有较强的自我效能感，一定程度上加深对工作的热爱，从而形成良性循环。兴趣是最好的老师，有兴趣的加持，会使人更加投入工作，提高工作积极性，从而助力生涯成功。

典型案例

小白的人生蓝图规划

以小白的人生蓝图规划模型（见图4-4）为例，该模型把自己的主专长放在中间，旁边围绕着个人的兴趣，把主专长与个人兴趣结合起来探寻不同人生路径。例如：文字编写是她的主专长，放在人生蓝图的中间，旁边围绕着兴趣（如旅行、电影、美食、心灵、教育、医学、天文、广告），然后文字加广告构成“广告文案”，再与旁边的“旅行”结合，于是人生蓝图就有了一条“写与旅行有关的广告文案”，这就是她与其他广告文案者的不同。

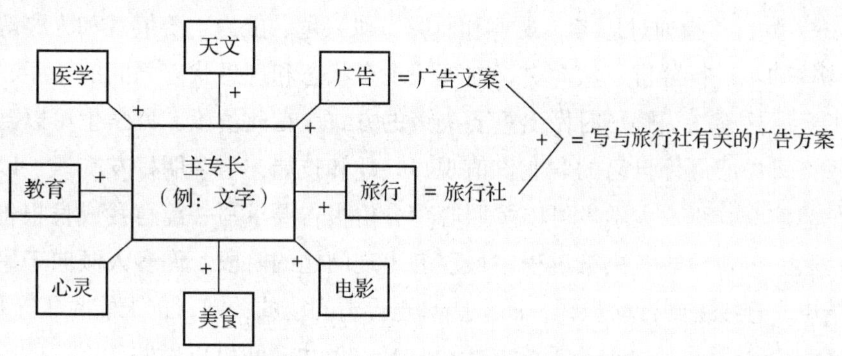

图 4-4　小白的人生蓝图规划模型

资料来源：作者自编。

（二）国外职业生涯决策模型

20 世纪初，西方国家学者开始关注生涯决策的研究。相对于国内，国外的职业生涯决策模型相对成熟，如 CASVE 循环决策模型，五问分析法，SWOT 分析法，决策平衡单法等。个体应结合国内职业生涯理论，综合利用职业生涯决策模型，找到最优的职业生涯。

1. CASVE 循环决策模型

（1）CASVE 循环决策简介。CASVE 循环决策包括沟通（communication）、分析（analysis）、综合（synthesis）、评估（valuing）和执行（execution）五个要素，是一种问题解决的思维活动。

（2）CASVE 循环决策五要素。CASVE 职业生涯决策其实是五个要素之间的往返循环过程，如图 4-5 所示。

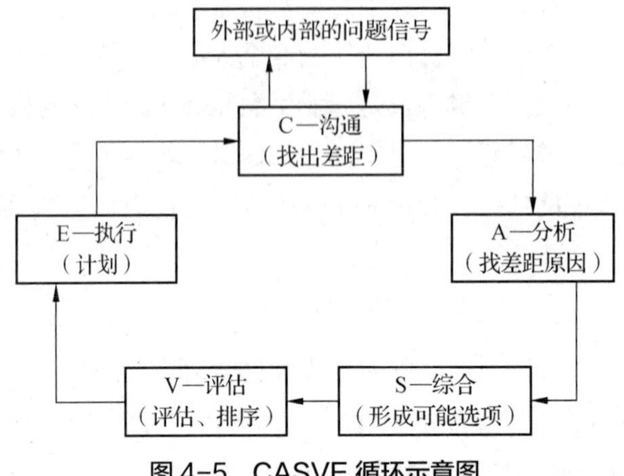

图 4-5　CASVE 循环示意图

① 沟通。这一要素主要是通过问题信号发现理想情境与现实情况之间的差距，启动一个 CASVE 循环。内部沟通信号包括情绪信号和身体信号，外部沟通的信息包括专业冷热程度、就业形势的变化等信息。要通过沟通意识到“我需要做出一个选择”。例如，大学生在校期间参加哪些社团，若有机会或条件可找已经做出决策的学长沟通，了解他们当时的感受。

② 分析。分析是指通过思考、观察和研究，对兴趣、能力、价值观和人格等自我知识以及各种环境知识进行分析，从而更好地理解现存状态和理想状态之间的差距，如了解自己和自己的各种选择，了解平时做出重要决策的方式。在此阶段，大学生可以到就业指导中心、心理咨询中心测评自己的职业价值观、兴趣和技能，与亲朋好友交谈，以确保对各种选择的信息客观合理。大学生可以按照心理分析报告要求写一篇自我成长报告，描述自己的生命历程。分析阶段是决策过程中最容易出现问题的阶段。许多人倾向于用简单化的方式得出结论，直接跳到行动步骤，而未能真正弄清问题的关键，也未能收集充足的信息。

③ 综合。综合是指通过精心搜索和综合选择，解决“我可以做些什么”的问题。大学生应精心搜索各种可能性，以发现尽可能多的解决问题的方法；综合要细化，积极采用头脑风暴法，尽可能扩展问题解决的选择清单；综合要具体化，将选择清单缩减到 3 ～ 5 项，各选项都要有助于问题的解决。综合是一个扩大并缩减选择清单的过程。

④ 评估。评估是指找出最优选择并做出临时选择，对综合阶段得出的 3 ～ 5 个选择进行具体的评价，评估获得该职业的可能性，以及该选择对自身及他人的影响，从而进行排序。例如，可以问“对我个人而言什么是最好的”“对我生活中重要的人而言什么是最好的”“对我所处的环境而言什么是最好的”等。在此阶段，大学生要积极明确重要的价值观，

检查价值观是如何匹配或冲突的，回顾以前做过哪些重要的决策，当时哪些重要因素影响了自己的决策，哪些重要的人影响了自己的决策，同时识别与自己每个最偏好选项相关的重要的价值观，了解自己的价值观。

⑤ 执行。执行阶段是实施选择的阶段。在这一阶段将把思考转化为行动，包括形成手段 - 目标联系，并确定一系列逻辑步骤以达到目标，实施一个有计划的行动方案。

⑥ CASVE 循环检验。CASVE 循环检验用于确定问题解决过程是否成功，是否需要启动新的 CASVE 循环等。大学生在进行职业生涯决策时可以根据自身情况，决定 CASVE 循环的次数和频率，直到最后决策成功。

典型案例

小李的 CASVE 循环分析

小李使用 CASVE 循环对自己现阶段面临的职业生涯决策问题进行了分析。

1. 沟通

大一上学期，小李就从各种途径了解到就业形势相对严峻，她原本以为找工作是毕业时才考虑的事情。后来，辅导员老师告诉她“找工作的事应及早考虑、及早准备”。直到周围的不少同学纷纷开始打听升学的消息，她才意识到自己需要了解更多的信息。

2. 分析

小李开始觉得这只是找工作问题，但在网上查找相关信息后，她发现原来职业生涯规划不只是找工作那么简单，而是要考虑个人长远的全面发展。她意识到她对自己的认识，如个人兴趣和价值观的了解等还不太全面，至于对职业世界的了解，就更缺乏了，而且自己也不知道该怎样进行探索。

3. 综合

小李首先想到的是请教自己的父母、老师还有高年级的同学。她也想到去上网去了解相关信息。她还想到图书馆去看看，或许能找到一些相关的书籍。

4. 评估

小李请教了高年级同学和自己的父母、老师，他们都给了小李一些经验和建议。但小李感到他们并没有什么很系统有效的方法，毕竟他们都是凭着自己的个人经验找工作的。网上倒是有不少这方面的信息，但给人的感觉大多比较零散，缺乏系统性和可操作性。于是小李又找了一些书，发现这方面的书大部分是讲怎么写简历和面试技巧的，对自己没有太大帮助。小李想要知道，是不是有什么科学、系统又实用的方法可以指导个人进行职业生涯规划。经了解，学校大一期间会开设大学生职业生涯规划课程。

5. 执行

经过一段时间的学习，小李感到自己掌握了很多进行职业生涯探索和规划的具体方法。更重要的是，她对自己的了解大大增加了，她越来越明确自己需要的是什么，也更有信心实现自己的目标。她很高兴自己认真学习大学生职业生涯规划这门课，并积极与同学探讨。

她发现大学生职业生涯规划这门课程所教给她的，就是怎样在生涯发展中用一种计划型的、有效的方法来进行生涯决策。

资料来源：作者自编。

启示

CASVE 循环的整个流程包括沟通、分析、综合、评估、执行五个阶段。只有完整经历这五个阶段，并按照每个阶段的要求认真采取行动之后做出的决策，才是科学、合理的决策。

思考与讨论

分析你的决策 CASVE 循环

请使用 CASVE 循环来分析你的三个重大决策以及你现阶段面临的职业生涯决策问题。可以参考以下问题进行，并记录下来：

（1）你如何意识到自己的需求？

（2）你如何分析问题、收集相关信息？（包括关于个人和关于解决问题的信息）

（3）你如何形成解决方案，是否有当时所没有掌握的其他可能性？

（4）你如何在不同的解决方案之间做选择，你的选择标准是什么？

（5）你如何落实行动，过程是否如你所预期？

（6）你怎样评价自己当时的决策过程，你对结果是否感到满意？如果不满意，是哪个步骤出现了问题？

如此分析了三个重大决策的过程之后，你对于自己的决策风格是否有新的了解？这对你处理现阶段所面临的职业生涯决策问题有哪些指导意义？

2. 五问分析法

（1）五问分析法简介。所谓五问，是指：我是谁（who am I）；我想做什么（what will I do）；我会做什么（what can I do）；环境支持或允许我做什么（what does the situation allow me to do）；我的职业与生活规划是什么（what is the plan of my career and life）。五问分析法依托的是归零的模式，从问自己是谁开始，你如果能够成功回答完五个问题，就会有最后答案了。使用五问法，不仅可以对相关资源进行系统的分析，而且可以对自己有效定位。简便易行的“五问法”也是许多成功人士职业生涯规划中常用的方法。许多职业咨

询机构和心理专家进行职业咨询与职业决策时常常采用。

（2）五问分析法的步骤。大学生要通过自我认知去发现自己的性格、职业兴趣、价值观等，通过环境分析去探寻职业世界，最终找到自己的职业定位，确立自己的职业目标。

① 我是谁？大学生应该对自己有一个客观真实的认识，写出自己的专业、家庭情况、年龄、性别、性格等优点和缺点并按重要性排序。

② 我想做什么？这是对个人职业发展的一个心理趋向的检查，每个人在不同阶段的兴趣和目标并不完全一致，但随着年龄的增长会逐渐定下来，并最终锁定自己的终生理想。

③ 我会做什么？这是对自己的职业能力和潜力的全面总结。一个人的职业发展空间的大小主要取决于他的能力和潜力。对自己能力和潜力的认识应从做事的韧性、判断能力等方面着手。

④ 环境支持或允许我做什么？这需要把自己所处地区、家庭、单位、学校、社会关系等各种环境和因素考虑进去。

⑤ 我的职业与生活规划是什么？个人在明晰了前面的四个问题后，就会从各个问题的答案中找到有关对实现职业目标有利和不利的条件，逐步确定最终的职业生涯目标。

思考与讨论

先准备好纸和笔，然后静下心来，排除干扰，按照顺序独立地仔细思考每一个问题。对于第一个问题，你要面对自己，真实地写出每一个想到的答案，写完后再想想有没有遗漏的，认为确实没有了再按重要性进行排序。对于第二个问题，你可回溯到孩童时代，从人生初次萌生想干什么的念头开始，回忆随年龄的增长自己真心向往过、想干的事，将这些事情一一记录下来并认真地进行排序。对于第三个问题，你要把确实已证明的能力和自认为还可以开发出来的潜能都列出来，并认真地进行排序。对于第四个问题的回答，你要稍做分析。环境包括本单位、本市、本省、本国和其他国家，自己有可能借助的环境都应在考虑的范畴之内。在这些环境中，认真想想自己可能获得什么支持和允许，弄明白后写下来，再以重要性排列。

（1）我是谁：________________

（2）我想做什么：________________

（3）我能做什么：________________

（4）环境支持我做什么：________________

（5）我的目标是什么：________________

下面，我们用小赵的故事为大家展示这一方法。

典型案例

小赵的职业生涯规划

小赵21岁，目前正在面临升学还是就业的抉择，他使用五问分析法对自己进行了职业生涯规划。

1. 我是谁

一名高职学前教育专业大三的学生，前两学年学习成绩均位列班级前三，父亲是一名普通的车间工人，母亲因身体不适而多年未工作，家里还有一个上高中的妹妹。我性格比较外向，情绪较为乐观；好奇心较强，学习能力不错；喜欢唱歌，有时会幻想。

2. 我想做什么

我的梦想是在唱歌的爱好上，发展事业，做过当明星的梦。也想过继续专升本，拿到本科学历后继续攻读研究生，再找一份相对稳定而体面的工作。但是想到家里的情况，我觉得自己应该为父母分担一些生活的压力，所以考虑先毕业，找一份幼教的工作，积累些经验后，再开一家属于自己的托管班，提升自己的收入，在父母有生之年能够多尽一点孝心，把他们接到身边来。

3. 我能做什么

我的专业是学前教育，对幼儿教育方面有一定专业基础，在专业上发展事业，相对来说更得心应手。

4. 环境支持我做什么

目前，很多家庭都是双职工，而且家里的老人也不方便带孩子，其实托管有一定的市场，而且我的很多同学都在幼儿园或者小学任教，可以通过介绍推荐来保证生源，再加上我本人也有专业特长，做起来，相对轻松。反观升学，目前学前教育专业专升本分数较高，升学概率较低，而且我的家庭条件也有限。

5. 我最终的职业目标是什么

要提升自己的求职优势，力争找到一份相对满意的工作，并且在工作中不断积累经验，同时不断开拓资源，为自己后期开设托管班做好铺垫。我计划在3年内有自己的托管班，5年内能把父母接到身边生活。

资料来源：作者自编。

启示

小赵利用五问分析法进行归零思考，从问“我是谁”开始，逐项深入，回答完5个问题，寻找到它们的最高契合点，也就找出了职业生涯规划中的职业目标。

3. SWOT 分析法

（1）SWOT 分析法简介。SWOT 分析法是一种能够较客观而准确地分析自我的方法。运用这种方法可以从中找出对自己有利的、值得发扬的因素，以及对自己不利的、如何去避开的东西，发现存在的问题，找出解决办法，并明确以后的发展方向。

（2）SWOT 分析法的步骤。其中 S、W 是内部因素，O、T 是外部因素，如图 4-6 所示。

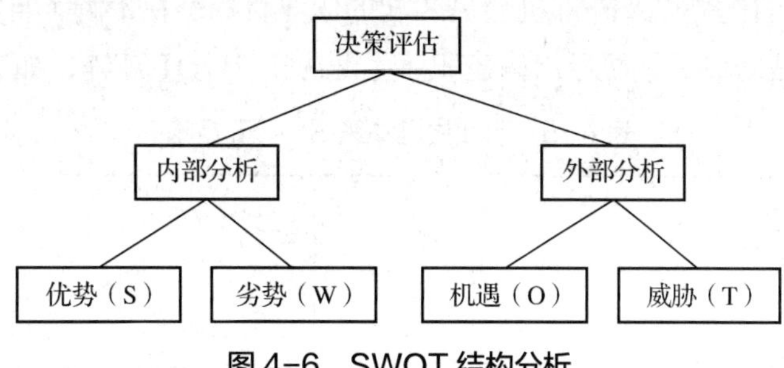

图 4-6　SWOT 结构分析

一般情况下，对自身职业发展问题进行 SWOT 分析时，应按以下五个步骤进行：

① S 和 W：评估个人的长处和短处。每个人都有自己独特的天赋和能力。在社会专业技术分工越来越细化的市场经济下，一个人有可能在某一或某些领域游刃有余，但是不可能样样精通。你可以做一个表格，列出自己喜欢做的事和长处所在；同理，通过列表再找出自己不喜欢做的事和弱势。你列出这些项目后，再将对自己很重要的强项和弱势标出来。找出短处与发现长处同等重要。要努力提高技能，弥补弱势，放弃不擅长的技能而要求很高的职业。

思考与讨论

请你列出自己喜欢做的事情以及你的长处和短处，并完成表 4-4。

表 4-4　自己喜欢做的事情以及你的长处和短处

你喜欢做的事	你的长处	你的短处

② O 和 T：评估行业的机会和威胁。不同的行业都面临不同的外部机会和威胁。因此，找出这些外界因素，对你求职是非常重要的。列出感兴趣的一两个行业（如保险或教师），然后认真地评估这些行业所面临的机会和威胁。这些机会和威胁会影响个人的第一份工作和今后的职业发展。如果一家公司处于一个常受到外界不利因素影响的行业，很自然，这家公司能提供的职业机会将是很少的，而且没有职务升迁的机会。相反，充满了许多积极

的外界因素的行业将为求职者提供广阔的职业前景。

③ 提纲式地列出今后 5 年内你的职业目标。列出从学校毕业后 5 年内最想实现的 3 ～ 5 个职业目标。职业目标可以包括想从事哪一种职业，做到什么样的层次或者希望拿到的薪酬属于哪一级别，列出这些职业目标对个人和环境的要求。当然，其同样适用于个人在做其他决定时，如是否参加社团、何时报考大学英语六级等。

④ 选择和自己的优势以及外部机会最匹配的职业目标。在了解了自己的优势、弱势及外部环境的机会和威胁以后，便可以构建职业生涯决策 SWOT 矩阵，如表 4-5 所示。

表 4–5　职业生涯决策 SWOT 矩阵

内部因素	优势（S）: 教育背景。 丰富的专业知识和技能。 实践经验。 特定的可转移技巧（如沟通、团队合作、领导能力等）。 人格特质（如职业道德、自我约束、承受工作压力的能力、创造性、乐观等）	劣势（W）: 缺乏工作经验。 学习成绩差，专业不对口。 对自我和对挫折的认识都十分不足。 较差的领导能力、人际交往能力、沟通能力和团队合作能力。 负面的人格特征（如缺乏自律、害羞、情绪化等）
外部因素	机会（O）: 就业机会增加。 再教育的机会增加。 专业领域急需人才或专业发展带来的机会。 地理位置的优势。 ……	威胁（T）: 就业机会减少。 具有丰富技能、经验、知识的竞争者。 名校毕业的竞争者。 缺少培训、再学习造成的职业发展障碍。 专业领域发展有限。 ……

在完成内外因素分析和 SWOT 矩阵的构造后，个人可以清楚地看到自己的竞争力和发展机会，能够制定出恰当的生涯目标，还能清楚地认识到自己的不足和外在威胁，制定出应对策略，以发挥优势因素，克服劣势因素，利用机会因素，化解威胁因素。个人可以运用系统分析方法，将排列的各种环境因素相互匹配起来加以组合，就可得出一系列适合自己的对策。内外环境及 SWOT 矩阵如表 4-6 所示。

表 4–6　内外环境及 SWOT 矩阵

项　目		内部环境	
		优势（S）	劣势（W）
外部环境	机会（O）	S–O 对策	W–O 对策
	威胁（T）	S–T 对策	W–T 对策

最小与最小对策（W-T 对策），即考虑弱点因素和威胁因素，目的是努力使这些因素都趋于最小。例如，觉得自己社交能力不强，就要多参加社会活动。

最小与最大对策（W-O 对策），即着重考虑弱点因素和机会因素，目的是努力使弱点趋于最小，机会趋于最大。例如，虽然自己上的学校一般，专业偏冷，目前就业市场上对复合型人才的需求旺盛，只要自己综合素质足够好，前述的弱点因素就会影响甚微。

最大与最小对策（S-T 对策），即着重考虑优势因素和威胁因素，目的是努力使优势因素趋于最大、威胁因素趋于最小，也就是说，要利用自身优势将外部威胁对个体职业发展造成的不利影响降到最低。例如，应届毕业生因为缺乏工作经验而往往被一些大型企业拒之门外，但如果不仅具有丰富的专业知识，而且表现出良好的沟通、团队合作能力，具有创造性且敢于展现，就极有可能被该企业破格录取。

最大与最大对策（S-O 对策），即着重考虑优势因素和机会因素，目的在于努力使这两种因素都趋于最大。例如，自己的英语基础很好，而且外部环境显示对外贸易发展迅速，人才急缺，选择对外贸易工作即机会和优势相结合。

因此，在几个自己感兴趣的职业目标中选择与 S-O 对策最匹配的职业目标，自己的努力也将更容易得到回报，事半功倍。

⑤ 提纲式地列出一份今后 5 年的职业行动计划。这一步主要涉及一些具体事项，要求列出一份为实现上述所列目标的行动计划，并详细说明为实现每一目标所要做的每一件事情及何时完成。如果觉得需要一些外界的帮助，自己应说明需要何种帮助和如何获取这种帮助。例如，个人的 SWOT 分析可能表明，为实现理想中的职业目标，需要进修更多的人际关系课程，那么职业行动计划应该说明何时进修人际关系课程。

SWOT 分析法在职业生涯决策的初期作用非常明显，可以通过反复的沟通确认，帮助学生顺利明确自己的职业选择方向。但在已经有几个可供选择的方案时，个人仅用上述的方法会感到决策困难，难以做出评估；这时如果采用职业决策平衡法，可能会使决策效果更好一些。

典型案例

小周的 SWOT 分析

小周，男，计算机专业，一般高职院校大三学生，假期有过短暂工作实习经历，理论基础较差。SWOT 分析如表 4-7 所示。

表 4-7　小周的 SWOT 分析

优势（S）： （1）动手能力强，有一定工作经历。 （2）年龄较小，在应届毕业生招聘中容易胜出	劣势（W）： （1）有些企业对学历的要求越来越高。 （2）理论水平有限。 （3）性格内敛

（续表）

机会（O）： （1）IT 产业的快速发展。 （2）高水平软件人才的缺乏	威胁（T）： （1）高校软件招生人数逐年增加，就业压力加大，是每个求职者共同的挑战。 （2）求职者能力强
分析之后整体结论：利用在校期间的学习，提高专业能力，职业生涯发展目标定位在中小型企业软件开发技术骨干	

资料来源：作者自编。

启示

SWOT 分析是一种比较全面的分析工具，每一个人都可以根据自己已有的一些条件以及性格特征等来为自己做一个 SWOT 分析，以便更好地认识自己。因为个人做完详尽的个人 SWOT 分析后，将有一个连贯的、实际可行的个人职业策略供参考。在当今竞争白热化的市场经济社会，拥有一份挑战和乐趣并存、薪酬丰厚的职业是每个人的梦想，但并不是每一个人都能实现这一梦想。因此，为了使个人的求职和个人的职业发展更具有竞争性，应先花一些时间界定自己的个人优势和弱势，再制订一份策略性的行动计划并有效地完成它。

4. 决策平衡单法

（1）平衡单法简介。平衡单法也是生涯决策中比较常用的一种方法。平衡单法由美国心理学家詹尼斯（Jains）和曼（Mann）设计，是将重大事件的思考方向集中到自我物质方面的得失、他人物质方面的得失、自我赞许与否、社会赞许与否四个主题上。在实际应用时，由于自我赞许与否和社会赞许与否仍显得笼统，生涯辅导专家金树人将最后的两项改为自我精神方面的得失与他人精神方面的得失，在“自我 - 他人”“物质 - 精神”所构成的四个范围内来考虑。平衡单法有助于个人具体地分析可能的选择，在考虑各种方案实施后的利弊得失后，排出优先顺序，确定选择方案。

在自我物质方面的考虑因素主要包括薪水、福利待遇、工作环境、休闲时间、变化、工作胜任程度、升迁机会、对健康的影响等；在他人物质方面的考虑因素主要包括给家庭带来的经济支持、工作对家庭地位的影响、与家人相处的时间等；在个人精神方面的考虑因素主要包括成就感、自我实现、生活方式、工作的挑战、社会地位和声望的影响等价值观，以及个人兴趣爱好、家人是否支持等；在他人精神方面的考虑因素主要涉及父母、师长、配偶、孩子等。这些因素是平衡单的重要组成部分，也是对每个可能的选择进行理性分析的重要内容。

（2）平衡单法决策步骤。采用平衡单法做生涯决策的具体步骤如下：

① 列出各种可能的职业选择，一般来说列出 2 ～ 4 个。

② 从四个考察维度列出选择职业生涯考虑的因素。

③ 对每个考虑的因素按照自己的情况设置权重为 1 ～ 5，1 表示最不看重，5 表示最看重。

④ 考虑各个因素在每个选择中的得失程度，按 1 ～ 5 分打分。

⑤ 把各个因素的权重和相应的得失分数相乘后再相加，得出每一职业选择的总分。

⑥ 按照总分列出职业选择的优先级。

典型案例

小李的生涯决策平衡单

小李在上大学之前，没有想过自己会进入企业或从商，但学习会计专业后，她觉得自己有一些这方面的经验和才能。但是，对于财经类科目的学习，她不太喜欢处理数据这一类的事情。有时她甚至怀疑自己是不是仅仅学中文会更好，因为一直对语言类感兴趣。同时听高年级的同学说会计专业学历越高就业方面前景越好，薪水也高。经过个人需求分析和职业世界分析后，她打算在毕业后继续升学或者应聘记者。父母、老师和很多同学都不赞成小李的想法。因为外部有很多反对意见，她自己也感觉有些犹豫。通过对决策平衡单法的学习，她认真制作了自己的决策平衡单，如表 4-8 所示。

表 4-8　小李的生涯决策平衡单

选择项目	权　重	选择一（升学）		选择二（记者）	
考虑因素	1 ~ 5	得（+）	失（-）	得（+）	失（-）
个人物质方面的得失					
就业前景	5	5		3	
薪水	4		1	3	
是否成功	3	5		2	
对健康的影响	3	2			2
他人物质方面的得失					
与家人相处	5		1	3	
个人精神方面的得失					
工作对象	4	1		3	
兴趣	5		3	4	
价值观	4		3	3	

（续表）

选择项目	权　重	选择一（升学）		选择二（记者）	
考虑因素	1～5	得（+）	失（-）	得（+）	失（-）
他人精神方面的得失 家人支持	5	5			3
升学总分 =5×5-4×1+3×5+3×2-5×1+4×1-5×3-4×3+5×5=39					
记者总分 =5×3+4×3+3×2-3×2+5×3+4×3+5×4+4×3-5×3=71					

经过理性分析，纷繁复杂的信息通过平衡单法清楚地呈现在自己面前。虽然外部有很多反对的声音，但是，反对的理由并不是小李所看重的，如薪水、就业前景等。小李清楚地看到了自己最看重的是兴趣爱好以及价值观。因此，小李跟从了自己内心的声音而不是他人的想法，做出了自己的选择。

资料来源：作者自编。

启示

在使用决策平衡单的时候，要注意其目的不仅在于得出最后的排序结果，填写的过程也很重要。因为列举各项考虑因素、给各项价值观分配权重以及给各项选择打分的过程本身，就是在帮助个人厘清思路。这样一个仔细思索和反复推敲的过程，可能比单纯地得出一个结果更为重要，更能帮助个人做出适合于自己的决策。每个项目的重要性因人、因时、因地不同。此刻的你可以根据考虑项目的重要性与迫切性，将平衡单上的原始分数乘上权重，使分数差距变大。最后把“得失差数”算出来，并据此做出最终的决定。

你看了案例中小李的决策平衡单，如果正面临要做决定的境地，如周末是出去做兼职还是参加学习培训，不妨尝试学习使用这个决策工具。

思考与讨论

1. 你如何深入理解、准确把握 CASVE 循环模型中的五个要素。
2. 请运用 SWOT 分析法对自身面临的职业发展机会进行分析。

第三节　职业生涯决策困难与干预策略

一、职业决策困难的概念

职业决策困难是职业心理学领域中的一个重要概念，但是对这一概念的界定，观点不一。有人认为，职业决策困难是个体没有能力挑选特定职业，或没有能力承诺于一个特定的、即将准备进入的职业的行动过程。有人认为，个体对决策结果的不满意是职业决策困难的实质，这种不满意可能是个体与职业相关的学习经验不够所致，也可能是个体没有学习过有系统、有步骤的职业决策方法所致，所以，个体缺乏某种学习经验必然会导致职业决策困难。还有人认为，在做职业决策的过程中，个体可能遇到的各种阻碍和困难就是职业决策困难。

综上，这里将职业决策困难定义为：个体在职业选择（进入阶段或职业改变）过程中，在最后做出决策时面临的各种困难。你可以将职业决策困难从三个方面理解：第一，缺乏做出决策的能力或缺乏做出决策的必要准备；第二，内外的认知不充分导致不满意已经做出的决策；第三，在进行决策的过程中遇到了困难，难以确定职业的方向。

二、职业生涯决策困难的类型

（一）决策困难的分类依据

理想的职业决策者应该是意识到有必要进行职业决策，并想要做出这样一个决策，能够做出适当决策（“适当”的标准有两条：基于系统的步骤做出的决策；与个人目标一致的决策）。职业决策非常复杂，对大多数人来说，成为理想的职业决策者是很困难的。这里将导致决策困难的原因进行细分，把职业决策过程分为几个独立的组成部分。每一组成部分又细分出不同的困难。将职业决策困难划分为不同种类的依据如下：

（1）按困难出现的时间：在真正的职业决策过程之前或之中。

（2）按困难的来源：认知或情感。

（3）按困难对于决策的影响：阻碍了决策过程或导致了非最佳决策。

（4）按克服困难所需干预的类型。

（二）决策困难的类型

职业决策困难分类是基于三个层次的（见图 4-7）：第一个层次的区分是困难出现在决策过程开始之前还是在决策过程中；前者涉及的困难是缺乏职业决策的准备，后者又区分出困难是缺乏信息所致还是信息不一致所致，这是第二个层次；第三层次是进一步将“三大类困难”各自细分，从而产生“十小种困难”。

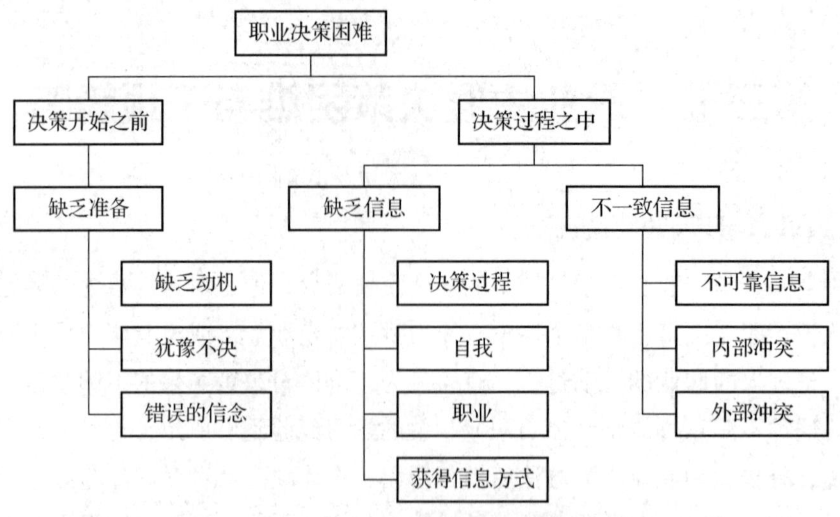

图 4-7　职业决策困难理论模型

（1）缺乏准备。该困难可细分为三类：缺乏动机，犹豫不决，存在错误的认识、不合理信念及非理性的期望。

（2）缺乏信息。该困难可具体分为四类：

① 缺乏关于职业决策过程的知识，特别指决策步骤上知识的缺乏。

② 缺乏关于自我的信息。决策者感觉不了解个体适合、喜欢以及能够做哪些职业。

③ 缺乏关于职业的信息。决策者不了解存在的职业种类或各职业的特点。

④ 缺乏获取信息的方式。决策者不知道如何获得各方面的信息或不知道怎样在决策过程中获得帮助以使自己的决策过程更加顺利。

（3）不一致信息。该困难可细分为三类：

① 不可靠信息。决策者关于自身的了解，或关于职业的信息不准确。

② 内部冲突。在决策过程中决策者认为对于个体很重要的因素之间的矛盾是使决策者内心出现混乱的状态。

③ 外部冲突。决策者的个人偏好与重要的他人的偏好之间存在着差距，使决策者陷入矛盾。

三、职业生涯决策困难的干预策略

个体进行职业决策的能力是能够通过经验习得的，而且这些习得的经验能够对个体的职业决策行为产生重要影响。基于此，国内外研究者在职业决策困难的干预方面进行了大量的研究，依据对大学生职业生涯决策类型的分类及影响因素的分析，可以从支持系统建设、决策意识培养、提升自我效能感和个性化咨询等方面建构大学生职业生涯决策干预体系。

（一）构建家庭、学校、社会三维支持系统

家庭、学校、社会需要积极整合多方面资源，在指导大学生职业生涯决策时形成合力。

（1）高校必须重视家庭教育在大学生入学前的重要作用，通过新生入学家长会、平时的沟通、交流等方式了解家庭对大学生的就业期望，充分利用好家庭的积极因素，避免受到个别家庭不科学价值取向的影响，从而帮助大学生树立科学、适应社会发展需要的职业价值观。

（2）高校要充分利用好学校就业指导中心及“大学生职业生涯发展与就业指导”课程教学等途径，宣传国家就业政策，拓展职业发展信息来源渠道，建立就业实习训练基地，开展决策训练等方式培养大学生职业生涯决策能力。

（3）作为大学生职业生涯决策教育的延伸，用人单位应通过与学校合作办学、配合学校开展职业技能竞赛、员工实习、入职岗前培训等方式提升与强化大学生职业生涯决策能力。

（二）重视决策意识培养

作为人类大脑对外部世界的间接反映，意识直接决定了人们的行动方向。因此，提升大学生职业生涯决策能力的首要任务是培养大学生的决策意识。当前大学生对未来的发展充满了信心，但职业生涯决策意识却相对淡薄。尤其是低年级大学生，高考目标的相对单一性使得大一新生在入学之前十多年的学习生活中很少思考自身未来的发展问题，职业生涯决策意识更是无从谈起。因此，高校必须重视大学生决策意识培养，通过日常教学、开设专题工作坊、个别辅导等方式拓宽大学生职业生涯视野，使大学生充分认识职业生涯决策的重要性，真正对自身未来的职业生涯发展负责。

（三）提升决策自我效能感

作为独立决策的主观能力，职业生涯决策自我效能感程度的高低直接影响着大学生解决与处理生涯发展、职业选择等活动的信心与成功率。各高校开设的“大学生职业生涯发展与就业指导”课程应将提升大学生职业生涯决策自我效能感作为重要内容，通过“成功人士生涯访谈”、提高社会实践参与度、案例讨论分析、人才市场体验、自我激励等方式增强大学生职业生涯决策的信心与能力。与此同时，各高校必须重视大学生决策时的心理状况，鼓励大学生以一种乐观自信的态度面对客观严峻的就业形势与主观上决策的消极畏难情绪，引导大学生正确认识自我与客观环境，提升决策水平。

（四）强化个性化决策咨询

目前，国内高校开展职业生涯决策教育的方式主要有以下四种：一是学校开设“大学生职业生涯发展与就业指导”课程；二是学校开设“决策”相关理论课程；三是个别高校定期举办“职业生涯决策团体工作室”或相关内容的团体辅导；四是针对不同学生进行个体生涯决策咨询。根据本章第一节中对于大学生职业生涯决策类型的分析，高校就业指导部门应根据不同类型的学生制订有针对性的决策咨询方案，真正提升大学生决策意识能力。对于信息型决策的学生，应提醒他们多向教师、同学请教，帮助他们拓宽视野，提高他们收集职业信息与逻辑分析的能力；对于依赖型决策的学生，帮助他们树立决策意识，强化他们自我发展的责任感；对于困惑麻木型决策的学生，可以通过心理干预疏导他们焦虑紧张的情绪，增强自身抵抗压力与面对挫折的能力，为科学决策奠定基础；对于直觉冲动型决策的学生，可以引导他们充分认识自我，正确地分析自我与外部环境，理性对待职业生涯决策。

典型案例

小李的职业生涯决策知识运用

小吴是小李高中时的好朋友，在某专科院校读教育学专业。在自己的生涯道路上遇到了一些问题，想寻求小李的帮助。她在给小李的信中写道："我是师范生，毕业后应该去做教师，但是觉得自己性格比较内向，不善于人际交往，不适合做教师。我想找其他类型的工作，可又觉得自己学的是教育学专业，找别的工作又很困难，同时自己也不考虑升学。自己真不知道该怎么办。"

小李带着这些问题咨询了学校职业发展指导中心的老师，并结合自己在"大学生职业生涯规划"课程中学习的职业生涯决策知识，认真分析了小吴的情况，并给她写了一封回信。信中说：

"在决策中，我们时常会觉得好像有一些选择，但又哪个都不适合，无法选择。出现这种情况时，首先需要考虑是不是因为你看到的选择太狭隘，把自己限定住了。'我是师范生，毕业后应该去做老师''我学的是教育学专业，找别的工作很困难'等想法，就将师范生可能有的职业前景局限在了'教师'或'升学'两项中。认为自己'内向''不善于人际交往'，由此得出自己不适合做教师的结论。但事实不一定如此，内向的人不一定就不可以当老师，师范生当然也可以从事非师范类的工作，许多学教育学的人其实已经在各种各样的行业中找到工作并且取得了成功。

"在考虑职业发展的时候，你要时常反省类似这样非理性的观念。只有在对自我、对工作世界进行充分探索的基础上，才能比较全面地看到自己可能有的选择，结果也许超出自己原先的想象。如果感到自己希望的选择难以实现，也许是因为你某些方面的能力不到位。例如，感到找工作困难，可能不是专业限制的原因，而是自己从未学习过如何寻找工作造成的。无论是人际交往还是求职，都是一种技能，它们是可以经由练习来改善的。你如果提高了处理人际关系和进行职业生涯规划的技能，可能的职业选择一定会大大增加。"

最后，小李还将学校指导中心的老师推荐给她的几本比较好的职业生涯规划类书籍推荐给了小吴。

资料来源：作者自编。

启示

在职业生涯规划过程中，有些学生表现出缺乏对职业和自我的合理认识和定位，犹豫不决、不知所措，面对各种就业机会感到迷茫，对于职业决策和职业选择能力不足，无法做出明确的职业决策，由此而引起一系列的反应，如焦虑、挫折感，甚至不敢正视现实、面对未来，这其实是职业决策困难的典型表现。职业决策是一种选择策略的能力，决策者会在不同情景下选择使用不同的决策策略，也可能综合使用几种策略。大学生要积极学习职业生涯知识，掌握决策方法，合理运用职业生涯决策知识。

思考与讨论

改善你的生涯观念

下面是解决非理性观念的六步法：

（1）你要验证的想法：

（2）你如何找到证据来验证你自己的想法：

（3）支持你想法的证据：

（4）不能支持你想法的证据：

（5）你可以有的较理性的想法：

（6）如果你能以较理性的想法来思考，你会：

请对自身原有的生涯观念进行辨析，完成表 4-9。

表 4-9　改善你的生涯观念练习

旧的生涯观念	新的生涯观念

长期以来，多数职业生涯决策理论或模型都强调决策者的绝对理智，认为职业生涯决策是一个价值推理、符合逻辑的行为。在实际生活中，虽然很多人懂得这种理性的、

按步骤进行的利弊分析，但在得出排序结果后却仍然难以做出最终的决策。这是因为单纯理性的决策忽略了情感的作用。人不仅有理性，也有情感。在传统教育中，情感由于缺乏理性的可控性而经常遭到排斥和轻视。殊不知，它也是人类天性的一部分，是有重要功能和作用的。情感往往携带着相当大的能量，否认和压抑并不会让它自动消失，反而有可能使它给人造成种种阻碍。常见的压抑、愤怒在一件小事上爆发就是这样的例子。

在很多选择上，并没有绝对的好和坏之分。每个人都有其独特的价值取向，个人所需要、所看中的东西不同，很难判断孰是孰非。例如，在购买计算机时，有的人看重品牌，有的人看重性能，有的人在意价格，还有的人注重外观。在性能方面，有些人对计算机的使用仅限于撰写和打印文稿、上网，有些人要用它来看电影、听音乐、玩游戏。可以说，没有哪一款计算机是适合所有人的，只能根据自己的需要进行选择。选计算机如此，选职业也是如此，如果不去聆听和尊重内心深处的喜好或直觉，而是一味听从专家的意见、大众标准和热门排行，往往会陷入困境而无法做出正确的选择，因为认知和情感不一致，内心产生了冲突。许多人难以做出恰当决策，原因就在于此。

只有当情感和认知一致时，人们才会感到内在的和谐，才会感觉自己是一个高度一致的人，才会更信任自己的选择，从而更有力量对所做的决策负责。

思考与讨论

（1）通过对自我的探索和反思，谈一谈自己存在着哪些非理性观念，应该如何避免和克服。

（2）当遇到生涯决策困难时，你会如何解决?

第四节　大学生职业生涯规划设计

一、职业生涯目标概述

职业生涯目标是个体在选定职业领域未来某时所要达到的具体成就，是人在职业领域理想的具体化。它既代表着个体的理想追求，也指引着个体行动的方向。

就大学生职业生涯规划而言，确定职业生涯目标是关键，是大学生自我发展的核心问题。行为科学认为，目标是一种刺激，适合自己的目标能够激发人的动机，规定行为的方向。从学校走向社会，大学生将面对一个全新的世界，在这个社会中，职业生涯不仅是大学生未来生活的基础，更是体现人生价值的重要渠道。由于知识、经验、阅历、态度、各自的利益等不同，个人目标存在着差异，每个人所预期的职业生涯目标各不相同，每个人应根据社会期望和自身发展的需要确立自己的发展方向和职业生涯目标。

典型案例

小郑的困惑

小郑，大三学生，从小就热爱唱歌跳舞，但学习成绩一直不算理想，因此通过单招，进入一所高职院校艺术教育专业学习。按照父母的预设，小郑毕业后继续专升本，然后考编制去小学当音乐老师。

可是她越来越发现这并不是自己想要的，她觉得当老师并不适合自己。于是，她找到了职业咨询师。在咨询师的引导下，她说："我觉得现在压力很大，父母认为老师这个职业稳定，而且年纪大了也不会被淘汰，属于'越老越吃香'的职业。因为之前自己的事情也全是父母安排，所以就一直按父母的设定去做。但是现在，我发现专升本的压力很大，而且我也不想当老师。"

职业咨询师对小郑进行了测评。结果显示，她是一个比较内向的女孩，不喜欢与人打交道，对重复性和细节性的工作缺乏兴趣和耐心。教师这个职业与小郑的兴趣类型正好相反，所以，她不想再朝着这个目标去发展。

职业咨询师告诉小郑：职业规划并不是绝对的，要根据社会环境的发展变化以及对自我和职业了解程度的变化调整与发展。任何职业和个人都不可能达到百分之百的匹配。我们做职业规划，不是把自己限制在一个很小的职业范围之内，而是要开阔视野，充分了解自我和职业，还要在积极的行动中根据现实情况不断调整和修正自己的职业方向，最终实现选择理想职业道路的目标。

资料来源：作者自编。

启示

职业发展是每一名大学生都必须面对的课题。大学生如何在职业生涯的道路上成熟起来，树立良好的值得信赖的个人形象，一步步走向成功呢？大学生应该把个人发展与组织发展结合起来，在对个人和内外环境因素进行分析的基础上确定自己的事业发展目标，并为实现目标而制订相应的行动计划，对每一步骤的时间、项目和措施做出合理的安排。简单地说，就是对自己的职业生涯乃至人生进行持续的、系统的计划。因此，为自己设计一份科学的人生职业生涯规划是走向成功的必经之路。

二、职业生涯目标的分类

（一）按性质分类

个人职业生涯目标按性质可以分为外职业生涯目标和内职业生涯目标。

1. 外职业生涯目标

外职业生涯目标一般是具体的，主要包括工作内容目标、工作环境目标、经济收入目标、工作地点目标、职务目标等。内职业生涯目标是指在职业生涯发展中知识、经验的积累，观念、能力的提高和内心感受。这些目标的实现不能靠别人，必须靠自身的努力。外职业生涯目标的构成因素大多是别人给予的，既容易得到也容易失去。

2. 内职业生涯目标

内职业生涯目标的各种因素靠自己努力才能实现，积累需要过程，但别人也拿不走。内职业生涯各因素的发展是因，外职业生涯各因素的发展是果。只有内职业生涯发展了，外职业生涯目标才能达到成。

典型案例

转变观念，辩证看待事物

小周2018年毕业于某高校汉语言文学专业，毕业后她应聘到一家中型企业任总经理秘书，毕业的第二年，她回到母校看望辅导员王老师，在跟王老师聊天时说道："老师，我打算换工作了，我现在的工资只有3 000多元，但是每天要工作10小时以上，领导不下班，我就要随时待命，每天一堆琐事，我不想再坚持了。"王老师笑着对小周说："虽然你现在拿到的工资只有3 000多元，但你的薪资远远不止这些。"小周听后，感到不解。看到小周一脸的疑惑，王老师接着说："你要知道，你的领导之所以能做到总经理的位置，她肯定有很多值得你学习的地方，如她的处事方法，你可以把现在的工作当成一个学习机会，这个机会是很多人求之不得的。你在领导身上学到的东西，可以增长你的才能，为你以后的发展做好铺垫。就像你在银行存钱一样，钱存进了银行是会生利息的，而你的学习、付出也会在社会的银行里产生利息，将来能连本带利地还给你。"

王老师的一番话使小周茅塞顿开。两年后，小周已经从秘书做到了行政部经理，她庆幸自己当初的坚持，也深刻地明白，对于年轻人来说，注重才能的积累远比注重目前的薪水更重要。

资料来源：作者自编。

启示

内职业生涯目标和外职业生涯目标关系密切，内职业生涯目标的发展带动外职业生涯目标的发展，外职业生涯目标的实现可以促进内职业生涯目标的实现。

（二）按时间分类

职业生涯目标按时间可分为人生目标、长期目标、中期目标和短期目标，它们分别与人生规划、长期规划、中期规划和短期规划相对应。一般来说，首先要根据个人的专业、性格、气质和价值观以及社会的发展趋势确定自己的人生目标和长期目标；然后把人生目标和长期目标进行分化，根据个人的经历和所处的组织环境制定相应的中期目标和短期目标。

（1）人生规划。人生规划是整个职业生涯的规划，时间长至 40 年左右，设定整个人生的发展目标，如规划成为一名大学教授。

（2）长期规划。长期规划是 5 ～ 10 年的规划，主要设定较长远的目标，如规划 30 岁时成为一家中型公司的部门经理，规划 40 岁时成为一家大型公司的副总经理等。

（3）中期规划。中期规划是 2 ～ 5 年的规划，包括规划到不同的业务部门熟悉、掌握业务等。

（4）短期规划。短期规划是 2 年以内的规划，主要是确定近期目标，规划近期完成的任务，如 2 年内掌握新闻学专业的知识等。

三、职业生涯目标的确定

（一）做好“四定”分析

确立职业生涯目标之前，首先必须考虑一些客观因素，做好“四定”分析，以使制定的目标更符合生涯规划。

1. 定位

定位即确定自己的水平、能力、薪资期望。定位过高或过低都不利于职业的发展，定位过高，容易屡遇挫折，积极性受到打击；过低又不利于发挥自己的最大能量，不利于实现自己的最大价值。为了进行准确定位，大学生要对自身的实际情况进行认真的分析，避免“高不成低不就”的现象。

2. 定向

定向即确定职业发展的方向。职业方向是为实现职业目标而选择的一种路径，方向是否正确直接影响到职业目标能否实现。大学生在确定自己未来的职业方向时，一方面要保持冷静的头脑，另一方面还要有一定的魄力，不必拘泥于自己所学的专业。

3. 定心

定心就是稳定自己的心态。职业生涯道路不可能总是一帆风顺的，难免会遇到挫折和失败，重要的是稳定自己的心态，不灰心丧气，不断克服困难，矢志不渝地朝着职业目标迈进。

4. 定点

定点就是确定职业发展的地点。我国各地的经济发展现状和前景都有所不同，甚至存在非常明显的地域差异，这是影响职业发展与晋升空间的重要环境因素。大学生应以辩证的思维慎重选择职业发展的地点，而不能片面地认为只有经济发达地区才有利于自己职业的发展。

（二）职业生涯目标的确定原则

目标确定过程必须遵循一定原则，使得所确定的目标有最大的激励作用。大学生在确定职业生涯目标过程中，可根据以下原则来分析评价，能帮助自己更好地实现目标。

1. 坚持适宜原则

人们在确定职业目标时，往往在意别人的看法和评价，所以为了迎合他人，盲目追求社会评价度较高的职业岗位，制定的目标脱离了自身的实际，结果被自己搞得痛苦不堪。还有人盲目从众，看到别人确立了什么目标，自己就跟着模仿，今天学这个，明天考那个，结果浪费了时间，错失了良机。

职业目标并没有好坏之分，由于每个人的自身条件、基础素质、专业方向不同，其职业目标定会有所不同，关键是要使目标真正适合自己，将目标建立在个人优势的基础上，这样自己才能处于主动有利的地位，目标才更容易实现。例如，有的人适合搞技术，能够在专业技术领域取得突破；而有的人适合做管理，能够成为优秀的管理人才，最终体会到成就感。当然，在现实生活中，要找到一个“完全适合”自己的职业几乎是一种理想的状态，这就需要在做出大概的目标选择后，对自己的性格、能力、价值观进行适当的调整，以做到扬长避短。

2. 坚持明确且可测量原则

目标应该是明确可以测量的，而不是模糊的，应该有一组明确的数据，如数量、质量、时间等标准。目标就像射击的靶子一样，清清楚楚地摆在那里，干什么、干到什么程度都要有明确具体的要求。例如，从事某一专业，哪年学习哪些知识，达到什么程度，都要明确、具体地确定下来。目标明确不仅指业务发展目标，而且与之相应的其他目标也要明确具体。例如，学习进修目标、思想目标、经济收益目标、身体锻炼目标等。这些目标也要有明确的要求。同时，要做到互相配合、共同作用，促进个人的身心、生活和事业的全面发展。无论是什么目标都应有“度”的要求。所谓“度”，一是时间，二是高度和深度，只有这几个方面完全结合，才能成为明确的目标。例如，从事某一管理工作，在什么时间具备什么能力、达到什么级别等。

3. 坚持一致性原则

目标必须对社会有利，与社会和组织需求保持一致。职业生涯目标，如同一种“产品”，这种“产品”有市场，才有“生产”的必要。因此，在确定职业生涯目标时，个人要考虑到内外环境的需要，特别是要考虑到社会与组织的需要。有需求，才有位置。

四、职业生涯路线的选择与行动方案的制订

完成任何一项任务，势必要经历确立目标、选择路线、计划行动、分阶段完成任务这样一个过程。制定个人职业生涯规划路线，也离不开这条思路。依据这一思路，可以梳理出个人职业生涯路线图。

曾听过一则关于石匠的故事。有人经过一个建筑工地，就问那里的石匠们在干什么，有三个石匠给出了不同的回答。第一个石匠回答：“我在做养家糊口的事，混口饭吃。”第二个石匠回答：“我在做整个国家最出色的石匠工作。”第三个石匠回答：“我正在建造一座大教堂。”第一个石匠看到的是眼前利益，属于短期目标导向的人；第二个石匠看到的是

未来，却没有看到自身，属于职能思维导向的人；第三个石匠真正看到了现在与未来的结合，属于经营导向的人。故事里的石匠都是有目标的，可是对于目标的设置受到眼界的限制。

职业生涯目标的设定，是职业生涯规划的核心。一个人事业的成败，在很大程度上取决于有无正确适当的目标。生涯目标的设定，是继职业选择、生涯路线选择后人生目标的抉择。其抉择是以自己的最佳才能、最优性格、最大兴趣、最有利的环境等条件为依据的。

（一）职业生涯目标的分解与组合

1. 目标的分解

职业生涯目标的分解是从内、外职业生涯目标两个方面进行的，将目标分解为有时间期限的长、中、短期分目标，是将目标分解为某个确定的时间应该做什么，是将目标清晰化、具体化的过程，使目标具有可操作性。目标分解的方法一般有两种，按时间分解和按性质分解，如图 4-8 所示。

2. 目标的组合

目标组合是处理目标之间相互关系的有效措施。如果只看到目标之间的排斥性，就只能在不同目标之间做出排他性的选择，而如果能着眼于各目标之间的因果和互补关系，就能积极地进行不同目标的组合。目标组合有三种方法：时间组合、功能组合和全方位组合，具体如图 4-9 所示。

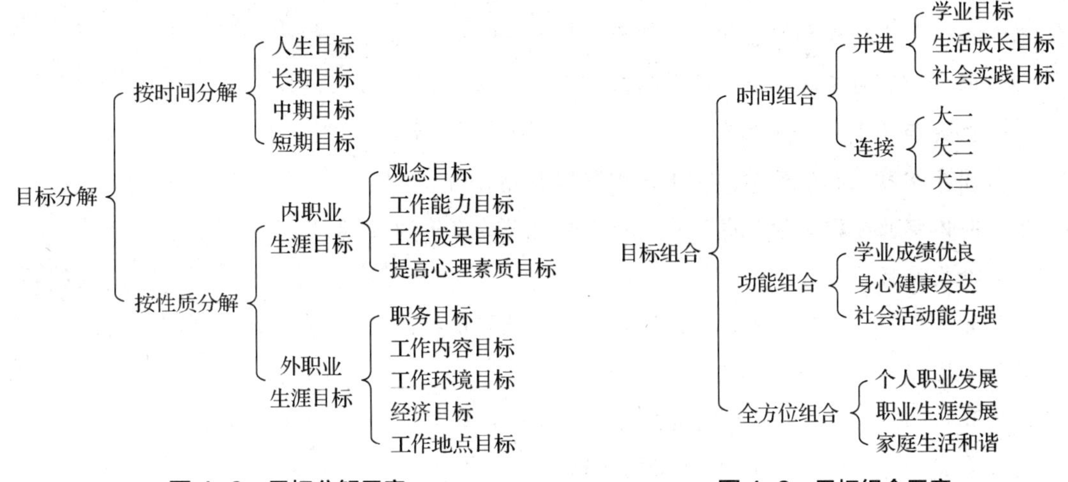

图 4-8　目标分解示意　　图 4-9　目标组合示意

（1）时间组合。

① 并进组合。并进组合是指同时着手两个现行职业目标或指同时实现与目前内容不相关的职业准备目标。例如，一名秘书为了今后的发展，在做好本职工作的同时，业余时间学习新闻专业课程，有利于发挥人的更大潜能。

② 连接组合。连接组合是指将各个目标按照时间先后连接起来，实现一个目标后再进

行下一个，连续而有序地实现各个目标。例如，一名土建工程师计划念完工商管理硕士后，当三年建筑设计室主任后，再去创建自己的建筑装饰公司，各个目标分阶段实现。

（2）功能组合。

① 因果关系：通常情况下，内职业生涯的发展是外职业生涯发展的前提，内职业生涯带动外职业生涯的发展。内职业生涯是原因，外职业生涯是结果。例如，能力目标的实现会促进职务目标的实现，而职务目标的实现又会带来经济收入的提高。

② 互补关系：把存在互补关系的目标进行组合。例如，一位高校行政管理人员希望成为某一个部门处长的同时，得到教育硕士学位证书，两者存在着互补关系。

（3）全方位组合。全方位组合指个人、职业和家庭的均衡发展，相互促进。这要求大学生在建立职业生涯目标时，考虑个人事业发展、家庭生活和职业生涯中的各种愿望，统筹协调，获得全方位的发展。

典型案例

小何的目标规划

姓名：小何；性别：男；血型：B 型；性格：领航兼增值型；学历：专科；目前年龄：35 岁（2023 年）；死亡预测：75 岁（2063 年）；尚余年限：40 年。

“SWOT”分析

优势：有较坚实的制造业企业管理理论基础（但仍需不断吸收新观念、新知识）；有 9 年工厂基层技术及管理经验和 5 年的工厂中层管理经验（仍需要充实这方面的经历和经验）；善于沟通，适应能力强（才干一）；有丰富的工作经验，熟悉技术流程，善于发现和解决问题（才干二）。

弱势：有时缺乏冲劲，做具体工作动作较慢。

机会与威胁：目前所处工厂属于稳定期，调薪较慢，升迁机会极小。自己应抓紧时间多学习，打下基础，为下一步突破养精蓄锐。

整体职业生涯目标：成为一家中型制造业企业的总经理。

阶段目标：

35～37 岁，仍在现企业任职，争取调换职位，熟悉制造、品管、工程、物料等部门的运作，同时自学 MBA 的主干课程。

38～40 岁，跳槽应聘制造业企业主管生产的副总经理等相关职务，主持工厂的全面管理工作，同时自学营销方面的课程。

41～45 岁，应聘制造业企业的高层管理岗位。45 岁时应聘一家中型制造业企业的总经理。之后，一边从事管理工作，一边不断学习和实践，逐步成为一名优秀的职业经理人。

家庭目标：目前已婚，育有一子，有一套全款的房子，40 岁之前购买第二套房子，将父母接到本市一起生活。

健康目标：至少购买 50 万元人民币保额的人身保险，注意身体健康，不要让身体成为家庭与事业的负担。收入目标：2023—2025 年，年薪 25 万～30 万元人民币；2026—2028 年，年薪 30 万～40 万元人民币；2030 年，年薪 40 万元人民币，之后每年以 5%～10% 的增幅增加。

学习目标：2023—2025 年，自学完 MBA 主干课程；2026—2028 年，自学完营销管理主干课程；2028 年以后每月至少看 3 本以上相关管理书籍，并将学到的知识用于管理工作之中。

资料来源：作者自编。

启示

加强以明确人生目标为重要内容的职业生涯规划教育，通过人生目标与有效职业生涯规划的良性互动，可以使得学生明确方向，认知自我，准确定位职业方向，确立人生的方向，增强职业竞争力具有重要意义。

思考与讨论

寻找自我

1. 请拿出纸笔，动手记下你想拥有、你想做、你想成为、你想体检的事项。

（1）在你的生活中，最重要的目标有哪三个？

（2）假如你的生命只剩下 6 个月，你会如何运用这 6 个月？

（3）什么事是你一直想做，但一直不敢尝试去做的？

（4）你觉得在生活中哪些活动最重要？

（5）假如你确定自己不会失败，你会敢于梦想哪件事情？

2. 把这些问题的答案归结为以下六类。

健康；修养学识；爱情或家庭；事业或财富；朋友或人脉；社会。

3. 审视你所写的，列出预期希望达成的时限。

4. 选出在这一年里对你最重要的 4～6 个目标。从所列出的目标里选择你最愿意投入的、最能令自己满足的四件事，并把它们写下来。要明确地、肯定地写下自己实现它们的真正理由，告诉自己能实现目标的把握和它们对自己的重要性。

（二）职业生涯路线的选择

1. 职业生涯路线图制定

职业生涯发展路线，包括一个个职业阶梯，大学生可以由低阶到高阶逐步上升。每个人的自身条件、基础素质不同，适合个人的职业生涯发展路线也就不同，有的人适合做研究，能够在专业领域求得突破；有的人适合做管理，能够成为优秀的管理人才。一般来讲，有三种职业生涯发展路线可供大学生选择，即专业技术型路线、行政管理型路线和自我创业型路线。典型的职业生涯路线是一个 V 形。一侧表示走行政管理路线，另一侧表示走专业技术路线。下面以一个 23 岁的大学生为例，做出其职业生涯路线，如图 4-10 所示。

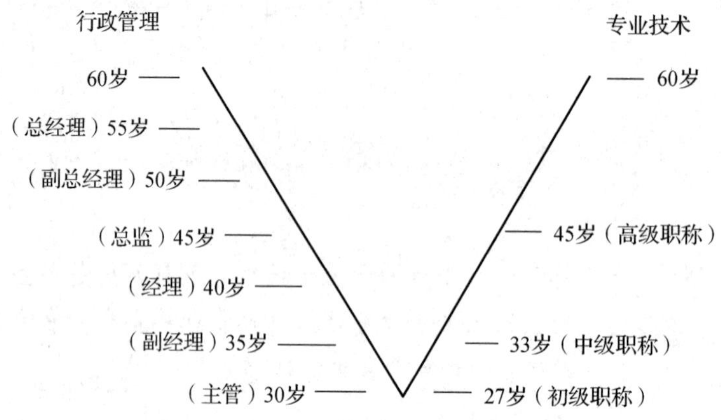

图 4-10　某大学生的职业生涯路线图

职业生涯路线有时还会出现 S 形、W 形。例如，一名学生毕业后，被聘用到一家企业任工程师，3 年后评定初级工程师职称，5 年后任副经理，8 年后评为中级工程师，10 年后任经理，15 年后提为总监。这名学生的生涯路线在行政管理和专业技术两条路线中穿插而行，呈现 S 形。

2. 职业生涯路线确定

在发展路线抉择过程中，你可以反复询问自己以下问题：我想做什么，即我想往哪一路线发展；我会做什么，即我可以往哪一路线发展；我能做成什么，即我适合往哪一路线发展，如图 4-11 所示。

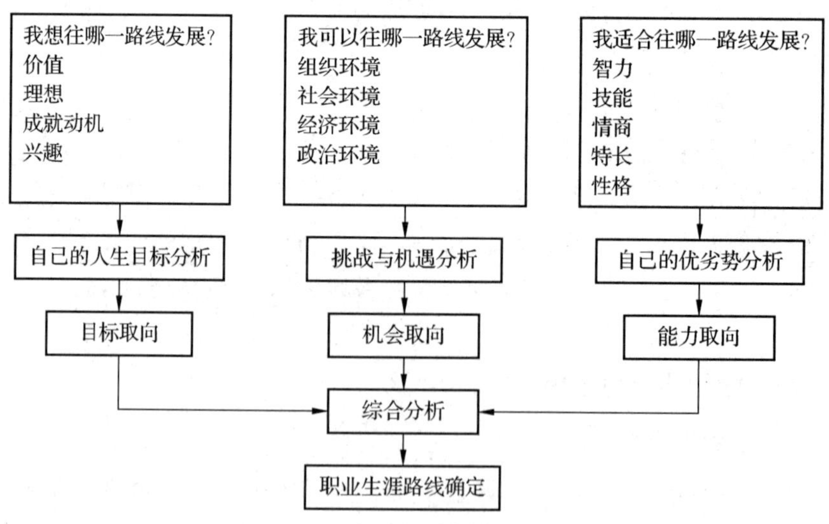

图 4-11　职业生涯路线分析图

回答上述三个问题，是对“知己”“知彼”有关情况的综合分析并加以利用的一个过程。第一个问题是通过对自己的价值、理想、成就动机和兴趣的分析，确定自己的目标取向。第二个问题是通过对自己身处的社会环境、经济环境、政治环境、组织环境的分析，确定自己的机会取向。第三个问题是通过对自己的性格、特长、经历、学历的分析，确定自己的能力取向。三个取向确定后，进行综合分析，就可以确定自己的职业生涯路线，这对一个青年的职业生涯发展是非常重要的。

思考与讨论

自我生涯路线的选择

目前所学的专业为：________________

目前专业学习情况：________________

专业发展前景自我评估：________________

行政管理能力自我评估：________________

创新创业能力自我评估：________________

职业生涯路线个人意向：________________

相关人（家长、老师）意见：________________

职业生涯路线选择结果：________________

（三）行动方案的制订

1. 行动方案的制订原则

有了目标后，必须制订行动方案来保证目标的实施。这里的行动是指落实目标的具体措施，主要包括工作、训练、教育等方面的措施。例如，为达成目标，在工作方面计划采取提高工作效率的措施；在业务素质方面，计划学习哪些知识，掌握哪些技能提高业务能力；在潜能开发方面，采取开发自己潜能的措施；等等，所有这些都需要有具体的计划与明确的措施，并且这些行动方案的制定要遵循一定的原则，以免陷入误区。

（1）实事求是原则。在制订个人职业生涯方案时，要遵循实事求是的原则，进行准确的自我认识和自我评价，切勿偏离实际；如果偏离实际，可能使职业目标无法实现。

（2）切实可行原则。首先，一定要同自己的能力、个人特质及工作适应性相符合。其次，个人职业目标和职业道路的确定，要考虑到客观环境条件。目标设定后就需要进行差距分析，就是将现实条件与达成职业生涯目标所需条件对照，找出其中的差距，根据存在的差距寻找缩小差距的方法策略，制订详细行动计划。个人只有在此基础上，才能保证行动方案有效。

（3）协调一致原则。个人职业计划目标要与组织目标协调一致，也就是说，个人需要借助于组织实现自己的职业目标，所以个人的职业计划必须是在为组织目标奋斗的过程中实现的。离开组织的共同目标，便没有个人的职业发展，甚至难以在组织中立足。所以，在制订自己的方案时，个人的目标要与组织目标协调一致。这样就能够形成一份实现生涯目标的具体施工图。

2. 行动方案的制订步骤

制订实现目标的行动方案，一般分为四个步骤：

第一步，找出差距，包括思想观念上的差距、知识的差距、能力上的差距等。

第二步，找出缩小差距的方法。如加强学习、教育培训、与有经验的人讨论交流、实践锻炼等。

第三步，寻找实现目标的途径。如选修相关课程、从网络上查询相关资料；了解教育培训方面的信息；给专家发邮件、与老师交谈兼职等。

第四步，将可能的实现途径列入自己的目标计划内，越详细越具体越好。

典型案例

小李的行动计划

小李是人力资源管理专业即将步入大三的学生。他的职业生涯目标是10年内成为一名专业的人力资源部门的经理。为实现这一目标，小李按时间梯度分解出四个职业生涯短期目标，并制订了详细的行动方案。

一、目标分解

（一）未来一年（大学期间）

（1）外职业生涯目标：以优异成绩顺利毕业，完成人力资源方向的专升本。

（2）内职业生涯目标：打下扎实的专业课基础；锤炼心理素质；英语达到四级水平；计算机达到二级水平。

（二）之后两年（本科学习期间）

（1）外职业生涯目标：完成本科学业，应聘到一家中型企业人力资源部门实习。

（2）内职业生涯目标：掌握人力资源管理的知识，培养人力资源管理专业技能；积累实战经验；具备人力资源开发能力。

（三）之后两年（毕业后两年）

（1）外职业生涯目标：中型企业的人力资源部门工作，获得人力资源管理资格证书，并做到主管职位；年薪12万～16万元。

（2）内职业生涯目标；取得职业工作经验；心理素质得到加强锻炼；业务水平大大提高。

（四）之后四年（毕业后六年）

（1）外职业生涯目标：在一家中型企业的人力资源部门工作，并做到经理职位，年薪20万元以上。

（2）内职业生涯目标：获得更加丰富的人力资源管理经验，成为人才市场上受欢迎的人力资源管理人才。

二、行动计划的制订

1. 差距分析

以人力资源管理大三学生专升本目标为例，差距分析如表4-10所示。

表4-10　差距分析（人力资源管理大三学生专升本目标）

知识上的差距	
专业科目方面：人力资源管理等专业知识	
政治科目方面：专升本政治相关内容	
英语科目方面：英语写作能力，阅读理解能力	
能力上的差距	
面试的口头表达能力、人际交往等	
心理素质上的差距	
其他相关	

2. 缩小差距的方法与途径

（1）教育培训：报一个英语作文、政治辅导班；订阅《演讲与口才》。

（2）时间锻炼：利用一切机会，提高英语能力；在培训班上积极用英语发表自己的意见；参与人际交往训练社团等。

3. 行动计划方案

了解培训班相关信息；暑假前选定一个适合自己的培训班，尽早报名；选定一本英语单词手册；每天背诵新单词20个；通过相关实践及社会活动加强人际关系训练。

资料来源：作者自编。

启示

本案例虽然只是简要介绍小李行动计划的制订，对大学生制订实现职业生涯目标行动计划有借鉴意义。从案例中可以看出，小李在近期目标确定之后，对现实差距进行了认真分析，确定了缩小差距的方法和途径，然后着手拟订了详细的行动计划。小李的行动计划虽然涵盖了具体时间，但是还需要做出一些改进。例如，再确定一个半年目标，按照月、周、日制订出月计划、周计划、日计划等。

五、职业生涯规划设计的步骤、问题与对策

（一）职业生涯规划设计的步骤

大学阶段是职前准备期，要通过学习为未来求职就业和职业发展做准备。通过前几章学习，已经掌握自我评价的方法，并在自我评价的基础上审视职业生涯机会，进行职业生涯目标的确定以及具体职业道路的选择。职业生涯规划设计的基本流程如下。

1. 自我评估

一个有效的职业生涯设计必须是在充分且正确认识自身条件与相关环境的基础上进行的。要审视、认识、了解自己，做好自我评估，包括自己的兴趣、特长、性格、学识、技能、智商、情商、思维方式等。要弄清自己想做什么、自己能做什么、自己应该做什么、在众多的职业面前自己会选择什么等问题。大学生主要是了解兴趣、学识、技能、情商等与大学生本人相关的所有因素。

（1）自我评价。自我评价也称自我感知，即在日常学习和生活中，通过实践对自己各方面的状况进行体验、察觉、认识、总结而形成的综合评价。自我评价的具体内容包括自身基本状况、性格、情绪情感状况、意志力状况、已具备的经验和能力等。自我评估的内容主要包括以下四个方面：

① 生理自我：自己的相貌、身材和穿着打扮等。

② 心理自我：自己的个性、兴趣、能力、价值观等。

③ 理性自我：自己的思维方式、思维方法、道德水准、情商等。

④ 社会自我：自己在社会中所扮演的角色，自己在社会中的责任、权利、义务和名誉，他人对自己的看法以及自己对他人的看法等。

在这四个方面中，涉及的因素很多，其中重点分析的是自己的价值观、兴趣和个性心理特征，而个性心理特征又包括性格、能力和气质等。

（2）社会关系评价。自我认知的方法中还有一种称为橱窗法。它将一个人分为四个方面，包括公开的我、隐私的我、潜在的我和背脊的我。公开的我是自己与他人都熟知的部分。隐私的我是自身了解而他人不了解的部分。潜在的我是自身和他人都不了解，需要通过某种方式激发才有可能表现出来的部分。背脊的我是自身不了解但他人了解的部分，如来自家庭成员、亲戚、朋友、师长、同学、同事的看法和评价。当局者迷、旁观者清，尤其是自身的缺点，自己不容易看到，而且自我评价具有主观性，难免有失公正。但周围人对自己的态度和评价能帮助自己认识自己、了解自己，因此对他人的评价一定要客观地看待，冷静地分析，既不要盲从也不要忽视；如果通过时间的检验或在处理某一事件的处理中发现他人的评价是客观的、正确的，那么自己应当认真思考，通过一定的方式努力改正自身缺点，向着更加全面的方向发展。

（3）工具测评。工具测评主要是运用与职业生涯规划相关的专业测评工具或是心理学家设计的测试软件进行自我认识的测评，如智力测试、性格测试、人际关系测试等，从而

让学生了解自己的性格取向、价值观、职业兴趣、爱好及人格特征等。比较常用的测评工具有 MBTI 职业性格测试、PDP 性格测试系统、DISC 性格测试工具、MMPI 人格测试、艾森克人格问卷（EPQ）、职业能力倾向测试、职业锚定位测评、卡特尔人格测试、霍兰德职业偏好量表测试等。学生只需根据实情回答就可在测试软件中得知自己的认知状况，从而可根据自我认知做出更适合自己的职业生涯规划。

2. 环境分析

环境对人的成长有着重要的作用，大学生在规划职业生涯时，需要分析外部环境条件的特点、环境的发展变化情况、自己与环境的关系、自己在这个环境中的地位、环境对自己提出的要求、环境对自己的有利条件和不利条件，以及本专业、本行业的地位、形势、发展趋势等。其中环境因素评估主要包括：组织环境、政治环境、社会环境和经济环境。

就职业生涯规划而言，所要分析的环境因素主要有社会宏观环境和组织（文化）环境，具体如下：

（1）社会宏观环境分析。

① 社会各行业对人才的需求情况。随着社会的变革，对各种人才的需求也在不断地发生变化。对这方面信息的分析，可以使个体认识到自己目前所具备的知识和技能是否为社会所需要、需求程度如何，自己应该在哪些方面学习和提高才能适应社会的需要。

② 社会中各种人才的供给状况。对人才资源供给状况的分析实际上是对人才竞争状况的分析，通过对这些信息的分析，可以使个体认识到与自己竞争相似职业的人的状况，自己与他人相比优势和不足之所在，以及如何才能在竞争中取得优势。

③ 社会相关法律政策。对社会有关政策的分析，可以使个体了解到现实中存在的职业机会，以便进行职业生涯规划时利用这些机会。例如，《中华人民共和国个人独资企业法》以及对大学生自主创业的鼓励政策，就为有志于创业的大学生提供了新的职业发展道路。

④ 社会价值观的变化。不同时代有不同的社会价值观，人们在从事各种职业时也需要得到社会的认同，了解社会价值观，有利于在进行职业生涯规划时做出与社会价值观一致的职业选择。

（2）组织（文化）环境分析。对组织环境进行分析是职业生涯规划的核心问题，因为你要选择的组织与你未来的发展是密切相关的。组织环境分析主要包括行业环境分析和企业环境分析。

① 行业环境分析是指对目前所从事的行业和将来想从事的行业环境的分析。其内容主要包括行业的发展状况、国内外环境对行业发展的影响、行业存在的优势和劣势以及未来的发展趋势等。分析行业的时候，一定要结合大环境的发展趋势而进行，要尽量选择有前景、有发展前途的行业。

② 企业环境分析是指对企业在本行业中的地位、现状和发展前景的分析。其具体包含企业的发展战略、企业实力、企业领导人、企业的人力资源状况、企业文化和企业制度。

需要注意的是，无论你选择什么样的企业，都要考虑到自己在企业中的发展空间、企业的发展潜力以及自己的目标能否在企业中得以实现。以薪酬为导向的就业观念正发生变化，机会多、待遇优、个人发展空间广、企业体制完善成为许多求职者择业时考虑的综合因素。

3. 目标确立

职业定位就是要为职业目标、自己的潜能以及主客观条件谋求最佳匹配，包括行业定位、生涯方向定位、薪酬定位等多项。例如，行业方向是软件还是硬件，是销售还是技术。个人只有把这些问题搞清楚后，定位才能准确具体。职业定位过程中要考虑性格与职业的匹配、兴趣与职业的匹配、特长与职业的匹配专业与职业的匹配等。职业定位是目标确立的前提，生涯目标的确立是设计职业生涯发展规划的关键。

职业生涯路线是为实现职业生涯目标而选择的发展方向和所走的职业道路轨迹。具体来说，在选择职业生涯路线时，每个大学生都必须认真考虑以下三个问题：

（1）个人的职业理想是什么？即自己希望往哪一条路线发展，是走行政管理路线向行政方面发展，还是走专业技术路线向业务方面发展，等等。每个人的具体情况不同，选择的路线和发展方向也就不同，最后的结果也会大不相同。例如，有的人在商战中大显身手；有的人在科研领域硕果累累；有的人把事务打理得井井有条……只有选择适合自己的职业生涯路线，使自己各项行动沿着预定的职业轨迹前行，才能更好地实现预定的目标。

（2）在考虑个人性格和有利环境因素条件下，自己适合往哪一条路线发展？个人可根据自我评价，家长、老师、同学、同事等周边人的评价，或借助于性格测试结果选择适合自己的职业。例如，性格外向开朗的人，可以选择管理类，律师、记者等工作；性格内向稳重的人，可以选择技术开发，数据分析等工作。

环境对一个人的职业路线规划也至关重要，环境考虑包括对社会环境、行业环境、组织环境等方面因素进行正确的分析，寻求各种发展机会。社会环境因素分析是指对政治环境、经济环境、人口环境、科技环境、社会文化环境进行分析。行业环境因素分析是指对行业的发展现状、国际国内重大事件对行业的影响及行业发展前景的预测等。组织环境因素分析是指通过对组织特征、组织发展战略、人力资源需求进行分析，以确定自己是否适应组织环境的变化以及怎样调整自己以适应组织的需要。

（3）自己能够往哪一条路线发展？俗话说："人贵有自知之明！"在正确了解自己能力、优势的基础上，才能正确地评估自己，扬长避短，树立正确的择业目标，更好地完成职业生涯规划。很多人都有远大的理想，确立目标是很容易的事情，成功的人却很少，究其成因，是其能力未能达到相应的水平，专业知识无法支持职业目标的实现。因此，大学生要权衡自己的能力，匹配自己的专长，去确定发展目标，才能保证切实可行。例如，某些学生在语言表达方面存在优势，在选择职业目标时就可以偏向播音主持类。近年来，不少毕业生在职业选择中一直强调大单位、大城市和高薪，以至为了这些不惜放弃个人的专业特长，不顾个人的性格和职业兴趣。这种行为不仅影响个人当前的就业，同样会对以后的职业发展形成不利的影响。

综上所述，三个取向确定后，进行综合分析，确定自己的职业生涯路线，这对大学生的职业生涯发展是非常重要的。

4. 制订计划

行动计划要根据职业生涯目标设定与分解体系来制订，一般由长期计划和短期计划两部分组成。长期计划的实现有众多不确定因素，因此大学生要根据自身实际情况和社会发展趋势，不断地设定可操作的短期目标，根据短期目标找差距制订行动计划。例如，大一新生的规划设计可以提出大学毕业时要达成何种目标，根据这个目标可以分解出大学一年级力求实现的短期目标，自己应该怎么做，该执行什么方案，达到什么预期效果。这个过程就是行动计划的制订过程。

职业生涯策略可以细化为具体计划和措施，同时要明确每项计划的起讫时间和考核指标。

（1）具体计划。生涯路线发展是一步一步走过来的，生涯目标的实现也是一点一点积累起来的。如果没有具体的行动计划，目标就不可能实现。所以，需要列出详细的工作和学习计划。每年学什么，要列出具体的科目。每年干什么，要列出具体的任务。

（2）具体措施。列出具体的计划后，还要列出实现每项计划的具体措施，并且措施要切实可行。如果没有具体的措施或者措施不可行，计划就都无法实现。

（3）起讫时间。对每项计划列出切实可行的具体措施后，还要明确每项计划的起讫时间，即什么时间开始，什么时间结束。否则，你的计划可能会落空。明确每项计划的起讫时间，是约束自己按计划行动的重要手段。

（4）考核指标。在明确了具体计划和措施以及起讫时间后，还要确定拿什么指标来检查或衡量计划的完成，这一点也是非常重要的。如果没有考核指标，计划就极有可能搁浅，生涯目标也就无法最终实现。

在分析完生涯计划相关要素后，还需要探讨职业生涯发展道路的两种典型代表，即专业技术型发展道路和行政管理型发展道路。

第一，专业技术型发展道路。专业技术型发展道路是指工程、财会、销售、生产、法律等职能性专业方向。它们的共同特点是：都要求个人有一定的专门技术性知识和能力，并需要有较好的分析能力，个人所需的专业技能必须经过长期的培训与锻炼才能具备。相应的发展阶梯是技术职称的晋升及技术性成就的认可、奖励等级的提高及物质待遇的改善。

你如果对专业技术内容及其活动本身感兴趣，并追求这方面的提高和成就，喜欢独立思考，而不喜欢从事管理活动，专业技术型发展道路是你最好的选择。

你如果在开始时选择了专业技术方向，但仍然对管理有兴趣，并且希望在管理领域做出一番事业，也完全可以跨越发展。即一开始从事某种技术性专业，不断积累充实自己的专业知识，打下坚实的技术基础，然后在适当的时候转向专业技术部门的管理职位。事实上，现代社会中的很多单位都有这样的客观要求。例如，作为一家电子公司研发部部门经理，就必须了解相关产品领域技术知识，还要求在专业知识的广度、深度上达到较高的水平。在实践中，一些研究部门将技术骨干提拔到管理位置的例子更是屡见不鲜。

第二，行政管理型发展道路。行政管理型发展道路是把管理这个职业本身视为自己的目标。相应的发展阶梯一般是从基层职能部门开始，然后向中级部门、高级部门逐步提高，管理的权限越来越大，承担的责任也越来越大。前提条件是你的才能和业绩不断地积累提高，达到了相应层次职位的要求。你如果喜欢与人打交道，处理起人际关系问题总是感到得心应手，并且由衷地热爱管理，考虑问题比较理智，善于从宏观角度考虑问题，善于影响他人，那么行政管理型发展道路就是你最恰当的选择。

行政管理型发展路线对个人素质、人际关系技巧的要求很高。那些既有思维能力又善于处理人际关系的人，总是能够成为人事部门的主管干部，甚至做到组织分管技术工作的副总经理、总监、副院长、副厂长等高层职位。缺乏思维分析能力、感情耐受力较差的人，往往在发展上相对缓慢，可见不断地学习对自我提高非常重要。

5. 评估修正

职业生涯规划需要在实施中进行检验，结合实际情况不断对职业生涯规划的内容进行评估，及时诊断反馈生涯规划各个环节出现的问题，找出相应对策，对规划进行调整与修正。对大学生来说，修正的主要内容包括职业方向的重新选择、各阶段目标的修正、实施措施与计划的变更等。

实施生涯规划时，必须为日后可能规划的修改预留余地，规划修订的依据是每次成效评估后反馈回来的信息。对于规划修正的时机，必须考虑以下四点：

第一，定期检测预定目标的达成进度。

第二，每一阶段目标达成之时，要依据实际效果修订未来阶段目标可采用的策略。

第三，客观环境改变影响到规划的执行。

第四，职业生涯设计能不断地反省修正生涯目标，反省策略方案是否恰当，以能适应环境的改变，同时可以作为下一轮职业生涯规划参考的依据。

总之，反馈与修正是职业生涯规划的重要环节，也是保障职业生涯规划能否实施的关键环节，只有通过不断的反馈与修正，才能保证目标的合理性和措施的有效性，也才能保证生涯目标的最终实现。

（二）大学生职业生涯规划设计中常见的问题与对策

职业生涯规划设计主要包括自我认知与评估、环境分析、职业定位与目标确定、制订行动计划、反馈评估与修正五个方面。下面就大学生职业生涯规划设计在这五个方面的常见问题进行分析。

1. 自我认知与评估中的问题

（1）个人志向不清晰。大多数学生都容易忽视这个问题。志向是事业成功的基本前提，没有志向，事业的成功也就无从谈起。立志是人生的起跑点，反映着一个人的理想、胸怀和价值观，影响着一个人的奋斗目标及成就。

（2）认识自我的途径单一。大学生习惯于通过职业生涯测评系统来认识自己。实际上除了通过测评外，还应有现任教师的评价，尤其是辅导员的评价；同学的评价，尤其是室友的评价；父母、兄弟、姐妹、亲戚的评价也是必不可少的。

（3）兴趣、经验和能力的展示与未来职业目标关联度不大，未突出自己的职业能力优势。例如，有人谈到兴趣爱好是旅游，但职业选择却是与旅游相差甚远的职业，如做大学教师。又如，某人想当一名教授，但社会实践是参加业务销售等。正确的做法应该是个人兴趣、社会实践经验和能力的展示与未来从事的职业有一定的关联度。

2. 环境分析中的问题

（1）环境分析缺少针对性。一般大部分学生会介绍家庭、学校、社会等环境对自己的影响。对就业形式的评估，如果仅从宏观的角度来分析问题，就缺乏针对性；如果能从本省和具体就业区域的角度来评估就业形势，就会更全面具体。此外，还应评估该行业的就业形势。如会计专业学生打算就业地点在北京，那他就应该分析北京的会计专业供求市场、竞争对手等方面的内容。

（2）关注职业能力不够。大部分学生会对行业进行比较详细的分析，诸如国家对该行业的政策扶持，行业发展潜力。但对职位所需能力关注不够，即职位需要具备什么能力。要清楚未来职业的工作内容、工作环境、任职条件（所需的知识、能力、经验和证书等），以及相适应的职业兴趣类型。

3. 计划执行中的问题

（1）未做到理论结合实践。有的学生一味追求理论知识的学习，但很少参与职业相关的社会实践。社会实践对在校大学生非常重要，通过参加社会实践才能知道自己所学是不是将来职业所需，自己能不能胜任工作。如果不能，那么在学校应该尽快完善这方面的知识。也有的学生只注重实践，忽视理论知识的学习，甚至有的学生请假出去兼职，大学该考的证书一个没拿到，殊不知理论是实践的基石，理论指导实践。因此，在执行计划过程中，个人要做到理论、实践并举。

（2）执行过程中，缺乏自我提升。每个人都有自己的理想，确立目标容易，但成功的人却很少，究其成因，除了目标制定不合理外，大多是不能持之以恒地自我学习、自我提升，容易半途而废。大学生如果能按计划实施，不断提升能力，达到相应的水平，实现自己的职业目标并不困难。因此，个人确定目标之后，要将目标分解，并分析每个分解目标所需的资源和能力要求，从而一步步努力，达成职业目标。

4. 评估与修正中的问题

（1）评估过程不客观。很多学生对自己未来的职业没有一个明确的定位，其会随着对社会、对职业、对专业的认识发展而不断改变。影响大学生职业生涯规划的因素很多，有的变化因素是可以预测的，而有的变化因素难以预测。个人需要不断评估自己的职业规划，但如果缺乏客观评价，就会导致修正方向错误。

（2）部分学生往往在规划设计书中缺少反馈修正这个步骤，不能定期对自己的计划执行情况进行评估。大学生只有坚持定期反馈，在反馈中发现问题并及时修正，这样才能缩短实现职业目标的距离。

5. 常见问题的应对策略

（1）加强自我认知。自我认知简单化，职业定位理想化，会导致职业生涯规划出现偏差，所以大学生要清晰地认识自我，结合周围人的评价，同时借助相关的测试工具，力争实现自我认识全面化。

（2）加强对职业生涯规划理论的学习，提高对职业生涯发展规划的认识。绝不能只把撰写职业生涯规划书当成一次作业，而要积极学习掌握进行职业生涯规划的科学方法和技能，要站在生涯发展和实现职业理想人生抱负的高度去实践与探索。

（3）全面了解环境、分析环境，提高信息收集与加工的能力，通过多方面的信息集成，从而选择适合自身发展的渠道。

（4）加强职业生涯规划的闭环管理。职业生涯规划不是一成不变的，随着认识的不断深入，个人会发现有些因素是难以预测的，所以要及时反馈，灵活修正，设计出真正适合自我的、有效的职业生涯发展规划书。

思考与讨论

1. 为什么说职业目标选择对职业生涯设计具有十分重要的作用？你的职业生涯目标如何进行选择？

2. 大学生职业生涯规划中常见的问题有哪些？如何避免？

实践与指导

做好职业生涯规划

一、职业规划生涯人物访谈

（一）职业生涯人物访谈流程

1. 认识和了解自己

加强对自己的了解和认识。可以借助一定的工具（如霍兰德职业倾向测试量表、职业能力量表、职业价值观自测量表或测评软件）分析自己的兴趣、性格、技能和工作价值观。

2. 寻找生涯人物

结合自己的兴趣、技能、工作价值规、教育背景和已掌握的职业知识列出未来可能从事的几个职业，然后在每个职业领域寻找 3 位以上的职场人士作为生涯人物。生涯人物可以是自己的亲人、老师和朋友，可以是他们推荐的其他人，也可以借助行业协会或某个具体组织的网页来寻找其他职场人士。

注意：生涯人物的职业应是自己向往的。每个职业领域的生涯人物应结构合理，既有初入职场的人士，也有工作了一定年限的中高层人士。正式访谈前，对生涯人物的信息把握得越全面越好，姓名、职务和联系方式是必需的，对于生涯人物的讲话、文章或者大众传媒和从单位网页上获得的信息要尽可能地收集和熟悉。

3. 拟定访谈提纲

结合目标职业信息设计访谈问题，对生涯人物的访谈可以围绕以下要点进行：行业、单位名称、职业（职位）、工作的类型、主要工作内容、地点、时间、任职资格、所需技能、市场前景、行业相关信息、工作环境、工作强度、福利薪酬、工作感受、工作满意度等。

4. 预约并实施采访

预约方式有电话、QQ、微信、电子邮件和普通信件等，其中电话最好。预约时首先介绍自己，然后说明找到他的途径，自己的采访目的，感兴趣的工作类型以及进行采访所需要的时间（通常 30 分钟左右），确认采访的时间和地点。

注意：联系前的准备要充分，电话联系时还应备好纸和笔，以备临时电话采访。联系时一定要有礼貌，时间不宜过长。

访谈方式可以是面谈、电话访谈、QQ 访谈，最好是面谈。面谈前，采访者一般可通过已经从其他渠道了解的生涯人物的信息打开话题，之后便可以按设计好的问题开始访谈。遇到生涯人物谈兴正浓时，采访者要乐于倾听，给生涯人物留出提供其他信息的机会。在访谈结束时，采访者可以请生涯人物为自己推荐其他相关的生涯人物，从而拓展自己的职业认知领域。

注意：

（1）采访前为自己准备“30 秒的广告”，因为在访谈过程中，生涯人物可能会问采访者的职业兴趣和求职意向。

（2）访谈前，应征求生涯人物的意见，视情况对谈话内容进行录音或书面记录或不记录。

（3）面谈一定要守时、简洁，不浪费他人的时间。

（4）访谈结束后，对于不允许访谈现场记录的内容应迅速补记。

（5）访谈结束后，要通过合适的方式尽早表示感谢。

5. 访谈结果分析

在一个职业领域采访三个以上的生涯人物后，用职业信息加工的观点来分析。对照之前自己对该职业的认识进行比较，找出主观认识与现实之间的偏差，确定自己是否适合这一行业、职业和工作环境，是否具备所需能力、知识与品质并形成书面总结报告，进而详细制订大学期间的自我培养计划。如果访谈结果与自己之前的认识出现严重脱节，就有必要进入另一个职业领域开展新一轮生涯人物访谈。

注意事项：

（1）访谈前要做好充分准备。

（2）访谈中要注意着装和仪表，态度亲和、大方，要文明礼貌，措辞得体。

（3）要时刻注意安全问题，增强安全意识，提高防范能力，确保万无一失。

（4）尊重被访谈者，注意保护他们的信息安全和个人隐私。

（5）认真对待，不走过场，真正通过访谈达到探索职业的目的，为个人的职业定向和职业选择做准备。

（二）职业生涯人物访谈报告

同学们，请根据职业生涯人物访谈流程，进行具体实践，并完成表4-11。

表4-11 职业生涯人物访谈报告

访谈时间		访谈方式	
访谈地点		访谈人	
生涯人物介绍			
访谈内容			
访谈结果分析			

二、编制职业生涯规划书

某项大学毕业生就业调研结果显示，就业方向不明或就业准备不足是导致大学生求职失败的重要原因。对于在校大学生来说，只有及早设计自己的职业生涯规划，明确自己的目标，提高素质优势，为成功实现就业或开辟事业打好基础，才有可能在未来竞争激烈的职场中把握机会，获取成功。某大学生职业生涯规划书如下。

某大学生职业生涯规划书

一、引言

花开花又落，春去春又回，踏着时光车轮，我已走到20岁的年轮边界。驻足观望，元宇宙、区块链概念铺天盖地，知识信息飞速发展，科技浪潮源源不绝，人才竞争日益激烈，形形色色人物竞相出场，不禁感叹，这世界变化好快。

身处信息世界，作为一名电子信息专业的当代大学生，我不由得考虑起自己的未来。在机遇与挑战轮番登场的未来社会里，我究竟该扮演怎样一个角色呢？水无点滴的积累，难成大江河；人无点滴的积累，难成大气候。没有兢兢业业的辛苦付出，哪里来甘甜欢畅的成功喜悦？没有勤勤恳恳的刻苦钻研，哪里来震撼人心的累累硕果？只有付出，才能有收获。由此，想起自己走过岁月中的点点滴滴，我不禁有些惭愧。我对自己以往在学业、文体、社团活动中的表现不是很满意。我发现自己惰性较大，平日里总有些倦怠、懒散，学习、做事精力不够集中，效率不高，态

度也不够专注。倘若不改正，这很可能会导致我最终庸碌无为。不过还好，我还有改进的机会。否则，岂不遗憾终生？而如今，身为大学生的我，在一天天消磨时光，不如抓紧时间多学一些知识来充实自己。人的一生中大学时光就只有一次，不把握好，将来一定会追悔莫及。于是，在经过一番深思熟虑之后，我决定把自己的未来设计一下。自己有了目标，才会有动力。

二、自我盘点

1. 兴趣爱好

本人业余爱好有读书、听音乐、无线电维修、画画；喜欢的文学作品有《红楼梦》《战争与和平》《老人与海》《平凡的世界》；喜欢的歌曲有《爱拼才会赢》《红日》《流年》；心中偶像是周恩来和比尔·盖茨。

2. 优势与优点

本人学习成绩优秀，担任班干部，班级群众基础好；受到父母、班主任、任课老师的关爱，动手能力较强；做事仔细认真、踏实，锲而不舍，勤于思考，考虑问题全面，待人友善。

3. 劣势与缺点

目前，本人的经济状况较为窘迫，身高不够理想，体质偏弱；性格偏内向，交际能力较差，过于执着，胆小，思想上属保守派，缺乏自信心和冒险精神，积极主动性不够，做事爱拖拉，惰性较大。

4. 生活中的成功经验与失败教训

本人成功竞选成为班委委员，成功组织过学习研讨主题班会并获年级组评选第一名，个人学习成绩、综合积分均为班级第一，通过考核以较大优势加入院学生会。本人在竞选院学生会主席中失利，听其他同学侃侃而谈却接不上话，心里特别难受。

解决自我盘点中的劣势和缺点：内向并不完全是缺点，它使我少了一份张扬，多了一点内敛，但应加强与他人的交流沟通，积极参加各种场合各项有益的活动，使自己多一份自信、激扬，少一份沉默、怯场。要充分利用一直关心支持我的庞大的亲友团的优势，真心地向同学、老师、朋友请教，及时指出自身存在的各种不足并制订出相应计划加以改正。要加强锻炼，增强体质，提高体育成绩，以弥补身高不足而带来的负面影响。要积极争取条件，参加校内外的各项勤工俭学活动，以解决短期内的生活费问题并增加自身的社会工作阅历，为以后创造更多的精神财富和物质财富打下坚实基础。

5. 职业取向分析测试

为了进一步认清自我属于何种类型的社会人，初步确定今后数年内更适宜从事的工作岗位，我查找了多种测试工具，最终选择了霍兰德职业倾向测验量表，并对其中的相关内容进行了认真的测验，得出了自己的未来职业取向。以下为测验结果：

（1）心目中的理想职业（专业）：公务员、科技工作者、医生。

（2）感兴趣的活动排序：R 型、I 型、S 型、C 型、A 型、E 型。

（3）职业能力倾向测试：

① R 型：木匠、农民、操作 X 光的技师、工程师、飞机机械师、鱼类和野生动物专家、自动化技师、机械工（车工、钳工等）、电工、无线电报务员、火车司机、公共汽车司机、机械制图员、机器修理、电器师。

② RIS 型：厨师、勤务员、跳水员、潜水员、电器修理工、眼镜制作工、电工、纺织机器装配工、服务员、装玻璃工人、发电厂工人、焊接工。

表格所测本人适合的职业主要为无线电修理工、电工。

综上所述，本人所适宜的未来职业倾向类型主要为工程技术类，即无线电服务类。

三、环境分析

电子信息专业是指电子科学及信息技术为主的专业。主要就业方向就是 IT 领域，如计算机软件、互联网、电子半导体、新能源等。从事的职业岗位主要是电子和电气设备的研发及技术人员，信息系统的编程、开发等相关岗位工作。电气工程、程序开发是当下工科类专业中特别热门的专业。这些专业因就业面广、薪资待遇高、专业适应性强等特点深受学生追捧。特别是在就业的前几年，专业有明显的薪资优势，而且工作更容易找。然而在工作 5 年后，电子信息专业的薪资增长略显乏力。

电子信息专业人才就业城市以一线城市为主。其中在北京和深圳两个地区的就业者超过 60%。这两个地区的就业人才更多的是进入 IT 互联网和新能源领域。但是随着近几年互联网行业的逐渐疲软，部分公司采取了裁员政策，实习生转正也变得困难。所以，自己即便是找到了心仪的工作，也不代表可以一直高枕无忧。

四、学业规划

1. 确定职业道路

要根据已确定的自己的职业发展领域，确定自己何时发展、何时重新选择及发展通路。简述如下：

职业类型：工程技术型。

典型特征：性格内向，喜欢独立思考，做事谨慎细致；在选择职业时，主要注意工作的实际技术；即使提升，也不想到全面管理的位置，而只愿意在技术职能区提升。

成功标准：在本技术区达到最高管理位置，保持自己的技术优势。

主要职业领域：工程技术、电类专业。

个人职业发展道路：一线操作员—维修技术员—助理工程师—工程师—高级工

程师—副总工程师—公司总工程师；在担任高级工程师两年后，如果本企业发展不佳，可跳槽到其他企业发展。

培训和准备：4 年内取得助理工程师资格，8 年内取得工程师资格，成为工程师后 5 年内成为高级工程师；在业余时间进修管理学知识；提高处理信息的能力，保持积极的心态。

2. 短期目标规划

“千里之行，始于足下。”本人计划先把目前在校的大学专科三年短期规划作为自己职业生涯总规划的开始篇，希望自己能够走好第一步，为以后更长的路打下坚实基础。

（1）在校期间总的目标规划。

思想政治及道德素质方面：以马克思主义、毛泽东思想、邓小平理论、“三个代表”重要思想、科学发展观和习近平新时代中国特色社会主义思想为指导，树立正确的人生观、价值观、道德观、奋斗观、创业观，坚持正确的人生价值取向。积极参加党团活动，定期进行思想汇报，争取早日加入中国共产党。

社会实践与志愿服务方面：适时参加社会调查活动、进厂参观实习等；积极参加无偿献血、植树活动、青年志愿服务活动等公益活动，志愿服务活动每学年不少于 20 小时。

科技学术创新创业方面：扎实学习专业技能，充分利用校内图书馆扩展知识范围，以此激发、拓展思路，积极参与创新创业大赛及相关学科竞赛，力争获得省级奖项。

文体艺术、社团活动与身心发展方面：积极参加校内外文体艺术活动、校内社团活动、演讲赛、辩论赛、书画比赛等，以此充分锻炼胆量、能力，展示个人风采，平时积极锻炼身体，参加校运动会；每周平均参加体育活动三次，每次半小时左右。

技能培训方面：大一下半学期通过二级计算机考试；大二上半学期通过英语 CET4 等级考试；大二上半学期考取驾驶证；大二下半学期在技能培训方面注重电子信息技术专业、英语的学习，参加专业考证并通过。

学业方面：遵守学习纪律，提高课堂学习质量；专注地攻读职业方向类、专业类书籍和其他类别的实用书籍；知识积累不仅应做到广博，更应做到专精，每学期至少阅读 5 本相关书籍，学业成绩冲击全年级前 10%。

（2）三年分阶段规划。

大学一年级为试探期，初步定向。要初步了解职业，特别是自己未来可能从事的职业即自己所学专业（电子信息技术）对口的职业，初步确定自己的职业方向，并通过参加选修课的形式学习文学艺术类课程，努力提高本人的人际沟通能力。要多和师长们进行交流，多参加学校、院系组织的各种活动，以提高人际交流的技巧，丰富社会的阅历。

大学二年级为分化期。要明确自己的职业生涯目标，找寻自身与目标间的差距，并注意提升自身的素质；通过参加学生会或社团等组织的活动，锻炼自己的各种能力，如人际交往能力，同时检验自己的知识和技能，加强专业知识的学习，在平时的学习中锻炼自己独立解决问题的能力和创造性。要注意提高求职技能、收集就业信息的能力，学习写简历、求职信，了解收集工作信息的渠道，尝试和已经毕业的校友了解往年的求职情况。要积极参加实践活动，在实践中校验自己的积累和准备。

大学三年级为冲刺期。要积极利用学校提供的条件，了解就业指导中心提供的用人单位资料信息，强化求职技巧，进行模拟面试等训练，尽可能地在较为充分准备的情况下进行施展演练。要充分利用实习机会，积累实践经验，弥补自身不足。要力争为三年的大学学习生涯交上一份令自己和所有关心自己的人满意的完美答卷。

五、结束语

计划定好固然好，但更重要的在于其具体实施并取得成效。这一点时刻都不能被忘记。任何目标，只说不做到头来都只会是一场空。然而，现实是未知多变的。制订的计划随时都可能受到各方面因素的影响。因此，在遇到突发因素、不良影响时，要注意保持清醒冷静的头脑，不仅要及时面对、分析所遇问题，更应快速、果断地拿出应对方案，对所发生的事情，能挽救的尽量挽救，不能挽救的要积极采取措施，争取做出最好矫正。相信如此一来，即使自己将来的作为与目标相比有所偏差，也不至于相距太远。其实，每个人心中都有一座山峰，上面雕刻着理想、抱负；每个人心中都有一片森林，里面承载着收获、芬芳、失意、磨砺。但是，无论眼底闪过多少刀光剑影，只要自己没有付诸行动，那么，一切都只是镜中花、水中月，可望而不可即。

幸福是奋斗来的，我要为自己的梦想不断努力攀登。

活动实施

你的职业目标是什么？如何才能达到目标？请在认识自我、了解环境的基础上，根据自己的性格、兴趣、优势等，结合实际情况编制一份个人职业生涯规划书。

第五章　把握核心：提升职业生涯建构能力

职业的起点与目标

一位教授去演讲，听者云集。演讲完毕，一名学生举手提问：“我就读的大学是一所普通大学，有的人对未来也没有什么计划。像我这种起点不高又很迷茫的状况应该怎么办呢？”

教授的回答很犀利：“在这所普通大学里你出类拔萃吗？如果没有，那恐怕就不是环境的问题。”

我们常说，人生最美好的岁月是 20 ～ 30 岁的这段时光，可是这段时光也最容易有烦恼。如果点数这期间各种各样的烦恼，恐怕有一半以上都与上述问题相关。似乎在各个领域，我们恰巧都处在一个不高的起点，被迫开始各种人生竞赛。更糟糕的是，发令枪响起时我们常常还处于懵懂之中，想努力，却又没有清晰的目标；想使劲儿，却又不知道怎么使劲儿。如果向已经成功的人寻找答案，答案大多会是相似的，他们会告诉你：你应该先设立一个清晰的目标，然后朝着这个目标狂奔。

有些人仅仅因为起点不够高、目标不够明确，就一直迷茫下去了。在太多人的眼中，似乎只有一个远大正确的目标才值得全力以赴地去奋斗，所以大家总在各种媒体网络中搜寻着突围的捷径，似乎真的有什么好办法，可以像直升机那样迅速地带领我们脱离低谷、跃上山巅。

可是，当你起点不高的时候，困住你的并不是迷茫，而是患得患失。你希望的并不仅仅是一个目标，而是一个能够确保你成功的目标；你所期待的也不仅仅是一条道路，而是一条万无一失、通向成功的康庄大道。世界上没有这样的目标，也没有这样的道路。

资料来源：李可依，毛可斌．大学生职业生涯规划与发展［M］．北京：北京工业大学出版社，2022：4.（有改动）

分析

当你觉得迷茫的时候，迅速行动起来才是克服无力感的唯一方式，而只有行动，才有可能突破和超越。永远不要用此时自己的心态和眼界去揣度自己未来的心态和眼界。

一旦开始行走，不需要很快，就会轻易地超过其他人，不要惧怕你的目标还不够完美和准确，因为最终能带领你抵达成功的，不是存在于你想法中的目标，而是不断积累的脚步。

第一节　职业发展阶段概述

一、国外学者关于职业生涯发展阶段的相关理论

（一）萨维科斯的生涯建构理论

萨维科斯（Savickas）的生涯建构理论认为，个体的职业生涯建构过程对应于心理自我的三个发展层次——扮演者、追求者、写作者。在生涯早期，个体会通过接受父母的指导和学习榜样的特征形成自己的职业人格特征和自我概念，而这一阶段的个体可看作是一个角色扮演者，为后续的职业生涯打下良好基础，做好适应准备。随着个体的成长，他们需要面临不断变化的职业生涯环境，此时的个体可看作是一个主动追求者主动适应不断变化的环境，以追求良好的适应结果。个体的职业生涯受到严重阻碍时，就需要通过反思并做出关键调整以纠偏自己的职业生涯，此时的个体可看作是一个自传写作者通过解构过去以重构未来，找到未来职业生涯发展方向。三者之间在时间上存在一种递进关系，但并非相互独立，而是相互依存，只是在某一个特定阶段是其中一种角色在起着主导作用，而其他角色起辅助作用。此外，职业生涯建构理论还使用基于依恋图式所产生的倾向策略、基于动机图式所产生的适应策略，以及基于反身图式所产生的认同策略。职业生涯建构过程与内容如图 5-1 所示。

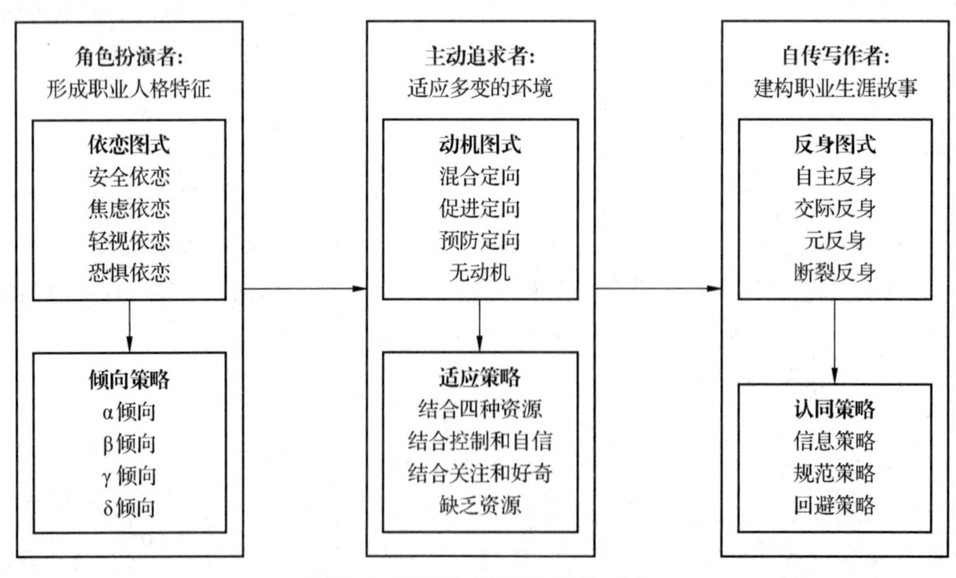

图 5-1　职业生涯建构过程与内容

1. 角色扮演者：形成职业人格特征

生命之初，个体首先利用自己的生物天赋和社会类别（如性别、种族）在家庭戏剧中占有一席之地。此时的个体可看作是一个角色扮演者，以世界上的物体为模型，在他人的环境中建构自我。

（1）依恋图式。为了解决在成长过程中遇到的问题，个体开始建构一个理解自己、他人和世界的内部工作模式，即依恋图式。依恋图式决定了从早期的亲子情感关系到成年之后的亲密关系等一系列的人际情感关联。职业生涯建构理论使用了英国精神病学家鲍尔比（John Bowlby）所描述的依恋模式四象限可能性模板，利用依恋焦虑和依恋回避这两个维度将依恋模式分为安全–自主型、焦虑–矛盾型、轻视–回避型和恐惧–无序型。除了安全–自主型依恋，其余三种依恋类型都属于不安全依恋型。不同依恋模式的个体会表现出不同程度的焦虑和自主性，且表现出的职业探索和职业承诺也有所不同。安全依恋型为更多的个人自主权和能动性提供了条件，因此能够在很大程度上促进个人的自主性、创造性和探索行为。

（2）倾向策略。依恋图式会引导个体建构在形成职业人格特征和处理人际关系过程中用于自我指导的倾向策略。不同的依恋模式会导致个体不同程度的社交性（涉及与他人的联系倾向）和一致性（涉及对文化规范的遵守倾向）。职业生涯建构理论沿用高夫（Gough）、鲍尔比和霍根（Hogan）的思路，根据社交性和一致性把个体分为四种类型：α 倾向（高社交性和高一致性）、β 倾向（低社交性和高一致性）、γ 倾向（高社交性和低一致性）、δ 倾向（低社交性和低一致性）。每种类型都会表现出不同的人格特征，也会在人际关系和工作行为上表现出较大的区别。例如，焦虑依恋者表现出较低的社交性、压力承受力；回避依恋者会表现出较低的团队导向、接触开放性；而安全依恋者会表现出较高的接触开放性、社交性、团队导向、压力承受力。依恋图式下个体的四种类型如图 5-2 所示。

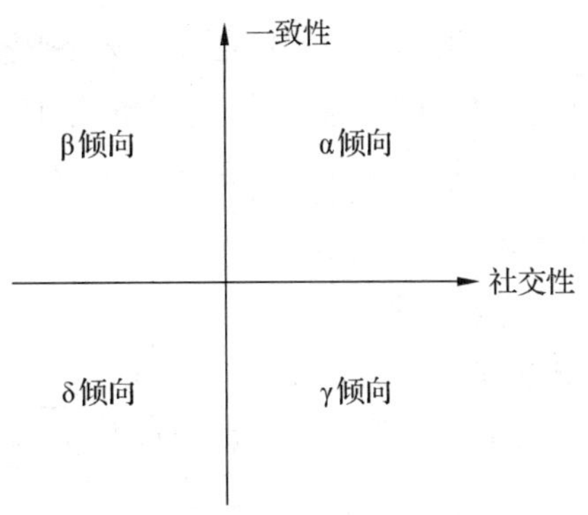

图 5-2　依恋图式下个体的四种类型

2. 主动追求者：适应多变的环境

个体在从家庭到学校和社会角色的转换时，为了应对不断变化的环境，需要从被动地接受指导变为主动地适应不断变化的环境。因此，他们开始选择有助于指导他们适应不断变化的环境的目标。从这个角度来看，个体的生涯角色发生了变化，此时的个体可被看作是一个主动适应多变的环境以追求良好适应结果的主动追求者。

（1）动机图式。个体能在父母提供的社会规范中形成一种以动机为导向的自我调节模式。自我调节模式有两种：促进定向将行为导向想要做的事和个人成长；预防定向将行为导向应该做的事，远离失败和心理伤害。

职业生涯建构理论利用促进和预防这两个独立的维度，将动机图式分为四类：混合定向、预防定向、促进定向、无动机。个体的动机图式会受其依恋图式的影响。安全依恋型通常会导致个体形成促进和预防混合定向，焦虑依恋通常会导致个体形成预防定向。职业生涯建构理论关注个体如何使用动机图式来追求自己选择的目标。促进定向的个体在目标追求过程中更注重有没有积极结果，他们追求成就和进步；预防定向的个体在目标追求过程中更注重有没有消极结果，他们追求责任和安全。

（2）适应策略。个体动机图式的调节定向可以指导个体在转型期的职业适应策略。在转型期，个体需要应对和适应不断变化的环境和挑战。职业生涯建构理论将职业生涯适应描述为一个包括适应准备、适应资源、适应反应和适应结果的过程，如图 5-3 所示。当面对诸如疫情、工作创伤等对职业生涯有重大影响的不确定性事件时，个体需要愿意（适应准备）和有能力（适应资源）表现出应对不断变化环境的行为和信念（适应反应），从而获得职业成功等积极结果，即适应结果。

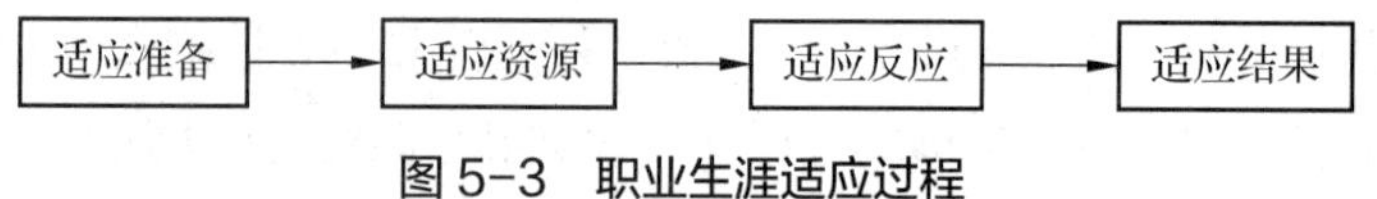

图 5-3　职业生涯适应过程

个体会使用适应策略来处理职业发展任务、转换和创伤。这种策略包括对未来的关注、对未来的控制感、尝试可能的自我和探索社会机会的好奇心以及设计职业未来和实现职业未来计划的信心。促进 / 预防混合模式的个体倾向于将四种资源都结合起来，形成一种策略来指导他们适应不断变化的环境。专注于预防动机模式的个体倾向于将关注和好奇结合起来形成相应的策略，通过深入探索如何防止问题出现来展望未来，专注于促进动机模式的个体倾向于把控制和自信结合起来形成自己的适应策略。他们通常会顺其自然，在问题出现时再去处理。那些既不关注促进又不关注预防目标的个体，则显示出一种激励综合征，他们缺乏适应资源，往往会注意避免职业问题的产生。

3. 自传写作者：建构职业生涯故事

当职业转换或工作创伤阻碍到个体的日常生活和习惯性行为时，个体就需要通过思考自我概念、分析过去的行为和考虑未来的行动来构思他们的职业身份并撰写职业故事。此时的个体可看作是一名自传写作者。在创作自传体作品时，个体需要通过整合过去、现在和未来，从而在多变的环境中找到职业生涯发展的方向。

（1）反身图式。个体会使用反身图式来构思职业身份和撰写职业故事。反身（reflexivity）与反思（relection）不同，个体可以使用反思来学习了解自我，也可以使用反身以某种方式改变自我。当个体受到反思的启发进而做出关键调整并对自己未来的职业生涯产生积极影响时，反身也就发生了。反身能够提高个体的叙事性和自传性，也有助于澄

清和建构职业生涯故事。自传写作者对生活设计的反身图式各不相同。职业生涯建构理论使用反身思考的四象限模板来描述自传体的自我构思过程，分别是自主反身、交际反身、元反身和断裂反身。强调自主反身的个体会通过有目的地独立思考来创造自己的职业道路；经常进行交际反身的个体只有在得到父母或其他重要的人的确认后才会采取行动；经常进行元反身的个体常常会质疑自己的想法，批评父母的生活方式，脱离父母的价值观，他们往往更容易感到个人压力和面临社会迷失；断裂反身包括强化压力和困惑，而不能帮助个体弄清自己应该做什么。依赖于参与断裂反身的个体可能会感到被父母排斥，从而限制自己参与到人际关系和工作角色当中去。

（2）认同策略。反身性自我创作产生了一种身份认同，即对社会角色中的自我的叙述。从处理职业问题的策略来看，四种不同的反身图式产生了四种认同策略来形成职业认同及处理职业问题。萨维科斯的生涯建构理论基于别尔琼斯基（Berzonsky）所描述的个体形成、维持和修正心理社会身份的不同方式，把认同策略描述为信息策略、规范策略和回避策略。不同依恋模式的个体会采用不同的认同策略，因而会采取不同的方式来处理职业问题。例如，使用信息策略的个体在做出职业选择之前会主动收集和评估相关信息；使用规范策略的个体会接受他人在做选择时所使用的标准；使用回避策略的个体倾向于忽略问题而不愿做出选择，希望让环境来支配自己的选择，企图尽量拖延和逃避承诺。

综上所述，图式和策略是理解个体职业行为、职业动机和职业叙事的可能性模板，它们有助于人们理解个体建构职业生涯的过程机制。需要注意的是，职业生涯建构过程可以从两个角度理解。从狭义的角度来说，职业生涯建构过程指的是个体应对职业生涯建构任务做出一系列适应行为的过程，包括自我概念具体化、职业探索、生涯决策、技能发展等。从广义的角度来说，职业生涯建构过程指的是自我处于角色扮演者、主动追求者、自传写作者三个阶段的整个生涯过程，包括形成职业人格特征、适应多变的环境、建构职业涯故事。

（二）舒伯关于职业生涯发展阶段的划分

舒伯（Super）从生命周期的角度引入自我意识和社会学理论，提出了职业生涯阶段理论。他认为可依据年龄将每个人生阶段与职业发展配合，且每个阶段各有其发展任务。该理论关于各阶段的具体内容如下。

1. 成长阶段

从出生到 14 岁左右属于成长阶段。此阶段的一个重点是个人身心的成长。个人经由家庭、学校中重要任务的认同，发展出自我概念；通过经验了解周围环境，尤其是工作环境，并以此作为试探选择的依据。成长阶段属于认知阶段，可以分为幻想期、兴趣期、能力期三个阶段。个人通过游戏、玩耍、电视媒体、朋友、老师和家人观察等方式，开始了解自我、探索自我，逐渐建立起自我的概念。在游戏中出现“我适合什么角色”“我想演什么角色”“哪些角色我最讨厌”等问题。有需要、幻想与喜好是这一阶段最重要的特征。

2. 探索阶段

15 ～ 24 岁属于探索阶段。此阶段主要涉及学校和工作前期。探索阶段又分为试验期、转变期、尝试期三个阶段。个人在学校生活与闲暇通过学校的考试、课外活动、社会实践、业余工作等活动中研究自我，对自己的能力、兴趣和性格有所认识，形成自我概念和职业概念，并进行职业上的探索，出现“我对音乐有兴趣”“我对电脑有浓厚的兴趣”等问题。个人在试探性地选择自己的职业，试图通过变动不同的工作或工作单位来选定自己一生将从事的职业。

3. 建立阶段

25 ～ 44 岁属于建立阶段。建立阶段属于选择、安置、立业阶段，它又分为稳定期、发展期、职业中期危机三个时期。经由早期的幻想、试探之后，个人的职业生涯在此时成型，呈现一种安定于某种职业的趋向。个人职位有所调整，所从事的行业不会轻易变换。个人在职业生涯中主要关心的是在工作中的成长、发展或晋升，成就感和晋升感强烈，成就、发展或晋升对他们的激励也最大。经过早期的试探与尝试后，个体发现真正适合自己的领域，并努力试图使其成为自己的永久职业。这一阶段是大多数人职业生涯周期中的核心部分。

4. 维持阶段

维持阶段属于专、精、升迁阶段，年龄在 45 ～ 60 岁。该阶段个体的心态趋于保守，重点是维持家庭和工作间的和谐关系，传承工作经验，寻求接替人选。大部分人是享受努力后成功的喜悦即成果，极少数人要面对失败和不如意的困境，冒险探索新领域，寻求新的发展。

5. 衰退阶段

65 岁以上属于退休阶段。该阶段的个体想发展工作之外的新的角色，维持生命的活力，以减少身心上的衰退。65 岁后，人的精力、体力逐步衰退，个体即将退出工作，结束职业生涯。个体要学会接受权力和责任的减少，学习接受一种新的角色，适应退休后的生活，以减缓身心的衰退，维持生命力。

现实中职业生涯是一个持续的过程，各阶段的时间并没有明确的界限，其经历时间的长短常因个人条件的差异及外在环境的不同而有所不同，有时还可能出现阶段性反复。

二、国内学者对于人生发展阶段的阐述

（一）孔子眼中的六个生命阶段

子曰：“吾十有五而志于学，三十而立，四十而不惑，五十而知天命，六十而耳顺，七十而从心所欲，不逾矩。”

这一段话可以看成孔子为自己一生做的一个简短的自传。“十有五”就是 15 岁，“有”通假“又”。“志”，心之所向谓之“志”。“立”，立足于社会。“惑”在这里是困惑的意思。“不惑”就是深通事物之理，对事物了然于胸，简单来讲就是掌握了基础知识，不被外界的事物所迷惑。这里的“天命”指的是天所主宰的必然性。“耳顺”在这里有两种解释：一种是听一听就能判断事物的信息、道理真伪；另一种是能听进去不同的意见，特别是批评意见。“逾”是逾越、超过。“矩”是规矩、法度。

孔子说：我 15 岁开始立志学习；30 岁能够自立于世；40 岁时对各种各样的事物及其道理不再困惑；50 岁的时候懂得了天命的道理；60 岁的时候能听进去很多不同的意见；70 岁的时候达到了中庸、自由的境界，做事的时候不会逾越法度、规矩。

“十有五而志于学”跟中国古代的教育有关系。这里的立志学习并不是说启蒙阶段立志要努力学习，而是学到了一定阶段开始立大志，学习的标准更高了。

“三十而立”，关于立什么，学界有很多争论。孔子 30 岁时［鲁昭公二十年（公元前 522 年）］没有从事政治，而是治学、办学，办私人教育。在孔子的一生中，这是一个非常重要的转折点，他为自己订立更高的学习目标后，通过培养弟子自立于世。孔子弟子的来源非常多，有家庭经济不好的，书费都交不起，孔子说有教无类，不能只收贵族子弟。孔子周游列国的时间很长，收了许多弟子，但具体多少还需要进一步研究，现在基本清楚的是七十二贤的名字。

到了 40 岁，孔子不困惑了。《论语・子罕》里说“知者不惑”，这就把“不惑”跟“知”联系在一起了。“知”通假“智”，儒家的智除了知识类的东西，还包括道德、人文等各个领域。人生下来就有各种各样的困惑，特别是孩子，经常会问这问那。这种好奇心是最难得的，要给予保护。但在应试教育下，学生仅仅把知识当作固有的东西记下来就可以了，长此以往，失去了好奇心，也失去了创造性。好奇心和创造性是紧密联系在一起的，好奇心、想象力是所有创造的基础，同时好奇心是一种快乐之源。科学研究也要有想象力，提出假说、进行推测、实验证明都需要想象力的参与。儒家讲仁、义、礼、智、信，其中仁和智是两个经常并提的概念，孔子有时也专门讲仁与智的关系。一个人的发展是和智力、智能、知识联系在一起的，人们认识世界、社会、人生、各种事情都是跟智联系在一起的。

孔子讲天和命多数情况是分开说的。孔子讲的天有不同的天，命也有不同的命，有正义的天、公道的天，有正义的命、使命的命。此外，孔子还讲一种超自然的天、超自然的命，这种超自然的天、超自然的命和那种被理性化的、正义化的天与命不一样，这种天、命必然是人类无法认识、无法左右的。“获罪于天，无所祷也”(《论语・八佾》)，是公正的、宗教性的、正义的天。“死生有命，富贵在天”(《论语・颜渊》)，是超自然的天、超自然的命。这种天、命有偶然性，也有必然性。在哲学、科学里面，这属于因果的非决定论和因果的决定论。过去人们说世界都是由因果决定的，现在人们说自然界不支持单一的因果决定性，还有偶然性、随机性、不确定性。例如，牛顿力学在宏观世界里面可能是通用的，但在微观世界就不通用了。这并不是说牛顿错了，他的理论在宏观领域仍然是正确的，只是不适合微观领域。微观领域就是量子学的领域，这一领域充满着随机性、不确定性。那么，孔子“五十而知天命”，知的是哪一种“天命”呢？孔子可能把两种“天命”都掌握了。

“六十而耳顺”，关于“耳顺”，一种解释说这是一种超自然的能力、高级的判断力，坐下一听就知道是非曲直；还有一种解释就是能听进去不同意见。人们常说忠言逆耳，那么“耳顺”就是听了不同的意见甚至批评的话后不仅不生气，还要顺耳。人都喜欢听好听的，因为人需要被肯定、被赞美，以此来获取存在的价值与意义，这与自我保护是统一的。要听进去别人的意见，特别是要听进去逆言、批评是非常不容易的，因为它不是一个人的自然倾向，恰恰跟人的自然相悖，而“耳顺”就是要听进去，不仅能听进去，还能听得很高兴、很愉快。孔子也是到了60岁才做到“耳顺”。

“七十而从心所欲，不逾矩”，孔子到70岁境界就更高了，人生非常达观，看待事情非常开放，做事情也都恰到好处了。

（二）王国维的人生三大境界

王国维在《人间词话》中说：

古今之成大事业、大学问者，必经过三种之境界。“昨夜西风凋碧树。独上高楼，望尽天涯路”，此第一境也。“衣带渐宽终不悔，为伊消得人憔悴”，此第二境也。“众里寻他千百度，蓦然回首，那人却在灯火阑珊处”，此第三境也。此等语皆非大词人不能道。然遽以此意解释诸词，恐为晏欧诸公所不许也。

意思是从古至今能够成就大事业、具有大学问的人，必须经过三重境界。“昨夜西风凋碧树。独上高楼，望尽天涯路”，这是第一重境界。“衣带渐宽终不悔，为伊消得人憔悴”，这是第二重境界。“众里寻他千百度，蓦然回首，那人却在灯火阑珊处”，这是第三重境界。这样子的词句，不是大词人是写不出来的。但是按照这样的意境来解释词句，恐怕晏殊、欧阳修等人不允许。

“昨夜西风凋碧树。独上高楼，望尽天涯路。”这是创作的开始，词人为了创设佳境而在脑海里构思，这种构思是孤独而又凄苦的，他仿佛登高远眺，澄怀味象，“收视反听，耽思傍讯，精骛八极，心游万仞。（刘勰《文心雕龙》）”“观古今于须臾，抚四海于一瞬。（陆机《文赋》）”这是词人对于意境的构思过程。词人所“望”的远近，直接决定了词作的意境的宏阔与狭小。

“衣带渐宽终不悔，为伊消得人憔悴。”这是词人为表现自己的思想感情而苦苦思索的创作过程，他们常常为了“吟安一个字，捻断数茎须”。在创作中，词人往往先确立要表现什么样的情感和思想，再营造一个能够表达这种思想和情感的意境，最后通过具体的语言把心中所想准确地再现出来。这个艺术再现的过程，就是迷惘执着的过程。

“众里寻他千百度，蓦然回首，那人却在灯火阑珊处。”在执着的艺术追求过程中，当你还沉醉在创作的迷醉状态中的时候，不知不觉地就完成了一个创作过程，完整的作品出现在眼前，就像你苦苦寻觅的女子蓦然出现在你的面前，艺术创作的过程就此完结。

这三种境界，可以说是“古今之成大事业、大学问者，必经过三种之境界”，也可以说是词人成长的三个过程，因为王国维说：“然遽以此意解释诸词，恐为晏欧诸公所不许也。”他的意思是说，用这三个境界来说明三个人的词意，就词解词，他们是绝不同意的，因为这不是三首词所呈现出的美。不管是论治学，还是论文学创作，王国维的境界说对中国学界产生了很大的影响。

这三大境界展示的就是人生的三个阶段：迷茫期，不知道人生何去何从，一片萧瑟与

迷茫；奋斗期，当迷茫过后换来了清醒，人生为了梦想去拼搏，去追逐，失败的痛与苦让人们长大，但是即使憔悴到“衣带渐宽”也无怨无悔，这也是人生的一种执着；醒悟期，当人们通过奋斗期得到了想得到的一切，这时回首来时路，却发现一直苦苦追求的东西原来一直在身边，这就是亲情与爱情，还有那个给你挡风避雨的家，到这时候人们才完成了人生境界的升华！

（三）冯友兰的人生四大境界

现代著名哲学家冯友兰把人生的境界分为自然境界、功利境界、道德境界、天地境界四种。自然境界和后三种的不同之处在于缺乏觉性，是人和动物的共通之处，后三种是具有觉性的真正属人的境界。

1. 自然境界

自然境界的特征是：在此种境界中的人，其行为是顺才或顺习的。此所谓顺才，其意义是普通所谓率性。普通所谓率性之性，正是说，人的生物学上的性。所以不说率性，而说顺才。所谓顺习之习，可以是一个人的个人习惯，也可以是一种社会习俗。在此境界中的人，顺才而行，“行乎其所不得不行，止乎其所不得不止”；抑或顺习而行，“照例行事”。

无论是顺才而行或是顺习而行，他对于其所行的事的性质，并没有清楚地了解。就是说，他所行的事，对于他没有清楚的意义。就此方面说，他的境界似乎是一个混沌。但他亦非对于任何事都无了解，亦非任何事对于他都没有清楚的意义。所以他的境界似乎是一个混沌。

自然境界就是很天然的境界，是生而为人，遵循着自己的本性或者天性所行事。这个境界是普通人最容易达成的境界，就像是吃饭喝水一样自然。冯友兰先生举了一个例子，如说是一个人去上大学，如果去问他你为什么上大学，有的人会有明确的目的，可能是自己的兴趣所致，也可能是想要在某个领域深造或有所作为，或者是提升学历便于谋生。可是有一类人，你问为什么要去读大学，他们可能会说：“我也不知道。”这类人就是处于自然境界的人，他们往往并不清楚自己做事的目的，只是按照自己的本性或者是社会规则去做事。处于自然境界的人，能得到的快乐也会比较少。严格地说，在此种境界中的人，不可以说是不识不知，只可以说是不著不察。孟子说：“行之而不著焉，习矣而不察焉，终生由之，而不知其道者众也。”朱熹说：“著者知之明，察者识之精。”不著不察，正是所谓没有清楚的了解。

有此种境界的人，并不限于在所谓原始社会中的人。即在现在最工业化的社会中，有此种境界的人亦是很多的。他们固然不是“日出而作，日入而息，凿井而饮，耕田而食”，也能“不识不知，顺帝之则”。有此种境界的人亦不限于只能做低价值事情的人。在学问艺术方面能创作的人、在道德事功方面能做“惊天地，泣鬼神”的事的人往往亦是“行乎其所不得不行，止乎其所不得不止”“莫知其然而然”。此等人的境界，亦是自然境界。

2. 功利境界

功利境界的特征是：在此种境界中的人，其行为是“为利”的。所谓“为利”，是为他自己的利。凡动物的行为，都是为他自己的利的。不过大多数动物的行为，虽是为他自己的利的，但都是出于本能的冲动，不是出于心灵的计划。在自然境界中的人，虽亦有为自己的利的行为，但他对于“自己”及“利”并无清楚的觉解，他没注意到自己有如此的行为，亦不了解他何以有如此的行为。

在功利境界中的人对“自己”及“利”有清楚的觉解。他了解他的行为是怎样一回事。他知道他有如此的行为。他的行为，或是求增加他自己的财产，或是求发展他自己的事业，或是求增进自己的荣誉。他有此种种行为时，了解这种行为是怎样一回事，并且自觉他有此种行为。

在此种境界中的人，虽其行为可能不同，但其最后的目的总是为他自己的利。他不一定只消极地为我，他可以积极奋斗，甚至牺牲自己，但其最后的目的还是为他自己的利。他的行为，事实上亦可是与他人有利，且可有大利的。例如，秦皇汉武所做的事业，有许多可以说是功在天下，利在万世。但他们之所以做这些事业，是为他们自己的利的。他们虽都是盖世英雄，但其境界是功利境界。

3. 道德境界

道德境界的特征是：在此种境界中的人，其行为是“行义”的。义与利是相反亦是相成的。求自己的利的行为，是为利的行为；求社会的利的行为，是行义的行为。在此种境界中的人，对人之性已有觉解。他了解人之性是含蕴有社会的。社会的制度及其间道德的政治的规律，就一方面看，大概都是对个人加以制裁的。在功利境界中的人，大都以为社会与个人是对立的。对于个人，社会是所谓“必要的恶”。人明知其是压迫个人的，但为保持其自己的生存，又不能不需要之。

在道德境界中的人，知人必于所谓“全”中，始能依其性发展。社会与个人，并不是对立的。离开社会而独立存在的个人，是有些哲学家的虚构悬想。人必须在社会中，始能存在，必须在社会中，始得完全。社会是一个全，个人是全的一部分。部分离开了全，就不成其为部分。社会的制度及其间的道德的政治的规律，并不是压迫个人的。这些都是人之所以为人之理中，应有之义。人必在社会的制度及政治的道德的规律中，始能使其所得于人之所以为人者，得到发展。

同道德境界相比，功利境界是相反的。在功利境界中，人的行为，都是以“占有”为目的。在道德境界中，人的行为，都是以“贡献”为目的。在功利境界中，人的行为的目的是“取”；在道德境界中，人的行为的目的是“与”。在功利境界中，人即于“与”时，其目的亦是在“取”；在道德境界中，人即于“取”时，其目的亦是在“与”。

4. 天地境界

天地境界的特征是：在此种境界中的人，其行为是“事天”的。在此种境界中的人，了解于社会的全之外，还有宇宙的全，人必于知有宇宙的全时，始能使其所得于人之所以为人者尽量发展，始能尽性。在此种境界中的人，有完全的高一层的觉解。此即是说，他已完全知性，因其已知天。他已知天，所以他知人不但是社会的全的一部分，而并且是宇

宙的全的一部分。不但对于社会，人应有贡献；即对于宇宙，人亦应有贡献。人不但应在社会中，堂堂地做一个人；亦应于宇宙间，堂堂正正地做一个人。

《庄子·山木》篇说“乘道德而浮游”“浮游乎万物之祖，物物而不物于物”，此是“道德之乡”。此所谓道德之乡，正是所谓的天地境界。不过“道德”二字联用，其现在的意义已与道家所谓的道德不同。为避免混乱，人们用“道德”一词现在的意义指代所谓的道德境界。

境界有高低。此所谓境界的高低是以到某种境界所需要人的觉解的多少为标准的。其需要觉解多者，其境界高；其需要觉解少者，其境界低。自然境界，需要最少的觉解，所以自然境界是最低的境界。功利境界，高于自然境界，而低于道德境界。道德境界，高于功利境界，而低于天地境界。天地境界，需要最多的觉解，所以天地境界，是最高的境界。至此种境界，人的觉解已发展至最高的程度。至此种程度人已尽其性。在此种境界中的人，谓之圣人。圣人是最完全的人，所以邵康节说：“圣人，人之至者也。”

第二节　价值取向能力的建构

大学生的职业价值取向能力建构是指大学生在职业选择和职业发展过程中，能够逐步形成自己具有特色的职业价值观和职业能力、职业兴趣与职业追求等方面的能力和素养。在职业价值观方面，大学生需要明确自己的职业目标和愿望，理性评估自己的职业倾向和职业适应性，并且认识到职业选择与价值实现之间的关系，积极探索自己的职业道路和发展方向，根据自身情况和社会实际情况进行判断和选择。

一、大学生职业价值观类型的分析

（一）物质回报型职业价值观

物质回报型职业价值观是指大学生在职业选择和评价中将物质回报作为主要考虑因素之一。这种价值观强调通过工作获得经济回报和物质利益，实现个人的财务稳定和物质生活的满足。对于持有物质回报型职业价值观的大学生来说，他们更注重工作带来的经济回报、收入水平和物质福利。学生对未来岗位的福利问题比较关注，包括是否有“五险一金”“工资是否高”“工作是否有额外收入”“单位是否有住房”等。这些因素在大学生求职时所占的比重相当多。他们可能更倾向于选择那些具有较高薪酬和经济收益的职业。

（二）社会贡献型职业价值观

社会贡献型职业价值观是指大学生在职业选择和评价中将社会贡献和影响作为主要考虑因素之一。这种价值观强调通过工作来为社会做出积极的贡献，追求一份能够改善社会、造福他人的职业。这类大学生在考虑职业选择时，对在未来岗位上是否“能够为社会、国家做出贡献”“能够促进民族进步”“对社会负担更多的责任”和“工作的社会公益性强”

等较为看重。对于持有社会贡献型职业价值观的大学生来说，他们更注重从事那些具有社会意义和公益价值的职业。他们追求通过自己的工作为社会带来积极的影响和变革，实现自己的社会责任感和人道主义精神。

（三）保障稳定型职业价值观

保障稳定型职业价值观是指大学生在职业选择和评价中将稳定性和保障作为主要考虑因素之一。这种价值观强调通过选择稳定而安全的职业路径来确保经济和职业的稳定性。这类大学生对未来岗位的效益、发展、稳定性等问题的认识，包括“单位是否有良好的发展前景”“是否有保障制度”“是否不用经常担心公司效益下降”和“担心被解雇”较为看重。对于持有保障稳定型职业价值观的大学生来说，他们更注重一个稳定的职业，具备一定的收入、福利待遇和职业安全性。他们寻求能够提供长期稳定就业机会和职业发展空间的职业。

（四）人际关系型职业价值观

人际关系型职业价值观是指大学生在职业选择和评价中将人际关系和合作性作为主要考虑因素之一。这种价值观强调通过工作与他人建立良好的人际关系，以及与团队协作和合作来实现个人和组织的发展。这类大学生对未来岗位同事关系和成果共享等问题的认识，包括“单位里的人际关系是否简单融洽”“能否与同事分享工作成果”“同事间能否互相帮助”和“能否交到很多朋友”等因素考虑得较多。对于持有人际关系型职业价值观的大学生来说，他们更注重与他人建立良好的合作关系，重视团队合作和集体价值。他们倾向于选择能够提供积极人际互动、协作和合作机会的职业。

（五）尊重自豪型职业价值观

尊重自豪型职业价值观是指大学生在职业选择和评价中将尊重和自豪感作为主要考虑因素之一。这种价值观强调通过从事令自己引以为豪的职业，实现对自己的尊重和自我价值认同。这类大学生对未来岗位和职工地位等问题的认识，包括对“个人是否受到他人和社会的尊重”“单位知名度是否高”“工作岗位是否令他人羡慕”“是否让自己有自豪感”较为看重。对于持有尊重自豪型职业价值观的大学生来说，他们更注重从事与个人价值观和兴趣相契合的职业，能够让他们感到自豪和满足。他们追求一种令自己尊重的职业，希望通过工作来实现个人的自我价值。

（六）独立自由型职业价值观

独立自由型职业价值观是指大学生在职业选择和评价中将个人的独立和自由作为主要考虑因素之一。这种价值观强调通过选择能够给予个人更大自主权和灵活性的职业，实现个人的自由和独立。这类大学生对未来岗位个人独立开展工作、工作发言权和自由选择等问题的认识，如“自己是否可以做出重大决定”“能否独立、自由地开展工作”“对自己的工作能否有发言权”和“可否自己选择工作方式方法”较为看重。对于持有独立自由型职业价值观的大学生来说，他们更注重追求一种工作环境和工作方式，能够充分发挥个人的

独立性和自主性。他们倾向于选择能够给予他们更多自由度和灵活度的职业，不喜欢受到过多限制和束缚。

（七）兴趣性格型职业价值观

兴趣性格型职业价值观是指大学生在职业选择和评价中将个人兴趣和性格特点作为主要考虑因素之一。这种价值观强调通过选择与自身兴趣和性格相匹配的职业，实现个人的满足和成就感。这类大学生对未来岗位是否符合个人的性格、兴趣、技长等方面问题的认识，包括工作上"能否充分发挥自己的技长""工作是否与自己的性格相符""工作能否符合自己的兴趣爱好""工作能否让人开心"较为看重。持有兴趣性格型职业价值观的大学生更注重从事自己喜欢且与个人性格相契合的职业。他们追求通过工作来体现自己的兴趣和激情，以实现个人的满足感和成就感。

（八）创新发展型职业价值观

创新发展型职业价值观是指大学生在职业选择和评价中将创新和发展作为主要考虑因素之一。这种价值观强调通过从事具有创新性和发展潜力的职业，实现个人的成长和进步。这类大学生对未来岗位是否有个人的提高和发展等问题的认识，包括"能否在领域内创造新东西""能否被鼓励创新并有条件""自己能否经常有培训提高的机会"和"以后是否有很好的发展前途"较为看重。对于持有创新发展型职业价值观的大学生来说，他们更注重追求一种能够激发创造力和促进个人成长的职业。他们追求通过工作来实现自己的创新和发展潜力，不断突破边界，追求个人和职业的进步。

（九）安全舒适型职业价值观

安全舒适型职业价值观是指大学生在职业选择和评价中将安全和舒适作为主要考虑因素之一。这种价值观强调通过选择稳定、安全和舒适的职业，追求经济稳定和日常生活的舒适感。这类大学生对未来岗位的工作强度、安全等方面问题的认识，包括"工作的压力是否大""工作环境是否舒适""是否不常出差或到外地工作"和"工作的性质是否安全"较为看重。对于持有安全舒适型职业价值观的大学生来说，他们更注重工作稳定性、收入保障和工作环境的舒适性。他们追求通过工作来获得稳定的收入和安全感，以保证自己和家庭的生活质量。

（十）道德规范型职业价值观

道德规范型职业价值观是指大学生在职业选择和评价中将道德规范和伦理价值作为主要考虑因素之一。这种价值观强调通过从事具有道德规范和伦理要求的职业，实现自身的职业发展和社会责任。这类大学生对未来岗位的良好风气和员工的职业道德等方面问题的认识，包括"领导的人品是否好""职业竞争是否公平""工作是否能不使人腐败"和"不发生道德困境"较为看重。对于持有道德规范型职业价值观的大学生来说，他们更注重遵循道德准则、秉持良好的道德品质，并以此为基础进行职业选择和行为决策。他们追求通过合乎伦理的职业参与，实现个人的成长和为社会做出贡献。

二、大学生职业价值观的影响因素

（一）社会因素对大学生职业价值观的影响

1. 经济制度转型对大学生职业价值观的影响

经济体制的改革对任何社会都是一个重大变革，我国从计划经济向市场经济转变，使社会经济制度由单一的公有制变为“以公有制为主体，多种所有制经济共同发展的基本经济制度”。经济体制的转变，必然带来社会利益格局的重大变化，随之而来的是社会价值观也相应发生转变。大学生作为社会脉搏跳动的敏感者，他们的价值观必然受制于社会存在，并随社会多元价值观的发展而变化。很多大学生呈现出追求现实的物质利益，注重眼前的生活享受和世俗化的经济价值取向，其职业价值观也表现出明显的多元化、功利化和自我化。多元化的大学生职业价值观是在社会背景下积极与消极、现代与传统交织的价值体系中形成的，他们的求职择业行为和职业生涯发展都受到这种价值观的影响。以公有制为主体，多种所有制经济共同发展的基本经济制度推动了人才市场的蓬勃发展，任何求职者都要走向人才市场，这给大学毕业生提供了更多更广泛的求职择业机会，与此同时，也使大学生职业价值观变得更加充实和丰富。

2. 社会文化交融对大学生职业价值观的影响

随着改革开放进一步深入，中外文化交流更加广泛，新旧思想的碰撞更加剧烈，以自我为中心的意识在逐渐增强。人们在评价事物、判断利弊和决定取舍时，常常以个人为中心，最大化追求自我价值的实现。一方面，中国传统文化中某些消极意识的影响。中国传统文化中的消极思想在民族文化之中占有很大比重，像“人为财死、鸟为食亡”“金钱万能”等思想都极大地影响大学生的职业价值取向。另一方面，西方文化渗透的影响。随着世界政治多极化、文化多元化和经济一体化的发展，西方社会借助政治、经济、科技、文化等诸多领域进行全面渗透，生活在中西方文化渗透与碰撞中的大学生深受国外文化与国内消极思潮，特别是受极端个人主义和功利主义等西方价值观的影响。在求职择业问题上表现得过度讲实惠、崇尚个人发展，忽视社会责任。

3. 就业政策制度改革对大学生职业价值观的影响

就业政策制度改革对大学生职业价值观有着重要的影响。一是市场竞争压力增加。就业政策制度改革可能导致就业市场竞争更加激烈，毕业生需要具备更多的专业知识、实践经验和综合素质，才能获得更好的就业机会。这种竞争压力可能促使大学生更加努力地学习和提升自己的能力，有助于形成积极向上的职业价值观。二是就业机会多元化。改革可能带来就业机会的多元化，包括考公务员，进国企、民企，创业等多种选择。对大学生而言，他们可以根据自身的专业特长、兴趣和价值观进行选择。这种多元化的就业机会有助于培养大学生对不同行业和岗位的认知，使他们形成开放、包容和适应力强的职业价值观。三是创业和自主就业支持。改革提供了更多的创业和自主就业支持政策，鼓励大学生创新创业。这种利好政策鼓励了大学生追求个人价值和自主发展，培养了他们的创新意识和创

业精神，从而促进了积极的职业价值观的形成。四是岗位稳定性变化。改革可能导致部分传统岗位的稳定性下降，部分新兴行业和岗位的兴起。大学生需要具备适应变化和不断学习的能力，调整职业规划和预期，形成积极应对变化和灵活性的职业价值观。

（二）学校因素对大学生职业价值观的影响

1. 学校课程设置对大学生职业价值观的影响

学校课程设置和内容对大学生职业价值观的影响主要体现在以下几个方面：

（1）专业选择和认知。学校提供的不同专业课程能够帮助学生了解不同职业领域的机会和挑战。通过学习相关专业知识和技能，学生能够更好地认知自己的兴趣和能力，进而做出更明智的职业选择。

（2）职业规划和发展。学校可以设置职业规划类的课程，帮助学生探索不同职业发展路径、了解就业市场的需求和趋势。这样的课程可以帮助学生制定长远的职业发展目标，并规划实现这些目标所需的步骤和技能。

（3）实践经验和能力培养。学校安排实践课程、实习项目和项目合作等，为学生提供实践经验和机会。通过参与这些活动，学生能够提升实际操作能力、了解职业领域的需求和挑战，并培养解决问题和合作的能力。

（4）跨学科和综合能力培养。学校可以设置跨学科和综合能力培养的课程，帮助学生培养创新思维、批判性思维和解决问题的能力。这样的能力培养有助于学生的职业发展，使他们能够应对复杂多变的职业环境和挑战。

（5）职业道德和社会责任。学校可以设置职业道德和社会责任的课程，培养学生的职业道德观念和社会责任感。这样的课程能够促使学生在职业选择和行为中考虑社会、环境和道德问题，培养他们成为有责任心和正直品质的职业人士。

因此，学校可以通过这些教育策略帮助学生塑造正确的职业观念和价值取向，为他们的职业发展打下良好基础。

2. 道德教育落实不足对大学生职业价值观的影响

德育教育在高校教育中占有重要地位。大到国家，小到个人，德都是立国安身之本。古语云“民无德不立，政无德不威”“小胜凭智，大胜靠德”，所以德是一个大学生成长成才的重要因素。在回顾我国高校德育教育取得的众多成绩的同时，也发现存在以下一些问题：

（1）在目标上，我国大学德育目标比较抽象、模糊，忽视基本品质素质培养，与学生实际脱节，德育内容漫无边际，存在远、大、虚、旧、偏的弊病。

（2）在内容上，跟不上变化的新形势，不能及时研究大学生道德上的新情况、新变化，不能遵循德育教育规律有的放矢地开展教育，应对市场经济带来的负面影响不及时、不到位。

（3）在形式上，单一僵化，多以灌输为主，将德育寓于人文、社会以及专业课的教学之中是不够的，很多学生不愿接受单一、枯燥的德育教育，学校道德教育常常显得苍白无力，实效不佳。这里有社会问题，也有高校自身的问题。提高对德育教育的认识尤为重要。德作为人才素质的基础，绝不是可有可无。高校作为培养高素质人才的摇篮，应将德育教育放到首要位置。

为此，高校必须认真思考和总结德育教育中存在的问题，将德育教育放到重要位置来抓。

3. 职业教育发展较慢对大学生职业价值观的影响

高校职业教育是大学教育内容中的重要组成部分，也是大学生职业价值观构建的重要渠道。当前，高校职业教育发展起步晚，发展不到位，也影响着大学生职业价值观的形成和变化。其中存在的问题如下：

（1）内容上单一。高校就业指导教育重择业技巧和就业政策指导，轻素质提升和职业价值观教育。当前，大学生在职业认知、职业选择和职业道德等职业价值观方面的认识明显不足，很多学生不能很好地处理国家、集体和个人三者间的利益关系，存在着个人利益至上，崇尚金钱等问题。另外教育上注重求职择业技巧多，对大学生如何提升职业素质引导不够。

（2）方法上不够科学。许多高校在职业教育中表现出“四重视四忽视”，即重视理论灌输，忽视社会实践；重视群体教育，忽视个性辅导；重视面上教育，忽视心理辅导；重视短期教育，忽视长期引导。为此，大学生职业价值观教育的针对性、实践性、层次性显得不够。

（3）在教师队伍建设上不够专业。职业指导教育的教师队伍建设不专业，很多教师缺少经验和职业经历，这些都大大影响了职业指导教育的效果。

（三）家庭因素对大学生职业价值观的影响

1. 家庭教育理念对大学生职业价值观的影响

家庭是孩子最早的生活环境，家庭教育是人接受教育的开端。父母是幼儿最早接触的人，也是幼儿遇到的第一个教育者，所以子女最早的价值观在很大程度上受父母和亲属的影响，这些价值观会影响子女日后的职业观念和职业行为。现在的问题是有些家庭在教育理念上存在着误区，如“望子成龙”“爱就是满足”“庇护代替爱护”等，由此带来子女教育的三大问题：

（1）依赖性问题。一方面是子女对父母和家庭的过度依赖；另一方面是家长大包大揽，替代子女做事，使子女养成了很大的依赖性。

（2）利己性问题。有的父母对子女过分宠爱，使子女养成了惯于接受他人的关爱而不知道去关爱他人的习惯，加上家里一切以孩子为中心，这让他们不能认识到关爱、谦让他人也是一种责任。

（3）孤僻性问题。独生子女在家中没有兄弟姐妹，只有父母的陪伴，所以容易感到孤独，而这种孤独要通过家里的父母关爱来弥补，但很多父母工作繁忙，无暇照顾子女，对孩子的陪伴和教育心有余而力不足。

因此，某些大学生存在的吃苦耐劳精神差、合作勤俭意识不强、道德品行水准不高等价值观问题，与家庭教育子女的理念有直接关系。

2. 家庭教育方式对大学生职业价值观的影响

随着我国独生子女家庭的出现，家长的教育方式也发生了很大变化，从过去的“粗放式”管理方式变成现在的“精细式”管理方式。家长的管理方式在很大程度上影响着大学生价值观的形成和变化。一般来说，家庭管理子女的方法有以下几种：

（1）娇宠型教育方式。这种教育方式主要是父母对子女溺爱，对子女有求必应、百依百顺，不让子女受一点委屈。这样的孩子长大后一般容易忽视别人的意见，吃苦精神差，动手能力差，缺乏独立解决问题的能力。

（2）专制型教育方式。这种教育方式主要是父母专横，一切由父母说了算，压制子女，家长视子女为私有财产，信奉“不打不成才”“棍棒底下出孝子”的古训。这种方式教育养出来的孩子往往会缺乏爱心，专横跋扈，对他人也简单粗暴。

（3）放任型教育方式。这种教育方式主要是家长对子女放任自流，实行“放羊式”的管理，充分相信“树大自然直”。如果父母教育思想滞后，加上教育方法欠妥，很少与孩子沟通，就极容易导致孩子性格孤僻，对外不善交往，对家长和老师常有抵触情绪。这些必将导致子女价值观的扭曲，影响孩子形成正确的职业价值观。

3. 家长从事的职业对大学生职业价值观的影响

美国职业指导专家霍兰德在他的职业选择理论中曾阐述：“早期的职业幻想往往预示着未来选择职业的方向。对于那些处于幻想状态的年轻人来说，他们原始的兴趣爱好和一直崇拜的职业促使他们形成职业理想，此时对自己的性格、知识、能力与职业间的关系考虑较少，职业选择容易带有随机性，很容易受环境的变化而发生变化。”而有关研究表明，子女早期的职业幻想主要来自他们的父母所从事的职业。一般来说，家长的思想道德水平、文化修养以及家庭环境，对子女职业理想的影响很大。换句话说，子女对父母越崇拜，父母地位越高，父母对子女的影响也越大，特别是成功人士家长，子女对他们职业的认可度更高，子女从父母给家庭带来的经济效益、社会地位、人际关系等方面看到了职业的优越性，这在很大程度上也会影响到子女的职业价值观。这是因为有一定地位的家长占有一定的社会资源和信息资源等，他们的子女就业相对容易。家长的社会关系将会影响子女求职的效果。因此，父母的职业对子女职业价值观的影响是不可忽视的。

（四）自身因素对大学生职业价值观的影响

1. 个人背景对大学生职业价值观的影响

个人背景是指大学生所在学校的层次、所学专业、年级、性别、家庭生活状况等因素。调查发现，这些因素是影响大学生职业价值观的重要方面。大学生的个人背景不同，在求职择业时考虑的因素就各有侧重。在学校层次方面，重点大学比一般院校的学生在职业选择上更看重单位的性质、层次、社会影响等；在是不是独生子女方面，独生子女对工作有更强烈的自主意识，更强调对社会做贡献，更看重人际关系和工作场所，更在乎对工作有无兴趣，更强调通过劳动获得荣誉和收入，更看重经济效益和展示个性，而非独生子女表现出更强的工作责任意识，对工作上的待遇更有所侧重，更追求职业的稳定和社会地位；在家庭生活状况方面，生活状况较好，平均收入超过5 000元家庭的学生往往首先考虑能有个人发展空间的单位，家庭收入在3 000元左右的学生在职业选择时把收入高低、能否解决自己生活所需的因素看得较重。所以说，不同背景的大学生的职业价值观有所不同，人们在进行大学生职业价值观教育时应考虑到学生的背景，对症下药，因人施教。

2. 职业认知对大学生职业价值观的影响

对职业性质、意义的认识及对职业的理解和探索是大学生职业认知的具体体现，职业认知能够判断和评估社会职业对自身的适应性，它对职业选择的结果有一定影响。第一，自我认知。自我认知中最重要的方面是自我评价。自我评价是主体对自己思想、愿望、行为和个性特点的判断与评价。大学生以科学的认知方法和手段客观地认识自己，尤其对自己的职业兴趣、技能和价值观等方面有清楚的了解，是他们做好职业定位的前提。第二，社会认知。大学生对求职择业问题的看法是大学生对社会问题认识的折射。部分大学生求职择业中过分看重经济收入、环境舒适度、劳动强度等因素，而较少考虑能为国家为社会做出多少贡献，这些职业价值观问题恰恰表明了大学生社会认知的偏差。第三，职业认知。对职业的认知直接关系到大学生的职业看法和职业选择。职业声望是人们对职业社会的主观评价，是由职业地位决定的，而职业地位是由不同职业所拥有的社会地位资源所决定的。职业声望高低的评价与求职者的文化程度、能力、道德有很直接的关系。需要指出的是，大学生如果对自我认知和职业认知不够充分，在职业选择过程中就极易出现偏差；地域、薪水、性质、社会地位等因素也与大学生对职业声望的评价有密切关系，所以职业认知对大学生职业价值观的形成和发展有很大影响。

3. 职业素质对大学生职业价值观的影响

职业素质是指从业者在一定生理和心理条件的基础上，通过教育培训、职业实践、自我修炼等途径形成和发展起来的在职业活动中起决定性作用的、内在的、相对稳定的基本品质。人的职业素质一旦形成，就会存在和表现于人们的一切职业活动和行为之中。大学生职业素质和能力是职业选择中竞争的重要因素。当前，很多大学生的发展不平衡。第一，知识、能力方面发展与思想道德方面发展不平衡。应该承认当代大学生有较扎实的专业知识和较强的工作能力，但是他们在职业道德方面的学习和历练较少，具体表现为责任感较差、诚信度较差等。第二，理论知识和实践能力发展不平衡。大学生理论基础知识扎实是公认的，但是实践能力缺乏已经影响他们的就业，特别是缺少岗位上的实习经历和工作经验，常常导致大学生求职失败或进入职场不适应。第三，知识的增长与心理素质发展不平衡。学校更多重视大学生的知识和技能教育，较少重视心理素质的教育和训练。随着我国市场经济体制转型，大学生在人才市场的竞争也是职业素质的竞争，个人职业素质高低对

职业起着筛选和定位作用，也是影响就业成功率高低的关键因素。

三、习近平总书记关于新时代青年工作的重要论述

（一）在纪念五四运动100周年大会上的讲话

青年是整个社会力量中最积极、最有生气的力量，国家的希望在青年，民族的未来在青年。今天，新时代中国青年处在中华民族发展的最好时期，既面临着难得的建功立业的人生际遇，也面临着“天将降大任于斯人”的时代使命。新时代中国青年要继续发扬五四精神，以实现中华民族伟大复兴为己任，不辜负党的期望、人民期待、民族重托，不辜负我们这个伟大时代。

第一，新时代中国青年要树立远大理想。

第二，新时代中国青年要热爱伟大祖国。

第三，新时代中国青年要担当时代责任。

第四，新时代中国青年要勇于砥砺奋斗。

第五，新时代中国青年要练就过硬本领。

第六，新时代中国青年要锤炼品德修为。

（二）在庆祝中国共产党成立100周年大会上的讲话

未来属于青年，希望寄予青年。一百年前，一群新青年高举马克思主义思想火炬，在风雨如晦的中国苦苦探寻民族复兴的前途。一百年来，在中国共产党的旗帜下，一代代中国青年把青春奋斗融入党和人民事业，成为实现中华民族伟大复兴的先锋力量。新时代的中国青年要以实现中华民族伟大复兴为己任，增强做中国人的志气、骨气、底气，不负时代，不负韶华，不负党和人民的殷切期望！

（三）在庆祝中国共产主义青年团成立100周年大会上的讲话

在中国共产党坚强领导下，全国各族人民万众一心、齐心协力，胜利实现了第一个百年奋斗目标，在中华大地上全面建成了小康社会，正在意气风发向着全面建成社会主义现代化强国的第二个百年奋斗目标迈进。

实现中国梦是一场历史接力赛，当代青年要在实现民族复兴的赛道上奋勇争先。时代总是把历史责任赋予青年。新时代的中国青年，生逢其时、重任在肩，施展才干的舞台无比广阔，实现梦想的前景无比光明。在庆祝中国共产党成立100周年大会上，共青团员、少先队员代表响亮喊出“请党放心、强国有我”的青春誓言。这是新时代中国青少年应该有的样子，更是党的青年组织必须有的风貌。

（四）在中国共产党第二十次全国代表大会上的报告

青年强，则国家强。当代中国青年生逢其时，施展才干的舞台无比广阔，实现梦想的前景无比光明。全党要把青年工作作为战略性工作来抓，用党的科学理论武装青年，用党的初心使命感召青年，做青年朋友的知心人、青年工作的热心人、青年群众的引路人。广

大青年要坚定不移听党话、跟党走，怀抱梦想又脚踏实地，敢想敢为又善作善成，立志做有理想、敢担当、能吃苦、肯奋斗的新时代好青年，让青春在全面建设社会主义现代化国家的火热实践中绽放绚丽之花。

第三节　实践行动能力的建构

马克思主义实践观认为，认识来源于实践，实践是认识发展的根本动力，检验认识真理性的唯一标准是实践，认识的最终目的也都是实践。认识的过程是人先在实践中形成感性认识，再运用科学思维上升到理性认识。教育的根本目的是人的全面发展，人的全面发展必须强调人的活动实践能力的发展。大学生在进行职业生涯构建的过程中只有在遵循马克思主义实践观的前提下进行探索和尝试，方可实现人生追求和价值。

一、认识自我的能力

认识自我是指理解和了解自己的内心世界、价值观、人格特点、优点和缺点的过程。这涉及对自己的情感、思维模式、行为和行为动机的深入认知。通过认识自我，个人能够建立更强大的内在基础，更坦诚地与自己和他人相处，并更有目标地追求个人的成长和幸福。认识自我是个人发展和成熟的基石，它为个人提供了理解自己和他人，更好地处理人际关系和生活中挑战的能力。

（一）认识自我的重要性

1. 促进自我发展

通过认识自己，个人能够了解自己的兴趣爱好、优点和潜力，从而有针对性地实现个人成长和发展。通过了解自己的特点和需求，个人可以选择适合自己的学习、工作和生活方式，实现自身潜力的最大化。

2. 增强个人自信

认识自己能够帮助个人树立良好的自我形象和强烈的自信心。个人清楚自己的优点和能力时，会更有信心面对挑战和困难，更加坚定地追求自己的目标。

3. 拥有明确的目标

认识自己可以帮助个人建立明确的人生目标和职业方向。了解自己的价值观和兴趣，可以帮助个人选择适合自己的职业或职业发展路径，从而提高工作满意度和生活质量。

4. 改善人际关系

通过认识自己，个人能够更好地理解自己的情绪和需求，从而更好地与他人建立良好的人际关系。了解自己的性格特点和沟通方式，可以帮助个人更有效地与他人相处，增进互信和理解。

总体来说，认识自己是个人成长和发展的基础，它可以帮助个人更好地理解自己的需

求、价值观和目标，选择适应自己生活和职业的道路。通过认识自己，个人能够更自信、更有目标地生活，并建立积极的人际关系，更好地应对生活中的各种挑战和困难。

（二）认识自我能力的培育

要提升认识自我的能力，可以考虑以下几种方法。

1. 自我反思和观察

可以定期对自己的行为、思维和情绪进行反思和观察。要关注自己的行为模式、反应和习惯，思考背后的动机和原因。

2. 冥想和内省

可以通过冥想和内省方式，静下心来观察自己的内心世界和情绪状态。要反省自己的思维方式、情绪体验和需求，以加深对自己的了解。

3. 使用自我评估工具

可以使用自我评估工具，如性格测试、能力测试等了解自己的性格特点、兴趣爱好和潜力。这些工具可以提供客观的视角，帮助认识自己的特点。

4. 寻求他人的反馈和意见

可以积极寻求来自他人的反馈和意见。与家人、朋友、同事等进行坦诚的交流，听取他们对自己的观察和意见，从中获得新的视角和反馈。

5. 接受自己的优点和弱点

要承认自己的优点和弱点，并接受自己作为一个独特个体的事实。不要苛求完美，不要将自己与他人过度比较，要积极地接纳自己的全貌。

6. 寻求专业指导

可以寻求专业心理咨询师或辅导员的帮助，与他们一起探讨自我认知的问题和挑战，借助专业的支持和方法，更好地认识自己。

通过以上方法，可以逐渐加深对自己的认识和理解，并持续提升自我认知的能力。这将有助于大学生更好地理解自己的需求、价值观和目标，促进个人成长和发展。

二、认识环境的能力

认识环境的能力包括观察和感知环境能力、收集和整理外界数据能力、多角度思考环境能力、预测和判断环境能力等，这些能力是认识环境的基础，对于人们的生存和发展非常重要，也是许多行为和决策的基础。

（一）认识环境的重要性

1. 增强适应能力

通过对环境的认识，人们可以准确了解环境的特点、趋势和变化。这样可以帮助人们更好地适应环境，及时调整策略、行动和决策，以应对不同的挑战和变化。

2. 有助于把握机遇

认识环境可以帮助人们捕捉和把握机遇。了解行业、社会、市场等环境的变化和趋势，可以发现新的商机、创新点或职业发展机会，从而及时抓住机遇，取得竞争优势。

3. 帮助预测风险

环境中存在着各种风险和不确定性，通过对环境的认识，人们可以更好地识别和预测可能出现的风险，有助于制定风险管理和防范策略，降低风险带来的负面影响。

4. 提升决策质量

对环境有深入的了解可以提升决策质量。了解环境的各种因素和变量，可以让人们准确地把握问题的本质和影响因素，从而做出更明智、可行的决策。

总而言之，认识环境对于个人和组织来说非常重要。它有助于人们适应环境变化，抓住机遇，预测风险，提升决策质量，促进有效沟通和合作，以及推动创新和发展。不断提升对环境的认识，可以提高人们在复杂的现实环境中的竞争力和适应能力。

（二）认识环境能力的培育

1. 分析生活环境

（1）学会观察和感知环境。仔细观察和感知你所处的生活环境，包括物理环境、社会环境、文化环境等方面。注意观察人们的行为、社会规则和价值观以及环境中的变化和趋势。

（2）学会收集周围环境信息。要积极主动地收集与生活环境相关的信息。个人可以通过阅读新闻、书籍、杂志，关注社交媒体，参与社区活动等方式获取各种信息，了解环境中的问题、挑战和机遇。

（3）要注意分析和整理数据。个人可以使用思维导图、SWOT 分析法等逐步了解生活环境中的优势、劣势、机会和威胁。同时，也要注意找出环境中的潜在问题和矛盾。

（4）要考虑多方观点。在分析生活环境时，要考虑多方观点和利益相关者的立场，要了解不同群体、组织和利益相关者的需求、动机和利益，以全面理解生活环境的各个方面。

（5）要持续监测和评估环境。生活环境是不断变化的，因此需要持续监测和评估环境的变化和效果。个人需要根据评估结果，及时调整策略和行动计划，以适应环境的变化和动态。

通过对生活环境的分析，个人可以更全面地了解环境中的问题和机遇，有针对性地制订行动计划，提高适应环境的能力；也能够更好地应对生活中的挑战和压力，实现个人和组织的发展与成长。

2. 分析学习环境

对于大学生来说，分析学校的学习环境是非常重要的，以下是一些建议：

（1）参观校园。仔细观察和感知学校的学习环境，包括教学设施、图书馆、实验室、学生社团等，教学质量、课程设置、学生活动等，以了解学校提供的学习资源和学术氛围。

（2）与他人交流。可以与学校的老师、学长、同学们进行交流，了解他们对学习环境的体验和看法。通过与他人分享和讨论，获得多个视角和观点，帮助自己全面了解学校的学习环境。

（3）了解学科专业设置。研究学校的学科专业设置和教学质量，了解每个专业的优势、课程设置、教学方法等，有助于你选择适合自己兴趣和目标的专业，提前了解专业的发展前景。

（4）查看学校官网和学术资源。可以通过浏览学校的官方网站了解学校的学术资源和学习支持服务。学校官网通常提供学习资源、图书馆资料、学术活动和研究项目等相关信息。

（5）考虑师资力量。要了解学校的师资力量和教师背景，包括教师的教学和研究经验。师资力量对于学习环境和教学质量有着重要影响，一个优秀的师资队伍可以提供更好的学习支持和指导。

（6）获取校友反馈。可以通过与校友交流了解他们的学习经验和职业发展情况。校友的反馈可以为你提供关于学习环境和毕业后发展的有价值的信息和见解。

通过分析学校的学习环境，大学生可以更好地了解学校的教学质量、学习资源和学术氛围，为自己的学习和发展做出明智的选择和决策。

3. 分析社会环境

对于大学生来说，分析社会环境是重要的，可以通过以下方法进行：

（1）掌握获取社会信息的渠道。要积极关注新闻、媒体、社交媒体，了解社会、国家和国际的发展动态；深入了解社会的经济、政治、文化、科技等各个方面的变化和趋势。

（2）深入研究社会问题。要关注社会问题，对社会问题进行研究和分析，选择感兴趣的社会议题深入挖掘其背后的原因和影响，了解问题对个人和社会的影响。

（3）观察社会现象。要仔细观察社会现象和行为，关注人们的行为模式、价值观念和社会规范；思考社会现象背后的动因和原因，分析社会变化的趋势和影响。

（4）参与社会活动。要积极参与社会活动，如志愿者活动、社区服务等；通过与不同群体的交流和互动，了解他们的需求、观点和问题，深入了解社会的多样性和差异。

（5）学习社会科学知识。要学习社会科学相关的知识，如社会学、政治学、经济学等，通过学习这些学科了解社会系统、社会关系和社会结构的运作规律，提高个人对社会环境的分析能力。

（6）培养批判思维。培养批判思维能力，审视社会现象和问题，不仅要了解表面现象，还要深入思考其背后的原因和根源，从多个角度进行分析和评估。

通过以上方法，大学生可以更好地分析社会环境，提高社会洞察力和综合分析能力。这将帮助大学生更准确地认识社会现象和问题，为个人的发展和社会的进步做出贡献。

4. 分析工作环境

对于大学生来说，分析未来的工作环境是重要的，可以通过以下几种方法进行：

（1）研究行业和趋势。要了解目标行业的现状和未来趋势，研究行业报告、趋势预测和专业机构的观点，掌握行业中的关键发展趋势和技术创新。

（2）关注技术发展。要特别关注当下和未来的科技创新和技术发展，如人工智能、大数据、物联网等。要了解这些技术如何改变不同行业的工作方式和需求，评估自己在相关技术领域的知识和技能。

（3）建立网络和联系。要与业界专家、职业导师、校友等建立联系和交流。要参加行业会议、职业活动和社交活动，与从业者分享经验和见识，获取关于工作环境和职业发展的洞察力。

（4）通过实习和实践积累经验。要通过实习、暑期工作等实践机会，亲身体验不同工作环境和岗位。要通过实践经验了解工作环境的工作流程、工作要求和团队合作情况，评估自己的适应性和技能匹配度。

（5）掌握就业市场信息。要了解就业市场上的需求和趋势，关注人才招聘信息、薪资水平、岗位竞争情况等。这将帮助你了解工作环境的竞争激烈程度、就业前景和薪资待遇。

通过以上方法，大学生可以更好地分析未来的工作环境，了解行业趋势和技能需求，为自己的职业发展做出明智的决策和规划；时刻保持学习和适应变化的态度，并灵活调整自己的知识和技能，以适应和应对未来工作环境的挑战。

三、确定目标的能力

确定目标能力是指个体能够明确和设定具体、可行、有约束力的目标的能力，并能够编制行动计划和采取行动，以实现这些目标。它包括自我认知、目标设定、制订行动计划、采取行动、持续反馈和调整。确定目标能力对于个体的职业和生活发展非常重要。它可以帮助个体从繁杂的事务中脱颖而出，取得更好的职业和生活表现，实现个人的目标和梦想。

（一）确定目标的重要性

1. 指导行动

目标为个人提供了明确的方向和目标，指导自己所要采取的行动和决策。它可以帮助个人集中精力和资源，避免分散注意力和迷失方向，提高工作的有效性和高效性。

2. 增强动力与意义

具有明确目标的人更容易保持积极的动力和工作意义。目标为个人提供了奋斗的动力和意义，激发个人的内在动机，使个人更加坚定和富有动力地朝着目标努力。

3. 衡量进展与评估成果

通过设定明确的目标，个人可以衡量职业规划的进展和评估职业规划的成果。目标具有可衡量性，可以使用指标和标准来评估个人的达成情况，从而提供了一个有效的衡量和反馈机制。

4. 提高效率和规划能力

确定目标有助于提高个人的效率和规划能力。有明确的目标可以帮助个人更好地规划

和安排工作，避免无效的行动和时间浪费，使个人更加专注和有序地完成任务。

5. 促进个人成长和职业发展

目标是个人成长和职业发展的驱动力。通过确定个人发展的目标，个人可以有针对性地培养和提升相关的知识、技能和经验，实现自我提升和职业发展的目标。

总之，确定目标对于个人和组织来说非常重要。它为个人提供了明确的方向和动力，帮助个人规划和重点工作，提高效率和成果。同时，目标也是衡量进展和评估成果的标准，能促使个人和组织不断进步和成长。通过明确目标，个人能够更容易迈向成功和实现自己的愿景。

（二）确定目标能力的培育

1. 明确人生目标

明确人生目标是一项重要的任务，特别是对于大学生来说，这个阶段是他们开始思考未来方向和目标的关键时期。

（1）探索和尝试。大学生可以通过尝试新的活动、课程和实习等，了解自己的兴趣和天赋，发现新的领域和可能性。要尽可能地参与不同的经历，积极拓宽自己的视野和思维。

（2）设定短期目标。大学生可以先设定一些具体的、可衡量的短期目标，这些目标可以是与学业、健康、人际关系等方面相关的；再通过实现这些短期目标，不断积累经验和成就感，进一步明确自己的人生方向。

（3）寻求导师或咨询。大学生可以寻找导师、教授、行业专业人士或职业咨询师等，向他们寻求建议和指导。他们能够提供宝贵的见解和经验，帮助自己更好地明确人生目标。

（4）制定目标和规划。大学生可以基于前面的自我反思和探索，制定长远的、具体可行的人生目标。这些目标应该是明确的、可量化的，包括职业发展、个人成长、家庭生活和社会影响等方面。

（5）持续学习和发展。人生目标是一个不断演变和发展的过程。大学生应该持续学习、积累经验和发展技能，不断调整目标，适应变化的环境和机会。重要的是，大学生要明确人生目标是一个不断探索和调整的过程，并不要求一开始就一定要有确切的答案。

2. 分解人生目标

将人生目标分解为更具体、可行的子目标可以帮助大学生更好地实现它们。

（1）确定人生发展的主要领域。大学生要先确定最感兴趣或希望在人生中重点发展的领域，它们可能是职业发展、学术成就、人际关系、身体健康等。

（2）设定长期目标。大学生要在每个主要领域内设定一个长期目标。这些目标应该是具体、可衡量的，如获得某个职业的高级职位、博士学位、建立健康的生活方式等。

（3）分解为中期目标。大学生要将每个长期目标分解为中期目标，通常为 3 ～ 5 年的时间跨度。这些中期目标可以是在实现长期目标之前需要达到的里程碑，如完成专业课程、获得实习经验、参与领导力培训等。

（4）制定短期目标。大学生要将每个中期目标进一步分解为短期目标，通常为 6 个月至 1 年的时间跨度。这些短期目标应该是具体、可衡量的，可以通过行动来实现，如完成某门课程、获得专业认证、参加学术研究等。

（5）制订行动计划。大学生要为每个短期目标确定必要的步骤、时间表和资源，制订具体的计划，包括制订学习计划、申请实习或奖学金、参加培训等来实现这些目标。

（6）持续评估和调整。大学生要持续评估目标的进展和实施计划的有效性，根据需求和环境的变化，灵活地调整目标和计划，时刻保持目标的可行性和可达性。

通过将人生目标分解，再辅之以行动计划和评估调整，大学生可以更好地组织自己的时间和资源，逐步实现长期愿景。这种分解方法还有助于提供清晰的方向和里程碑，帮助大学生保持动力，并有条理地前进。

3. 定期调整目标

定期调整目标对于大学生来说是非常重要的，因为人的兴趣、价值观和目标往往会随着时间和经历的变化而发生变化。

（1）评估目标的实现情况。这里主要是评估之前设定的目标的实现情况，评估目标是否已经实现或接近实现，以及实现目标的过程中的经验和成长。

（2）调整目标和优先事项。大学生要基于自我反思和目标评估的结果，考虑对目标进行调整或重新设定。调整可以包括重新明确目标、修改目标的时间表、设定新的里程碑等。同时，优化和重新排列当前的优先事项，以便更好地支持新目标的实现。

（3）寻求反馈和意见。大学生要寻求身边的导师、教授、行业专业人士、家人和朋友的反馈和意见。他们可能能够提供宝贵的观点和建议，帮助大学生更好地了解自己和调整目标。

（4）探索新的机会和领域。大学生要积极地参加实习、志愿者活动、研究项目等，尝试新的事物，从中获取新的经验和了解，这有助于确定新的兴趣和方向。

需要强调的是，调整目标是一个灵活的过程，并且需要与个人的发展和环境的变化相适应。大学生应保持开放的心态，勇于调整和追求新的目标，以便能够更好地反映他们当前的兴趣和个人成长的需求。

四、制订职业生涯规划的能力

制订职业生涯规划的能力是指个体能够系统性地思考、规划和管理自己的职业发展和个人生活目标的能力。它包括自我认知和职业意识、目标设定和定位、资源评估和整合、策略制定和实施、不断学习和适应能力。良好的制订生涯规划能力对个人成功和幸福至关重要，它可以帮助个体更加有序地规划和管理自己的职业生涯和个人生活，提高职业满意度和生活质量。

（一）制订职业生涯规划的重要性

1. 明确方向和目标

职业生涯规划能力使大学生能够明确自己的职业方向和目标。它能帮助大学生了解自己的兴趣、价值观和优势，从而选择符合自己的兴趣和目标的职业道路。

2. 提高决策能力

职业生涯规划能力可以帮助大学生提高决策能力。它要求大学生收集信息、分析和评估不同职业选项的优缺点，以便做出明智的职业选择。

3. 建立自信和动力

制订职业生涯规划可以帮助大学生建立自信和动力。大学生有明确的目标和规划时，会感到更有自信和动力去追求自己的职业发展，并更自信地面对职业挑战和困难。

4. 提供持续发展的框架

职业生涯规划提供了一个持续发展的框架，能帮助大学生设定短期和中期目标，并制订相应的行动计划。这有助于大学生在职业生涯中进行自我评估、学习和成长，并保持职业发展的动力。

总而言之，制订职业生涯规划能力对于大学生来说非常重要。它不仅能够使他们明确职业目标，提高决策能力和做好早期准备，还能够建立自信和动力，并帮助他们在职业发展中保持持续的成长和进步。

（二）制订职业生涯规划能力的培育

制订职业生涯规划是一个个性化的过程，因为每个大学生的兴趣、目标和背景都不同。

1. 进行自我评估和探索

要花时间进行自我评估，了解自己的兴趣、价值观、优势和目标，思考自己在哪些领域有强烈的兴趣，什么样的工作环境和职业符合自己的价值观和追求。

2. 探索职业选项

要研究和了解各种职业选项和行业，探索不同职业的要求、发展前景和所需的技能，参与实习、校园招聘活动和行业讲座，与职业人士交流，了解他们的经验和观点。

3. 设定职业目标

要根据自我评估和职业探索的结果，设定长期职业目标。这些目标应该是具体、可衡量的，并与个人的兴趣和愿景相一致。

4. 制订行动计划

要为实现职业目标制订具体的行动计划，根据职业目标制定短期目标和计划，确定所需的步骤和行动以及实现这些目标所需的时间和资源。

5. 开发关键技能

要确定需要开发的关键技能和知识，参与课程、培训和实践活动，提高所需的专业技能和软技能，以更好地支持职业发展。

6. 要寻求指导和反馈

要向导师、教授、行业专业人士和职业咨询师等寻求指导和反馈。他们能够提供宝贵的建议和意见，帮助大学生更好地制订职业生涯规划并做出决策。

重要的是，大学生应该不断提醒自己，职业生涯规划是一个动态的过程，并且会随着时间和经验的变化而发展。灵活性和持续的自我评估是制订职业生涯规划的关键。

五、反馈修正的能力

反馈修正的能力是指个体对外部反馈信息做出调整和改变的能力。它包括接受反馈、分析反馈、反思与修正、持续学习。反馈修正的能力对于个体的成长和发展有着十分重要的意义。

（一）反馈修正的重要性

1. 适应变化

大学生面临的环境和情境在不断变化，无论是在学术、社交还是职业层面。反馈修正能力使他们能够灵活适应这些变化，接受改变，并及时调整他们的行动和决策。

2. 提高学习效果

反馈是学习的关键组成部分，它提供了对大学生目前表现的评估和指导。通过接受并积极运用反馈，大学生可以识别出他们的弱点和需要改进的领域，并有针对性地调整学习方法和策略，以提高学习效果。

3. 促进个人成长

通过接受反馈并做出必要的修正，大学生有机会不断成长和发展。接受挑战、面对困难并从错误中汲取教训，有助于他们积累经验、提高能力和增强适应性。

总之，反馈修正能力对大学生来说非常重要。它帮助大学生适应变化，提高学习效果，提高自我意识，促进个人成长，提高人际关系，并适应职业发展。这种能力是成功的关键之一，可以为大学生带来更好的学术成果、个人发展和职业前景。

（二）反馈修正能力的培育

通过培养大学生的反馈修正能力，大学生可以更好地应对挑战、提高自己的表现，并成为灵活适应变化的个体。这将为大学生的学术、专业和职业发展打下坚实的基础。

1. 积极拥抱反馈

要鼓励大学生积极接受反馈，无论是来自教师、同学还是职业指导员。帮助他们理解反馈的价值，并将其视为学习和成长的机会，而不是对个人的批评。反馈可以为大学生提供宝贵的信息，帮助他们了解自己的优势和不足之处。通过接受反馈，大学生可以了解在职业发展中的发展方向和改进机会，从而调整自己的职业规划和行动计划。

2. 树立开放心态

要培养大学生的开放心态，使他们愿意接受不同的观点和意见。鼓励他们主动寻求反馈，并从不同的角度思考问题，以拓宽他们的视野和增加对问题的理解。树立开放心态使大学生能够接纳多样性和不确定性。职业世界充满了各种人才、观点、机会和变化，拥抱多样性意味着能够欣赏和尊重不同的背景、经验和观点，能够让自己更广泛地学习和适应不同的职业环境。

3. 学会自我反思

要鼓励大学生进行自我反思，主动评估自己的表现和进展；帮助他们发展自我意识，识别自己的优势和盲点，并思考如何改进和发展。自我反思可以帮助大学生了解自己的兴趣和价值观。通过反思自己的经历、喜好和内心的动机，大学生可以更清楚地了解自己真正感兴趣的领域和价值观，并将其纳入职业规划的考虑范围。

4. 寻求多样化的反馈源

要鼓励大学生从不同的来源，如教师、同学、导师、职业咨询师或行业专业人士那里寻求反馈。不同的视角和经验可以提供全面的反馈，从而帮助大学生全面了解自己的表现并做出调整。寻求多样化的反馈源可以提供不同的视角和观点。不同的人或组织可能具有不同的经验、专业知识和背景，他们的反馈可以提供全面的信息和观点，帮助大学生更全面地了解自己的职业能力和发展潜力。

5. 寻求解决方案

要根据反馈提出的问题或建议，鼓励大学生采取具体的行动并实施解决方案，帮助大学生制订行动计划，设定里程碑，提供支持和资源，以保持他们的动力和持续性。寻求解决方案可以帮助大学生培养解决问题的能力。职业生涯中会面临各种挑战和困难，通过主动寻求解决方案，大学生可以发展逻辑思维、创新能力和解决问题的技巧，从而更好地应对职业生涯中的各种挑战。

坚持马克思主义实践观对大学生来说是非常重要的。大学生要加强实践锻炼，积极参与各种实践活动，如社会实践、志愿者活动、实习等，通过亲身经历来认识和理解社会，提高自己的实践能力。要努力寻求真理，秉持开放、批判的态度，积极寻求真理。在实践中，大学生要不断探索和思考，尝试与实际相结合，从实践中总结经验教训，不断改进和完善自己的认识。要关注社会问题，关注社会发展、问题和改革，培养对社会问题的敏感性和责任感。要通过观察和研究社会现象，深入了解问题的根源，进而明确自己的职业生涯规划。要与群众紧密联系，与广大群众保持紧密的联系，了解他们的需求和意见。要通过参与社区活动、交流互动等形式，听取他们的意见和建议，将其作为改进自己职业生涯规划的依据。要通过坚持马克思主义实践观，不断深化自己对社会现象和问题的认识，锻炼实践能力，提高社会责任感，为社会进步和发展做出贡献，在实践中不断丰富和完善自己的理论认识，为将来的职业发展打下坚实的基础。

第四节　中国式现代化进程中大学生职业发展的价值取向与路径选择

一、中国式现代化理论概述

（一）中国式现代化的内涵

从现在起，中国共产党的中心任务就是团结带领全国各族人民全面建成社会主义现代化强国、实现第二个百年奋斗目标，以中国式现代化全面推进中华民族伟大复兴。

在中华人民共和国成立特别是改革开放以来长期探索和实践的基础上，经过十八大以来在理论和实践上的创新突破，中国共产党成功推进和拓展了中国式现代化。

中国式现代化，是中国共产党领导的社会主义现代化，既有各国现代化的共同特征，更有基于自己国情的中国特色。

（二）中国式现代化的五大特征

1. 中国式现代化是人口规模巨大的现代化

我国十四亿多人口整体迈进现代化社会，规模超过现有发达国家人口的总和，艰巨性和复杂性前所未有，发展途径和推进方式也必然具有自己的特点。我们始终从国情出发想问题、作决策、办事情，既不好高骛远，也不因循守旧，保持历史耐心，坚持稳中求进、循序渐进、持续推进。

2. 中国式现代化是全体人民共同富裕的现代化

共同富裕是中国特色社会主义的本质要求，也是一个长期的历史过程。我们坚持把实现人民对美好生活的向往作为现代化建设的出发点和落脚点，着力维护和促进社会公平正义，着力促进全体人民共同富裕，坚决防止两极分化。

3. 中国式现代化是物质文明和精神文明相协调的现代化

物质富足、精神富有是社会主义现代化的根本要求。物质贫困不是社会主义，精神贫乏也不是社会主义。我们不断厚植现代化的物质基础，不断夯实人民幸福生活的物质条件，同时大力发展社会主义先进文化，加强理想信念教育，传承中华文明，促进物的全面丰富和人的全面发展。

4. 中国式现代化是人与自然和谐共生的现代化

人与自然是生命共同体，无止境地向自然索取甚至破坏自然必然会遭到大自然的报复。我们坚持可持续发展，坚持节约优先、保护优先、自然恢复为主的方针，像保护眼睛一样保护自然和生态环境，坚定不移走生产发展、生活富裕、生态良好的文明发展道路，实现中华民族永续发展。

5. 中国式现代化是走和平发展道路的现代化

我国不走一些国家通过战争、殖民、掠夺等方式实现现代化的老路，那种损人利己、充满血腥罪恶的老路给广大发展中国家人民带来深重苦难。我们坚定站在历史正确的一边、站在人类文明进步的一边，高举和平、发展、合作、共赢旗帜，在坚定维护世界和平与发展中谋求自身发展，又以自身发展更好维护世界和平与发展。①

（三）中国式现代化的本质要求

中国式现代化的本质要求是：坚持中国共产党领导，坚持中国特色社会主义，实现高质量发展，发展全过程人民民主，丰富人民精神世界，实现全体人民共同富裕，促进人与自然和谐共生，推动构建人类命运共同体，创造人类文明新形态。

（四）中国式现代化的重大原则

1. 坚持和加强党的全面领导

坚决维护党中央权威和集中统一领导，把党的领导落实到党和国家事业各领域各方面各环节，使党始终成为风雨来袭时全体人民最可靠的主心骨，确保我国社会主义现代化建设正确方向，确保拥有团结奋斗的强大政治凝聚力、发展自信心，集聚起万众一心、共克时艰的磅礴力量。

2. 坚持中国特色社会主义道路

坚持以经济建设为中心，坚持四项基本原则，坚持改革开放，坚持独立自主、自力更生，坚持道不变、志不改，既不走封闭僵化的老路，也不走改旗易帜的邪路，坚持把国家和民族发展放在自己力量的基点上，坚持把中国发展进步的命运牢牢掌握在自己手中。

3. 坚持以人民为中心的发展思想

维护人民根本利益，增进民生福祉，不断实现发展为了人民、发展依靠人民、发展成果由人民共享，让现代化建设成果更多更公平惠及全体人民。

4. 坚持深化改革开放

深入推进改革创新，坚定不移扩大开放，着力破解深层次体制机制障碍，不断彰显中国特色社会主义制度优势，不断增强社会主义现代化建设的动力和活力，把我国制度优势更好转化为国家治理效能。

5. 坚持发扬斗争精神

增强全党全国各族人民的志气、骨气、底气，不信邪、不怕鬼、不怕压，知难而进、迎难而上，统筹发展和安全，全力战胜前进道路上各种困难和挑战，依靠顽强斗争打开事业发展新天地。②

---

① 中国政府网，2022 年 10 月 25 日。

② 中国政府网，2022 年 10 月 25 日。

二、大学生在中国式现代化征程中的作用与定位

（一）新型城镇化战略的有力推动者

青年是人口结构中最为活跃的部分，青年流动人口日益成为流动人口的重要组成部分。改革开放以来，我国城市化建设快速推进，同时，社会主义市场经济的发展为劳动力在城乡间、地区间自发流动和再分配提供了有利条件，大量农村青年劳动力涌入城市，人口流动常态化，推动青年快速城镇化，青年人口在城市的集聚为城市发展带来了生机与活力。当前，人口流动已成为我国的一个普遍现象，2010 年我国流动人口为 2.21 亿人。2020 年第七次全国人口普查显示，2020 年全国流动人口为 3.76 亿人，较 2010 年增长了 69.73%，14 ～ 35 岁青年流动人口也从 2010 年的 1.21 亿增长至 2020 年的 1.61 亿。2020 年，流动青年占青年人口的比例为 40.24%，比总人口中流动人口比例高了 13 个百分点，比 2010 年流动青年占比高 14.11%，可见青年的流动性高于总人口的流动性，流动的强度也随着时间推移不断增强。城市化建设和人口流动使得青年城镇人口比重持续上升，1982 年，我国青年人口城镇化率只有 22.53%，2020 年则超过了 70%，不到 40 年，比例增长了 2 倍多。由于青年人口比其他年龄人口更易流动，青年的城镇化程度始终高于总人口的城镇化程度。我国流动人口群体也日渐多元，新生代流动人口、城—城流动人口等日益成为流动人口的重要组成部分，“80 后”“90 后”甚至“00 后”新生代所占比重较大，2020 年青年流动人口占到了总流动人口的 42.76%，这些新生代流动人口的特点是受教育水平高，年轻化、知识化、技能化趋势明显。如果说 20 世纪 70 年代至 90 年代的流动青年秉承的是“离土不离乡”，那么 20 世纪 90 年代至 21 世纪初的流动青年认同的是“离土又离乡”，而 2000 年后的流动青年偏好的则是“离土不回乡”。当代青年流动人口对家乡情结日益弱化，甚至一些青年流动人口是作为“流动儿童”在城市成长起来的，比父母一辈更渴望融入城市。大量的青年流动人口推动了我国城镇化进程，也是推进中国式现代化必不可少的重要力量。

（二）人才强国战略的人力资本支撑

改革开放 40 多年来，我国青年受教育程度普遍提高，受教育结构实现了从小学 / 初中文化程度为主到高中 / 大学文化程度为主的转变，受教育年限延长。1986 年《中华人民共和国义务教育法》实施后，我国义务教育覆盖率不断提高，青年接受高等教育的机会也随着高等教育扩招等教育政策的实施不断增加，且近年来增速明显。2020 年我国高等教育毛入学率达到 54.40%，表明我国由高等教育大众化阶段进入普及化阶段。普及九年制义务教育、大力发展高等教育等政策措施取得了显著成效，青年人口素质不断提升。1982—2000 年，我国青年受教育水平以小学和初中文化程度为主，1982 年、1990 年、2000 年小学 / 初中文化程度的青年占比分别达 66.80%、78.55% 和 76.10%，受义务教育政策实施影响，未上过学的青年比例显著降低，但高中文化程度和大学学历的青年比例变化缓慢，平均受教育年限自 7.01 年增至 9.08 年。受高等教育扩招政策影响，2000 年后高中文化程度和大学学

历的青年占比迅速提高，2020 年初中文化程度的青年占比下降明显，青年文化程度结构实现了从小学 / 初中文化程度为主到高中 / 大学文化程度为主的转变，平均受教育年限增至 12.03 年，比 15 岁及以上人口高 2.12 年，如表 5-1 所示。随着我国高等教育实现了从大众化到普及化，新增劳动力平均受教育年限也不断增长，2022 年，我国 16 岁至 59 岁劳动年龄人口平均受教育年限达到 10.93 年，新增劳动力平均受教育年限达到 14 年，比 2021 年增加 0.20 年，54.30% 的新增劳动力接受过高等教育。青年受教育水平的显著提升为中国式现代化提供了强大动力、夯实了牢固的根基。只有形成与中国式现代化的推进阶段相适应的青年人力资本供给，并构建起与中国式现代化相适应的知识体系，我国才能在人口大国转变为人力资源强国过程中拥有取之不尽的源头活水。

表 5-1　1982—2020 年我国青年受教育程度和平均受教育年限

年　份	文化程度结构 /%					平均受教育年限 / 年
	未上过学	小　学	初　中	高　中	大　学	
1982	17.05	31.74	35.06	15.80	0.35	7.01
1990	7.48	43.96	34.59	12.60	1.36	7.48
2000	1.56	22.46	53.64	16.68	5.66	9.08
2010	0.72	9.07	50.43	22.80	16.99	10.54
2020	0.46	4.05	35.03	25.99	34.46	12.03

注：数据来源于第三次到第七次人口普查。第一次和第二次人口普查数据中未公布年龄平均受教育程度，所以无法对其进行研究。1982 年青年数据为 15 ～ 34 岁，其余年份为 14 ～ 35 岁。

（三）新产业发展模式的坚实主力军

青年就业人口向第三产业转移，且转移速度快于总人口。在行业构成上，2020 年第七次全国人口普查显示，16 ～ 34 岁青年就业人口主要分布于第三产业，占青年就业人口的 59.51%，其次是第二产业（32.03%），第一产业青年就业人口比例最低（8.46%）。与 2010 年就业人口行业分布比较，2020 年青年人口在第一产业的分布（8.46%）要远低于 2010 年（36.58%）。2020 年分布于第二产业的青年比 2010 年提高了 1.59%，分布于第三产业的青年比例迅速增加，接近 2010 年的 2 倍，如图 5-4 所示。这一情况与产业结构变化相关，在总人口中第三产业的就业人口比例也由 2010 年的 27.51% 增加至 48.36%，大量就业人口由第一产业向第三产业转移，但青年人口的变化更为迅速，2020 年第三产业就业青年的比例接近 2010 年的 2 倍，总人口比值只有 1.76。随着经济社会的转型和现代化进程的推进，职业发展更为多元化，青年群体由于教育水平高、数字化技能强等优势，其职业选择个性化、多样化特征更加明显，特别是新兴产业、现代服务业等成为新时代青年群体的聚集地，青年群体是我国超过 2 亿灵活就业人口中的主力军。《中国灵活用工发展报告（2022）》的数据显示，我国灵活就业群体中有 51% 的人为 30 岁及以下的青年劳动者，31% 的人为

30～40 岁的中青年劳动者，两者相加已超过八成。随着中国式现代化进程的推进，青年群体成为新经济、新业态、新职业的主力军，在引领就业观念和拓展就业渠道上，起到了先行示范的作用。

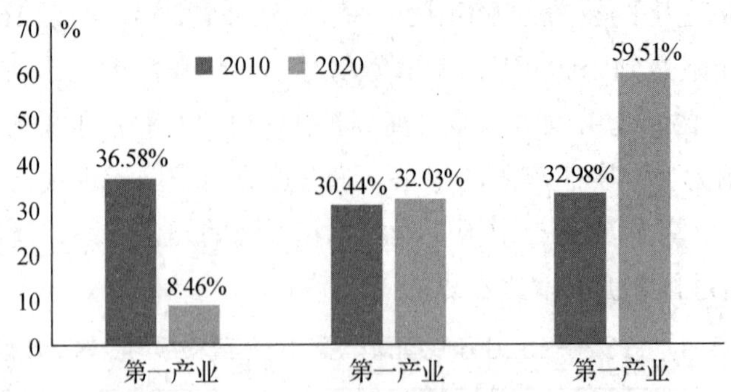

图 5-4　2010 年、2020 年我国 16～34 岁青年就业人口产业分布

（四）文化强国战略的积极践行者

当代青年是伴随互联网技术发展成长起来的一代，互联网深刻塑造了青年的观念与行为，全面渗透当代青年的工作与生活，他们是名副其实的“数字一代”。第 53 次《中国互联网络发展状况统计报告》显示，截至 2023 年 12 月，我国网民规模达 10.92 亿，20～29 岁网民占比 13.7%，掌握各项数字素养与技能的比例均显著高于整体网民水平。随着互联网的快速发展，青年在信息获取、交友互动、购物消费、学习工作等方面都发生了深刻变化，青年成为网络文学、网络音乐、网络视频、网络直播、网络游戏和在线教育等网络文化应用的主要用户群体。互联网为不同青年群体提供了身份认同、彼此连接、相互激励、抱团取暖等释放情绪的正向途径；为不同青年群体开辟了更为积极的解决困难之道，比如发现个人价值、寻找新兴职业、获取新知等；也促进了青年亚文化与主流文化、城市文化与乡村文化的沟通和交流，增进了彼此的理解和包容。同时，互联网给予青年表达自我、呈现个体化生活方式的平台，当代青年在表达和行为上有着较强的主观意识与个性思维，他们关注新潮时尚和独特体验，喜欢线上与线下相互联动。对于“90 后”“00 后”而言，他们能够以更加自信和轻松的风格进行自我表达，他们把传统的变成现代的，把经典的变成流行的，把学术的变成大众的，把民族的变成世界的，在不经意间将自己对于国家和时代的理解融入作品之中，讲述了一种不同于以往的“中国故事”。数字媒体的话语逻辑、视频文本的跨文化特性与年轻人独特的生活经验相结合，开拓了移动互联网时代对外传播的一条新路，当代青年已成为推进中国式现代化的骨干力量。

三、大学生应当具备的职业发展价值取向

（一）理性平和的职业发展观

当前就业形势严峻，岗位竞争激烈，以至于大学生在就业过程中出现一些“躺平”的想法。大学生应当树立理性平和的职业发展观。一要认清自我。要了解自己的兴趣、优势、

价值观和人生目标，明确自己的职业愿景和定位。要通过深入思考和反省，清楚自己的优势领域和发展方向以及个人的短期和长期目标。二要建立健康的心态。要关注个人成长和进步，同时不过度追求名利和外界的评价。要保持内心的平衡和稳定，注重自我价值的认知和提升，不让外界的评判左右自己的职业选择和发展方向。三要持续学习与发展。要保持渴望学习和成长的心态，持续提升自己的能力和素养。要通过读书、培训、行业交流等方式，不断更新知识和思维，紧跟行业发展的步伐。重要的是，要根据自身情况和目标进行选择和调整，并保持坚定的信念与行动。在职业发展中，保持理性思考与平和心态是非常关键的。要将自己的职业发展看作一个长期的过程，注重积累和成长，同时要保持灵活性和适应性，随时准备调整和转变。

（二）灵活就业的职业发展观

灵活就业的职业发展观是一种适应现代职场变化的理念，强调个人灵活性、适应性和主动性。一要融入职场变化。要认识到职场环境不断变化，并意识到个人需要适应和融入这种变化。要关注行业趋势和新兴技术，持续学习和提升自己的技能，以保持竞争力。二要有多样化经历与技能。灵活就业鼓励个人寻求不同的职业经历和机会；通过尝试不同的角色、项目或行业，积累多样化的经验和技能，增加自己的职业发展机会。三要主动求变与保持进取心。灵活就业观念强调主动追求机会和挑战；积极主动地发现和争取新的职业机会，展示自己的能力和潜力，同时保持进取心和积极的工作态度。四要具备灵活性与适应性。灵活就业要求个人具备灵活性和适应性；能够适应不同的工作环境和文化，快速适应新的工作要求和变化，同时主动寻求解决问题的能力。

总体而言，灵活就业的职业发展观注重个人在现代职场中的灵活性、主动性和适应性。通过不断学习、寻求机会、建立人际关系和打造个人品牌，个人可以更好地适应职场变化，实现职业的发展和个人成长。

（三）自主创业的职业发展观

自主创业的职业发展观是一种强调创造力和创新的理念，鼓励个人在职业发展中追求独特的、自主的和有意义的工作。一要发展创造力和想象力。要发展自己的创造能力，培养对新观念、新思维和新方法的开放性和敏感性。二要寻找独特的职业机会。自主创业鼓励个人积极寻找独特的职业机会和创业创新的可能性。要挖掘自己的激情和兴趣，并追求能够实现自己创意和想法的工作机会。三要建立自我品牌和创意展示。要利用社交媒体、个人网站或作品集等平台展示自己的项目、作品和成就，吸引雇主或客户的注意。四要与创造性人士合作。要与其他专业人士、团队或组织合作，互相激发灵感和创造力，共同实现创新和创意的目标。自主创业的职业发展观强调个人创造力的发展和应用，追求与个人兴趣和激情相符的职业机会。通过展示自己的创意、建立品牌和持续学习，个人可以在自主创业的环境中实现职业发展，同时为自己的创造力和创新能力找到合适的平台与机会。

四、大学生践行中国式现代化的实践路径

（一）把坚持党的领导作为实践的根本遵循

中国共产党是领导中国特色社会主义事业的核心力量，历史证明，坚持党的领导是中国式现代化在理论上不断深化、在战略上不断成熟、在实践上不断成功、在国际上不断赢得认同的一项重要经验，也是中国青年在强国复兴道路上砥砺前行的根本遵循与必由之路。当今世界业已进入新的动荡变革期，中国式现代化的持续推进与中国青年的发展都面临许多不确定性、不稳定性、不可控性因素，青年也容易出现“跟谁走”“怎么走”的困惑和摇摆。青年时期接受的政治引领往往关系到人一生的政治态度，为了保证中国式现代化与中国青年自身发展的不变质、不偏航、不跑题、不懈怠，广大青年就必须始终坚持党的全面领导不动摇，坚决维护党的核心和党中央权威，紧密团结在以习近平同志为核心的党中央周围继续秉持“请党放心，强国有我”的信念誓言，更加自觉地与党同心、跟党奋斗，听党话、跟党走，努力成为堪当民族复兴大任的时代新人。

（二）把个人成长与国家发展结合起来

习近平总书记指出，“只有把自己的小我融入祖国的大我、人民的大我之中，与时代同步伐、与人民共命运，才能更好实现人生价值、升华人生境界”。青年一代要把个人成长与国家发展结合起来，一方面，要正确认识个人成长与国家发展的关系人是具体的、现实的人，是存在于社会全部成员组成的集合体中的个人，在社会主义社会中，只有将个人发展之“小我”融入祖国现代化建设之“大我”，个体才能获得全面发展和充分施展才能的条件与空间。因此，要将个人发展的具体目标同民族振兴的宏伟目标结合起来，明晰个人职业发展规划，积极培养核心竞争力和专业素养，以真才实学投身全面建设社会主义现代化国家伟大事业。另一方面，要在实践中坚持以人民为中心的价值取向，唯有如此，青年才能真正跨越损人益己、降志辱身的狭隘视域，进而才能在强国复兴的道路上成就个人理想。具体来说，首先，要厚植平民情怀、为民情怀，端正对人民群众的态度，始终把自己看成是人民群众中的普通一员，发扬“从群众中来，到群众中去”的优良作风。其次，要牢固树立人民群众是历史创造者的唯物史观，“自觉向群众学习、向实践学习，从人民的创造性实践中获得正确认识”。最后，青年是社会发展的先锋力量，要做为人民服务的孺子牛，不当脱离群众、轻视群众的利己主义者，要把增进民生福祉作为自己的实践方向，以青春为笔回答好为人民谋幸福的时代答卷。

（三）练就推动中国式现代化进程的过硬本领

当今时代，知识更新不断加快，社会分工日益细化，新技术、新模式、新业态层出不穷，中国式现代化面临许多新的现实挑战，这也对中国青年的能力素质提出了越来越高的要求。实践证明，唯创新者强，唯创新者胜。习近平总书记指出：“青年是常为新的，最具创新热情，最具创新动力。”在中国式现代化征程中，中国青年最重要的是要切实提高守正创新的能力。一方面，守正是前提、是基础，守正就是守正道、守正气、守正义，广大青

年要坚持用马克思主义及其中国化创新理论武装头脑，深刻把握事物发展的本质和规律，在实践中砥砺才干，同时坚守社会主义道德规范，把增强人民的获得感、幸福感、安全感，推动公平公正、增进人类福祉作为创新的出发点与落脚点，推动创新向善。另一方面，创新是关键、是出路，广大青年要不断提高自身创新意识与创新能力，既要敢于克服一切制约创新思维形成的顽瘴痼疾，不断破除教条主义、经验主义的束缚，冲破对“权威”的迷信，纠正盲目从众的思维惰性，也要在建立丰富知识体系的基础上，充分了解自己的创新偏好，不断培养创新技能，加强团队协作与沟通，并在实践中不断反思总结，形成有效的创新反馈机制。

（四）自觉树立全球思维和世界眼光

当今经济全球化的发展使得各国之间的联系日益紧密，这呼唤着中国式现代化与中国青年的更大作为。首先，青年要理性看待外部世界，注意培养正确的国际观，坚持自尊自信、开放包容，不因国家发达程度、人种肤色、文化差异等产生“俯视”或“仰视”的非理性心态。同时，要自觉培养全球思维，尊重文明多样性，善于把握全球化的发展情势，不断借鉴吸收人类优秀文明成果以促进中国式现代化发展。其次，行动是青年最有效的磨砺，青年要弘扬立己达人精神，培塑以中国式现代化促进世界共同发展的行动自觉，主动通过“筑梦丝路”青年发展计划、中国青年志愿者海外服务计划、世界青年发展论坛等类似渠道，为落实全球发展倡议、构建人类命运共同体贡献青年智慧与力量，也为实现个人梦想历练本领、增长本事。最后，广大青年要坚定马克思主义“为人类求解放”的博大情怀，在世界范围内社会主义和资本主义两种意识形态、两种社会制度的长期较量中勇于担当青年使命，做世界发展大势的坚定引领者。

实践与指导

职业生涯规划的反馈与修正

你对生涯规划实施结果进行阶段性评估之后，应根据评估的结果进行目标和实施方案的修正。职业生涯与发展规划修正的内容如下：

（1）职业目标的重新选择。

（2）职业生涯路线的重新设定。

（3）阶段目标的修正。

（4）实施措施与行动计划的变更。

请回答以下问题：

（1）你的人生价值是什么？

（2）你有哪些知识、技能和条件？

（3）你最感兴趣的事情是什么？

（4）你的人格特质是什么？

（5）你是否好高骛远？

（6）你建立了自己的就业信息网络吗？

修正行动计划：

实施生涯规划时，你必须为日后可能的计划修改预留余地，修正的依据是每次评估后反馈回来的信息。对于计划修正的时机，你必须考虑下列两点：以周、月或学期为单位，定期检查预定目标的达成进度及取得的效果；每一阶段目标达成之时依据实际效果修订未来阶段目标可采用的策略。请完成职业生涯规划反馈修正记录表（见表 5-2）的填写。

表 5-2　职业生涯规划反馈修正记录表

预期目标	实际完成情况	调整措施

第六章　个性化成长："一生一方案"的实践与发展

班团、社团活动促进新生个性化成长

当迈入大学的时候，就是一只脚踏进了社会。大学又被称作"小社会"，是学生通往社会的最后一段阶梯。在大学生活中学会运用自己所学的知识和技能，可以为未来的工作打下良好的基础。除了上课、实践等第一课堂，最能让他们有所收获与成长的无疑是班团、社团活动等第二课堂。

一、案例背景

大一新生杨某在军训期间就表现出特立独行的个性。她的优点很多，但也有不服从集体安排、爱耍小聪明的缺点。作为班委，她并没有起到模范带头作用，开会常因各种情况晚到，交由她的任务常延期，而且内容并不让人满意。很快班级内部就出现对她不满的声音。大一是决定新生接下来三年的走向的起步之年，她的这种状况一旦定型，就会对班委形象、班风、学风产生不良影响。

二、解决方案

1. 以兴趣爱好为切入点，寻找教育突破口

每年学院都会举办"新生杯"辩论赛，在军训后的辩论赛里，辅导员发现该生对辩论兴趣十足，于是主动引荐她到学院辩论队，鼓励她积极加入学生社团。当兴趣、爱好得到支持后，该生逐渐转变了对班级管理员和班级事务的态度，待人温和、友善是最直观的转变。兴趣是她最大的动力，顺利进入自己喜欢的社团后，该生充满了斗志，精神状态日渐好转。

2. 多方协作发力，培育规则意识

无论是在辩论队里还是在班级团体中都有规章制度，学生如果想在这些社团中有所成就，守规章是必不可少的。在辩论队里，开会守时、不缺席、积极发言，她都一一做到了。内心深处对团队的认可是她遵规守矩的深层次原因。这不仅增强了她的规则意识，还让她在班级活动中越来越主动，不再偷懒耍滑。

3. 引导转换思维角度，增强集体意识

她在辩论队中表现良好，甚至辩论队每天早上六点半或者晚自习过后的集体讨论她都从未缺席过。难以想象，开学时总是特立独行的一个女生，会在辩论队中规规矩矩。在班级活动中，她也改变了以前的行为，不仅自己服从集体安排，还会劝说其他不配合的同学。社团活动深深影响了她，在辩论队中树立的合作与服从集体安排意识帮助她融入了大学生活，增强了集体意识。

三、取得效果

在经过一系列的锻炼后，该生责任心有所提升，作为班委的她平时开会再也不迟到，所做的工作再也不拖延。她主动承担自己的责任，同学们对她的评价也好转了。通过在社团的锻炼，她明白了，大学这个“小社会”同大社会一样，是处于规章制度之中的，任何人都不能为所欲为，任何人都有自己的责任，这是使这个社会运行正常的条件。

不同的社团有不一样的规定，大家需要遵守规则，这是参加社团活动的前提。当大学生决定加入他们喜爱的团体（如滑板社、青年志愿者协会、武术社、摄影社、轮滑社等）时，他们就等于接受了团队中的规则，选择承担责任。这就是社团活动对新生个性化成长的首要作用。由承担责任而带来的压力和对兴趣的热爱，都是他们成长的动力，能够让他们的两只脚在踏进社会前就变得健壮有力。

资料来源：罗来松，谢大进.在集体中成长：新时代高校新生班级管理实务［M］.南昌：江西高校出版社，2021：205.（有改动）

分析

1. 社团活动促进学生道德的社会化转型

在理论层面，社团的道德教育功能已经得到普遍认可。社会学家涂尔干说：“我们之所以认为它（社团）是必不可少的，并不在于它促进了经济的发展，而在于它对道德所产生的切实影响。”作为社团的一种类型，高校学生社团同样具有道德教育的功能，这被称为“道德的社会化”。学生通过社团活动逐渐习得社会规范，增强集体观念和团队意识，不仅陶冶了学生的情操，也增强了学生良好的道德修养和社会责任感。

2. 社团活动可使学生发挥特长，增长主体自信

社团活动促使学生把兴趣培养成特长，把特长提升为技能，把技能拓展为素质，为提高学生综合素质提供了有效途径。社团活动打破了系、年级、专业的界限，使不同年级、不同专业之间的学生能够广泛交流，开阔了视野，扩大了求知领域。各社团举办的讲座、专业技能比赛、科技创新比赛、文艺体育比赛等各类比赛活动，为学生的成长、成才搭建了实践平台，使学生的竞争意识、合作意识、研究能力、创新能力、沟通能力等得到了进一步的提高。

开展社团活动、班级团体活动的目的是让成员凝心聚力，让新生能尽快适应大学生活，让他们有如家般的温暖。因为刚刚步入大学的他们，对大学了解甚少，必然会有所顾忌，会带着猜疑、厌烦的心绪去看待问题。同时，新生对隔壁班级的人不熟悉，而自己的班级就是自己的"小家"。不在身边的父母也很难在他们需要的时候及时出现，对新生帮助最大的往往是自己的寝室室友或是班级同学。那么在开学的第一时间，如军训时期，教官及班级管理员就要时刻注意这一类问题，并且通过班级活动来提高班级凝聚力，加深学生之间的友谊，帮助部分同学改变他们的厌恶或者恐惧心态，让他们尽快适应大学生活。

我们应该鼓励学生勇于尝试新鲜的事物，在加强对班级管理的同时，让新生有空余的时间去参与社团等具有积极意义的学生活动。合理地安排时间，给予他们足够的自由活动空间。同时，对于部分新生，需要找到合适的机会对其做一些心理上的辅导，减少他们的负面心理，防止负面事情的发生，带动其他同学学习和生活的积极性。

第一节　"一生一方案"的制度设计

提高教育质量，坚持走以提高质量为核心的内涵式发展道路，是习近平总书记立足我国现代化的阶段性特征和国际发展潮流提出的深刻命题。我国高等教育学校数量多、在学人数总量大、办学层次多，人民对更好教育的期盼热切，提高高等教育质量，是每一个高等教育工作者的共同责任。

一、学生职业发展教育中存在的主要问题

（一）学生职业发展教育系统性问题

学生职业发展教育管理在高校呈点状分布，学校多职能部门各自实施，导致力量分散、协同缺位，对学生主体来说，学生职业发展教育的价值塑造、知识传授和能力培养没有融为一体形成一个闭环体系。

（二）学生职业发展教育规律性问题

从学生向职业人的转变，一般要经历从未知到已知，从已知到确立目标，再到职业选择的过程，这一过程伴随了学生学涯成长全过程。因此，学生职业发展教育应遵循学生成长的阶段性、渐进性规律，主动适应经济社会发展需求和人才培养目标，将四年学涯、职业生涯、生涯规划统一起来。

（三）学生职业发展教育实操性问题

高校学生职业发展教育在一定程度上存在教师满堂灌、学生被动听、重理论轻实践等现象，不利于学生学思用、知信行相统一。因此，学生职业发展教育与日常学生管理在一

定程度上互相割裂，学生成长发展中普遍存在知易行难、行难持久的难题。

二、“一生一方案”提出的历史逻辑和现实依据

（一）“一生一方案”是对“有教无类”“因材施教”思想的传承发展

“有教无类”是孔子的重要教育思想。“有教无类”中的“教”指的是教育，“类”指的是封建社会时期包括高等级的贵族和低等级的贫苦农民，泛指各行各业的人。孔子的这一教育思想主要强调的是教育对象问题，充分体现了孔子作为一名教育家，在教育对象认识问题上倡导的广泛性，也反映了孔子推崇的平民化的教育思想。

随着社会文明程度的进步和对教育的理解深化发展，孔子“有教无类”的这一教育思想也被赋予新的时代内容。习近平总书记在北京市八一学校考察时指出：“教育公平是社会公平的重要基础，要不断促进教育发展成果更多更公平惠及全体人民，以教育公平促进社会公平正义。”习近平总书记关于教育公平的重要论述既是党和国家坚持以人民为中心重要思想的具体呈现，一定程度上也是对孔子“有教无类”教育思想的时代注解，是对孔子“有教无类”教育思想的深化和发展。

“因材施教”作为一种教育思想，在我国教育发展史上具有悠久的历史，得到了广泛的认可和深入的实践。孔子在教育实践中针对学生的性格、特点差异实施差异化的教育引导。所以，理学家程颢、程颐专门指出“孔子教人，各因其材，有以政事入者，有以言语入者，有以德行入者”。从方法论的视角分析，“因材施教”作为一种教育思想，是关于教育方法的思想，强调教师作为教育的主导，在人才培养过程中根据学生的特点（不同的“材质”）施以不同的教学方法和手段，这是充分尊重学生个性特征的教育方法。

“一生一方案”是指以职业发展与就业指导课程为基础，通过改革课程教学考核方式，引导学生在职业发展与就业指导课程结束后制度性地开展个性化成长设计，使其成为学生个性化成长的一个教学改革举措。“一生一方案”在设计格式上具有普遍性要求，即要求每名学生都要完成“一生一方案”的设计工作，在具体内容上具有开放性特征，充分尊重每名学生的客观实际，结合自身发展预期自主设计。从上述“有教无类”和“因材施教”的分析可以看出，“一生一方案”的普遍性要求体现了对“有教无类”思想的贯彻，开放性特征体现了对“因材施教”教育思想的传承，是“有教无类”和“因材施教”思想传承的具体化。

（二）“一生一方案”是马克思关于人的全面自由发展理论的应有之义

“人的全面而自由的发展”是马克思主义理论重要原理之一。促进人的全面而自由发展，是马克思主义的最高命题。马克思、恩格斯是在对资本主义的片面化发展的批判中逐步提出和完善“人的全面而自由的发展”的观点，最终在《资本论》及其手稿中，马克思明确地将共产主义社会理解为“以每一个人的全面而自由的发展为基本原则的社会形式”。从马克思关于“人的全面而自由的发展”的形成历史考察，实践性贯穿马克思关于“人的全面而自由的发展”的理论全过程。

1. 历史的观点

促进学生全面而自由地发展是高等教育的重要使命，学生的发展既是教育发展的组成部分，构成了教育的实践过程，也是时代发展的组成部分。学生个人的发展是依赖于社会发展而存在的，从历史的维度看，学生全面而自由地发展本质上是教育实践活动的一种"方向"，或者说是一种"趋势"的客观存在。

2. 矛盾的观点

大学生是人生观、价值观、世界观和能力发展的关键时期，既是一个非常"纠结"的时期，也是一个充满"期待"的时期。学生的成长和发展过程充满了矛盾，所以学生的教育管理会表现出许多的不确定性，始终存在"变"与"不变"的教育矛盾，教育管理工作者就是在这种"变"与"不变"的坚守和应对中使促进学生全面而自由地发展成为可能。

3. 全面而自由发展的观点

马克思在深刻分析和阐释资本主义社会特征的基础上，对资本主义社会造成的人"片面的异化的"发展状态批判的基础上，提出人的全面而自由发展的观点。马克思关于人的全面而自由发展包含两个向度，即"全面性"向度和"自由性"向度，这两个向度的满足是在"生产力普遍发展""社会交往的普遍化""剩余时间转化为自由时间"三个关键要素得到保障的基础上的社会关系、个人需要与需要的满足、能力素质以及个性得到充分发展的状态。从这一视角分析，"个性化发展"是人的全面自由发展理论的重要内容。

（三）"个性化成长"是高等教育回应优先发展战略地位的行动自觉

习近平总书记在《致清华大学苏世民学者项目启动的贺信》中指出："教育决定着人类的今天，也决定了人类的未来。"这是习近平总书记站在人类社会文明发展的高度对教育在人类社会发展中承担的重要功能的精辟论述。正是基于这一重要论述判断，党中央始终把教育摆在优先发展的战略地位。

我国高等教育机构具有体量大、层次丰富、结构合理的特点。无论是从教育机构的层次丰富性还是在校学生的总量看，我国高等教育为国民经济发展和社会治理提供了源源不断的人才，国民经济社会发展和社会治理对人才的总量需求和多样性需要决定了高等教育不同层次的办学机构均应该立足国民经济发展和社会治理现实需要，主动肩负起人才供给的使命担当。

高等教育人才培养是大学的本质职能。本科教育是大学的根和本，在高等教育中具有战略地位，是纲举目张的教育。职业教育是国民教育体系和人力资源开发的重要组成部分，肩负着培养多样化人才、传承技术技能、促进就业创业的重要职责。在全面建设社会主义现代化国家新征程中，职业教育前途广阔、大有可为。职业教育与普通教育是两种不同教育类型，具有同等重要地位。改革开放以来，职业教育为我国经济社会发展提供了有力的人才和智力支撑，现代职业教育体系框架全面建成，服务经济社会发展能力和社会吸引力不断增强，具备了基本实现现代化的诸多有利条件和良好工作基础。随着我国进入新的发展阶段，产业升级和经济结构调整不断加快，各行各业对技术技能人才的需求越来越紧迫，职业教育重要地位和作用越来越凸显。国家职业教育改革方案明确指出，要坚持以习近平新时代中国特色社会主义思想为指导，把职业教育摆在教育改革创新和经济社会发展中更加突出的位置。牢固树立新发展理念，服务建设现代化经济体系和实现更高质量更充分就业需要，对接科技发展趋势和市场需求，完善职业教育和培训体系，优化学校、专业布局，深化办学体制改革和育人机制改革，以促进就业和适应产业发展需求为导向，鼓励和支持社会各界特别是企业积极支持职业教育，着力培养高素质劳动者和技术技能人才，大幅提升新时代职业教育现代化水平，为促进经济社会发展和提高国家竞争力提供优质人才资源支撑。

第二节 “一生一方案”促进学生个性化成长和发展的主要内容

一、“一生一方案”设计的基本原则

（一）坚持以学生个性化发展为中心

要围绕学生、服务学生、关照学生，坚持结合学生成长环境、发展阶段、思维方式、学习习惯和接受特点，推进学风建设，为学生个性化成长和全面发展奠定科学思想基础。坚持充分发挥课堂教学理论引导与课外实践磨砺的融合功能，在全员育人、全程育人、全方位育人的大格局下，实现对学生的思想引领、观念塑造和行为规范。

（二）坚持学生发展的结果导向

学生思想政治教育是学生工作的核心内容，学生发展指导是学生工作的主体内容，学生事务管理是学生工作的基础内容，学风建设表面上看是一种风气，实质上是学生思想状态、学业状态和生活状态的总体呈现。要加强学风建设，将学生思想政治教育这一核心内容具体化到学生发展指导和事务管理的各个环节和各个方面，坚持学生发展的结果导向，不断改善学生思想状态、学业状态和生活状态。

（三）坚持过程监管

学校各职能部门加强监控、督促和辅导，明确班主任、辅导员在学风建设中的具体职能，确保学风建设落地生效。在实践过程中，学校要不断提高学工干部学生学涯管理能力，有效促进学生的全面发展和终身发展；通过学风建设，强化三全育人目标，实现学校全体学生全覆盖、三年过程全覆盖、德智体美劳指标全覆盖。

（四）坚持持续改进

学风建设既要坚持实事求是，又要坚持发展提升。要结合学校实际开展学风建设各项

目标设计，坚持学风建设用数据说话的管理实践，围绕学生目标执行度、学业发展度、文明养成度、就业实现度等具体指标，按照"评价—反馈—改进"建立学风建设闭环，形成学风建设持续改进机制。

二、"一生一方案"设计的主要目标

（一）聚焦学生专业知识和技能持续提升

要围绕学生专业学习合格度、班级排名、奖学金、专业竞赛等具体任务，引导学生合理设定自主发展目标，实现自主发展，进行自我评价，实现持续改进，使学生专业知识和技能水平逐年提升。

（二）聚焦学生可迁移技能整体提升

可迁移技能是学生职业发展中除岗位专业技能之外的基本能力，是伴随人终身的可持续发展能力，在学风建设中，要充分发挥第二课堂对学生可迁移技能的培养功能，围绕社会实践、学生骨干锻炼和社团参与以及团队活动情况，帮助学生建立自信、培优提升核心竞争力，使学生在实践磨砺中不断提升个人综合素质，为实现可持续发展奠定能力素质基础。

（三）聚焦学生自我管理技能普遍性提高

要把提升学生自我管理技能作为强化学风建设的具体抓手，围绕学生价值取向、时间管理、生活管理、身体素质、劳动素质等技能，将学生自我管理技能具体化，加强日常学生自我管理基础数据的采集分析研判和监督引导，不断提升学生自我管理水平。

三、"一生一方案"指标体系与运行模式

（一）"一生一方案"指标体系

基于人才培养面临的现实问题，在内容设计层面，根据理查德·尼尔森·鲍利斯（Richard Neilson Bolles）的技能分类，将学生职业发展技能分为知识和技能、可迁移技能和自我管理技能。

1. 知识和技能

知识和技能是指个人在大学阶段通过专业的、专门的、系统的知识学习，掌握的熟练专业知识运用能力。知识永远是名称，知识和技能通常是不能够迁移的，一般用名词，如机械、建筑、美术等进行形容，在校期间一般通过学生个体的学习学业基本状况、竞赛获奖取得情况、等级考试通过情况等进行目标导向评价。知识和技能主要通过课堂教育、课外实践、学生自学等方式获取。

2. 可迁移技能

可迁移技能是指在大学阶段获取专业知识之外的，能够实现大学毕业之后多类工作融合通用，可以在不同的行业、专业、岗位上进行有效迁移和普遍使用的技能。可迁移技能大致分为信息和数据处理能力、人际能力和事务处理能力，通常用动词，如沟通、创新、分析等进行形容。对于在校学生的可迁移技能，一般通过个体的领导沟通协作能力、批判

性创造力思维与能力等进行目标导向评价。可迁移技能更多的是在大学阶段通过团队参与、自我锻炼、归纳总结等方式获取，是任何职业选择的根本要素。个人可迁移技能越强，工作越自由，竞争就越小。

3. 自我管理技能

自我管理技能是指在大学阶段充分发挥个人主观能动性的基础上，按照目标导向、问题导向和结果导向，有目的、有意识地对自己的思想和行为等进行引导转化、控制管理的技能。自我管理技能也称特征或个性品质，可以从非工作领域转换到工作领域，主要描述“如何对待时间和日程、如何处理人际关系和情绪、如何处理自我的冲动及自律、是自我驱动还是被动反应、如何处理危机和问题”等，通常用形容词进行形容，如理性、耐心、严谨等，在校期间一般通过价值取向、时间管理、生活管理、身体素质、情绪管理等进行目标导向评价。自我管理技能是个体对待行为人、具体事、标的物的行为特质和具体态度，主要通过渐进提升自我认知、意志培养、观念认同等方式获取。

为将知识和技能、可迁移技能和自我管理技能三个技能更加具体化为学生成长发展的明确内容，在三个一级指标的基础上，拟定 10 项二级指标，并对每一个二级指标开放性地设置“其他”项，保证参数设置内容上的开放性，以便更加尊重学生主体的多元性；在二级指标下，结合人才培养和学生管理实际，设置了 27 个三级指标，27 个三级指标对学生在校期间的行为具有普遍性，在实践上又充分尊重学生的特殊性，这种普遍性和特殊性统一在学生这一主体上，构成了学生个性化成长的具体化参数，如图 6-1 所示。

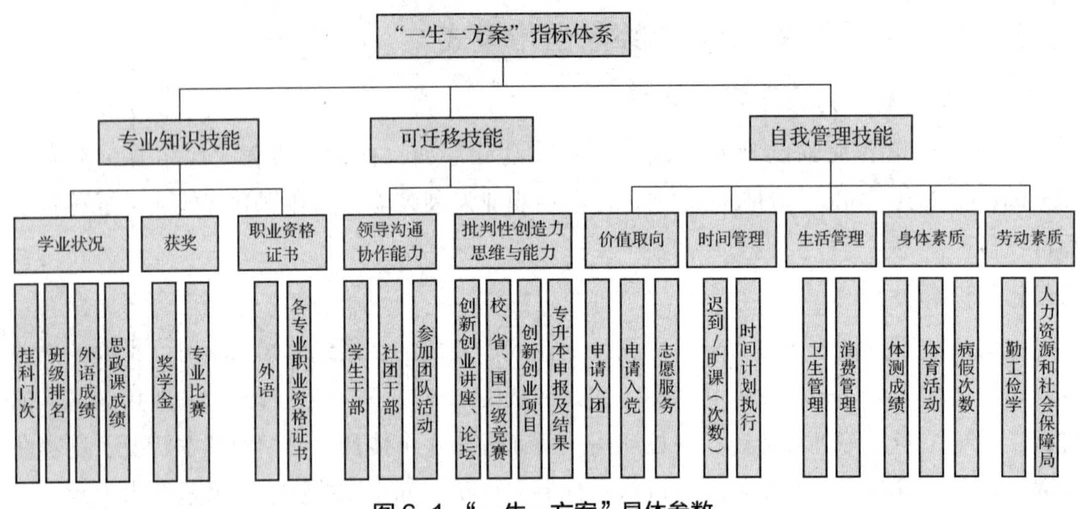

图 6-1 “一生一方案”具体参数

（二）“一生一方案”主要运行模式

在具体实践中，把职业发展与就业指导课作为促进学生个性化发展的关键枢纽，以“一体化进阶式人才培养理念”贯穿改革全过程。“一体化”遵循人才培养全员、全程和全方位的系统性设计，“进阶式”遵循学生成长阶段性和专业性特征。在具体操作上，创设“2+1”课程运行模式。“2”是指职业发展与就业指导课程分设为职业生涯规划和就业指导两个模块，“1”是指通过1份“个性化成长方案”串接两个课程模块，将本科学生4年（专科3年）职业发展贯通起来，创设“学情调研—理论教学—技能实践—个性化成长方案设计—考核评价—持续改进”的教学运行模式。在课程教学管理上充分发挥理论课教师、管理干部、学生个人、教学、教研、教学评价等多要素的综合优势，形成既相对独立，又彼此衔接，课内与课外、他育与自育相结合的学生职业发展与就业指导教育管理体系，实现学生职业发展不断线的教育与管理。

个性化成长“一生一方案”运行模式如图6-2所示。

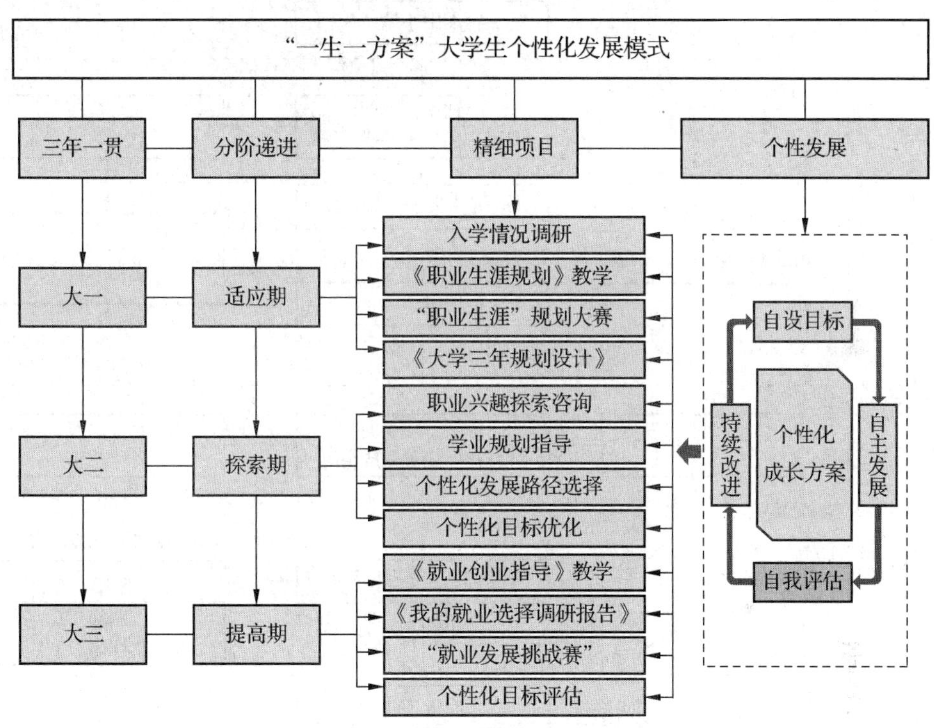

图6-2　“一生一方案”运行模式

1. 总体规划

方案从大一时开始填写，每学期开展一次执行情况自我评估，在评估基础上自主设计新学期的自主发展目标。“一生一方案”总体实施过程如图6-3所示。学校相关部门和干部要加强监控、督促和辅导，明确任课老师、班主任、辅导员在“一生一方案”项目中的具体职能。确保“一生一方案”落地生效。

任课教师在方案执行中的主要任务是对学生职业发展进行理论指导和个性化成长方案开展设计指导，规范学生个性化方案的总体内容；班主任的主要任务是对学生个性化成长方案执行过程中的专业知识和技能的培养指导和职业发展实践的辅导；辅导员的主要任务是负责学生执行个性化成长方案期间，可迁移技能和自我管理技能实践培养的监督指导，保障具体运行模式的正常运转；导师由学生选择对自己产生积极影响的人担任，如老师、父母、亲戚、偶像、校友、社会人士等。

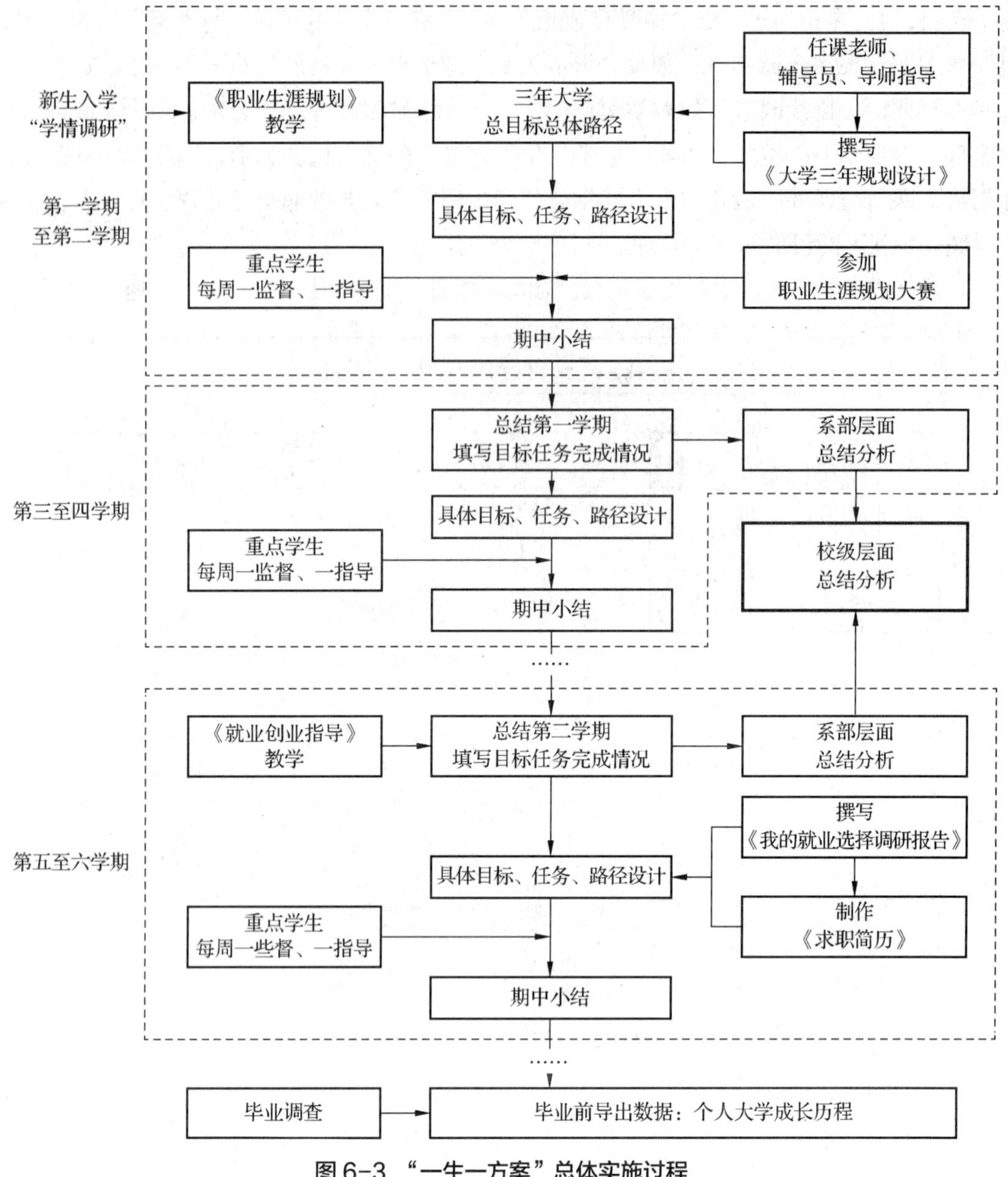

图 6-3 "一生一方案"总体实施过程

2. 具体规划

"一生一方案"分为三年总体规划和每学期具体规划。具体步骤如下：

（1）在大学新生入校后，学校开展新生学情调研，分析数据，了解学生学习背景、思想状态、专业选择、兴趣爱好、目标规划等。

（2）结合"职业生涯规划"课程，任课老师讲授生涯规划知识，让学生掌握职业生涯理论、认识环境、认识自我、生涯规划策略等理论。学生学习掌握基础知识和个人认真思考分析后，在任课老师、辅导员、导师的指导下填写"一生一方案"。

（3）学生在确定三年大学总规划、总目标、总体路径的基础上，填写大一第一学期个人具体目标、任务、路径、办法，具体填写内容模板。大一第一学期填写后统一提交给任课老

师、辅导员、导师。此后，每个学期初总结上一学期目标任务完成情况，同时填写新一学期具体目标、任务、路径、办法。由此，大学三年总目标分为六个学期具体目标任务执行。

（4）学工部建立专门的信息化系统，开展"一生一方案"学生数据监控、评估和持续改进工作，实现电子化、可跟踪、可监控、可评估。解决学生没有清晰的规划，职业发展意识不强，具体规划缺位的问题；具体解决重点学生跟踪和对接问题。

（5）在每个学期期中，全体学生进行期中小结，辅导员、导师引导学生及时反思，"查缺补漏"。对完成度低尤其是学习成绩较差、自我管理能力弱的学生，辅导员、导师实行每周指导，即学生每周到辅导员、导师处填写《"一生一方案"周指导》，重点强化过程监管与指导。

（6）本学期总体目标和实施方案主要填写本学期制定的学期目标，并描述相关实施方案的具体步骤。在结果评估中，只针对当前选项填写是否实现拟定目标的"是"或"否"。之后，每学期开学初自我总结分析上学期目标达成情况，形成自我评价，优化目标和举措，制订新学期规划。

（7）形成"一生一方案"纸质手册，并录入信息化系统，跟随学生整个大学生涯。学生每学期自寻导师，强化过程指导和导师评价。相关部门每个学期进行汇总分析，学工部每学期进行分析调度，协同学校相关部门开展研讨，形成具体的优化举措。

（8）整合"职业生涯规划"和"就业指导"课程实践、创新创业、社团活动"三位一体"的立体实践平台（见图6-4），打造学生全覆盖、多维度、菜单式实践项目。"三位一体"的实践发展模块促进大学生"知行合一，实践发展"。

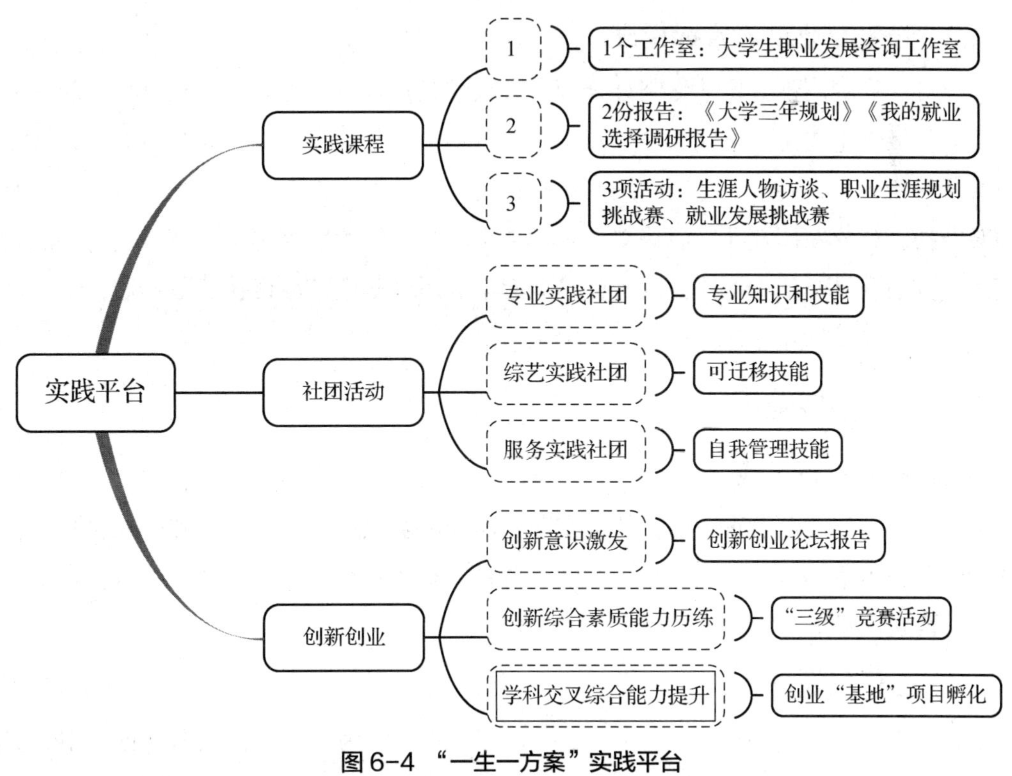

图6-4　"一生一方案"实践平台

第三节 "一生一方案"促进学生个性化成长和发展的实践路径

在大学生思想政治教育过程中，必须注意调动学生的自觉性、积极性和主动性。在教育者的教育指导下，学生在认识自我和环境的基础上，设立发展目标，制订发展规划，寻求和实践发展路径。

一、专业知识和技能层面

（一）强化专业思想教育

加强学生入学教育规范性、系统性规划，研制新生入学教育教材，对于大一新生，要确保每生人手一份所学专业培养计划，班主任要对学生进行专业培养计划的详细解读，确保学生清晰三年培养目标和过程安排，形成正确的专业发展观。对于大二、大三学生，要加强针对性的专业思想引导，激发学生专业学习热情，特别是针对大三专升本未录取的学生，要加强学生在就业中实现再发展的价值引导，不断明晰专业发展现状及前景，做好大学学涯规划和职业规划。

（二）强化专业学习目标指导

辅导员、班主任要指导学生制订合理的班级学风建设目标方案，强化班集体凝聚力建设，引导班级学生在集体中成长，加强日常监督动员，形成良好的班风学风。要开展传帮带班级学习活动，开展学生之间的结对帮扶，用身边的榜样教育引领学生。要开展学业教育预警帮扶，充分发挥教师资源优势，每学期根据学生学业困难情况，从学业、生活和心理等多个方面开展建档、帮扶、跟踪，建立起学业困难学生精准帮扶长效机制，学校每年对学生学业预警帮扶情况进行一次分析总结。

二、可迁移技能层面

（一）强化社会实践

要教育引导学生在素质拓展、社会实践方面开展实践磨砺，妥善处理好社会实践与专业理论学习的关系；引导学生在社会实践中扬长、补短和培优，在实现自我综合素质提升的同时，繁荣校园文化。

（二）强化创新创业

要以培育实施"名辅导员、名工作团队、名工作室"为目标，强化学生创新创业实践教育活动系统性、阶段性教育管理，增强学生团队、项目、成果的传承性和延续性。

（三）强化社团参与

要严格按照学校社团建设管理办法的文件精神，加强学生参加社团活动的指导。辅导员要引导学生适度参与社团数量，强化社团在学生个性发展、创新创业实践能力培养中的育人价值作用发挥。

三、自我管理技能层面

（一）强化价值取向教育引导

要始终坚持正确的办学方向，教育引导学生坚定道路自信、理论自信、制度自信、文化自信，教育引导学生矢志不渝，为共产主义远大理想和中国特色社会主义共同理想而奋斗。

（二）强化个人文明素养教育管理

要教育引导学生牢固树立规则意识，开展文明课堂、文明宿舍专项教育引导，强化学生自律，说文明话、办文明事、做文明人。师生员工、学生党员、各级学生干部要对学生当中不良言行旗帜鲜明地开展斗争，强化学生纪律教育管理，确保学生遵纪守法、寝室卫生良好、文明网络言行、诚信记录良好，营造风清气正的学风校风。

（三）强化时间效率教育管理

要引导学生根据个性化成长实际，合理安排学习、自习和实践时间，形成良好的时间管理实践，不断提高个人时间使用效率，珍惜韶华，不负青春。

（四）强化劳动教育引导

要引导学生积极参加志愿服务、公益活动、体育锻炼、生产劳动和勤工助学等实践活动，一年级学生坚持每周二下午在班级管理员带领下，开展校园卫生志愿服务活动。二年级学生要根据实习实践需要，强化劳动教育，引导学生在劳动教育中增进以人民为中心的观念。坚持开展毕业班学生离校志愿劳动服务，确保干干净净离校。

职业发展与就业指导"一生一方案"为促进学生职业发展高质量发展，探索了一种具体的实践形式。通过"一生一方案"制度性设计，引导学生自设目标、自主发展、自我评价、持续改进，使学生总体规划目标通过"一生一方案"实现三年总体规划，通过个性化成长方案再具体化为六个学期可执行、可观测、可评价的具体行动，在时间上连接从大一至大三、在力量上促进了全员育人、在内容上连通入学至毕业。

从效果上评价，实现了学生 100% 自主规划，提升了学生自主发展执行度，但仍有待改进和优化的地方，其主要表现在以下几方面：

（1）在自设目标环节，要加强学生个性化成长方案工作总体设计的教育指导工作，引导学生充分认识到个性化成长方案的目的意义和各参数的准确内涵，以便在自设目标环节，学生能够通过正确认识自我的判断，相对合理地设计个人发展的阶段性目标。

（2）在自主发展环节，要加强学生在个性化成长目标执行过程中的指导，以便提高学生自主发展的执行度。

（3）在自我评估环节，学生是基于自设目标和自主发展客观现实进行自我评估的，而一些目标如“过级”“批判性创造能力”两个参数的内容具有时间的延续性。学生设置了长远的目标，但可能评估的当下学期没有过级考试或者“批判性创造能力”培养的某个环节内容，学生在该项目的评估就会无所适从，这需要下一步继续优化。

（4）在持续改进环节，一方面要加强对学生持续改进意识能力的教育引导，另一方面要加强学生基于持续改进基础上的新的目标的制定指导，通过优化目标设置提升新的计划目标的执行度，促进学生在持续改进的获得感中增强对个性化成长的认同和持续改进作风的形成，进而将科学发展、持续发展的价值理念厚植在学生个性化成长的学涯，帮助学生养成终身学习、持续改进的学风。

实践与指导

“一生一方案”数据库目标设定与结果评估

请参考大学生个性化成长方案说明，按照以下模板填写大学生个性化成长档案，完成一次“一生一方案”目标设定与结果评估。

大学生个性化成长档案

姓名：______________

学号：______________

大学生个性化成长方案说明

一、方案说明

我国职业教育发展已进入提质培优、增值赋能新阶段。职业教育的目标就是培养德才兼修，具备一技之长的高素质技能型人才。大学生应“善借于物也”，主动去寻求学校教师、毕业校友、亲朋好友的关心支持。本手册跟随学生大学期间，学生本人每学期自寻导师、自我总结优化更新一次，这既是个人成长的过程性记录，也是大学生职业发展与就业指导结课必备作业。

大学生个性化成长应该在坚定理想信念上下功夫、在厚植爱国主义情怀上下功夫，在加强品德修养上下功夫、在增长知识见识上下功夫，在培养奋斗精神上下功夫、在增强综合素质上下功夫。积极创造机会“扬长”建立自信、勤奋学习“补短”提升综合素质、努力发展“培优”形成“一招鲜”的竞争力，担当起责任和使命，张扬青春风采，谱写青春华章。

二、填表说明

1. 综合测评（如有）以学校学生综合测评计算办法规定作为计算方法。

2. 导师可选择对自己产生积极影响的人担任，如老师、父母、亲戚、偶像、校友、学长等。

3. 本学期总体目标和实施方案主要填写本学期制定的与职业理想和就业方向相关的学期目标，描述相关实施方案的具体步骤。

4. 在结果评估中只针对当前选项填写是否实现拟定目标的“是”或“否”。

5. “其他”项是填表人对当前技能在表格中并未体现项的补充。

6. 表格正反打印，封面文字手写，表格格式不改变，可根据内容调整表格页面。

三、保密说明

该方案仅供学生职业发展与就业指导教师及学生本人参阅使用，导师要确保学生个性化成长方案管理的保密性、安全性，确保不向其他个人或团体泄露档案主题的相关个人隐私，遵守职业操守。

学生基本信息表

<table>
<tr><td>姓名</td><td></td><td>性别</td><td></td><td rowspan="3">照片</td></tr>
<tr><td>出生年月</td><td></td><td>手机</td><td></td></tr>
<tr><td>微信号</td><td></td><td>QQ</td><td></td></tr>
<tr><td>系、专业、班级</td><td colspan="4"></td></tr>
<tr><td>家庭住址</td><td colspan="4"></td></tr>
<tr><td>家庭成员
工作经历</td><td colspan="4"></td></tr>
<tr><td>职业理想</td><td colspan="4"></td></tr>
<tr><td rowspan="3">综合测评</td><td>大一</td><td colspan="3"></td></tr>
<tr><td>大二</td><td colspan="3"></td></tr>
<tr><td>大三</td><td colspan="3"></td></tr>
<tr><td colspan="5">导师简介</td></tr>
<tr><td colspan="5">本学期总体目标和实施方案</td></tr>
</table>

“一生一方案”大一上学期

培养技能	核心参数		拟定目标	实施计划	结果评估（是否实现）
专业知识和技能	学业状况	挂科门次			
		班级排名			
	获奖	奖学金			
		专业比赛			
	职业资格证书	外语			
		各专业职业资格证书			
	其他				
自我管理技能	价值取向	申请入团			
		申请入党			
		志愿服务			
	时间管理	迟到旷课			
		时间计划执行			
	生活管理	卫生管理			
		消费管理			
	身体素质	体测成绩			
		体育活动			
		就医次数			
	劳动素质	勤工俭学			
		劳动周			
	情绪管理	压力源			
		情绪认知			
		情绪体验			
	其他				

（续表）

<table>
<tr><th>培养技能</th><th colspan="2">核心参数</th><th colspan="2">拟定目标</th><th>实施计划</th><th>结果评估
（是否实现）</th></tr>
<tr><td rowspan="10">可迁移
技能</td><td rowspan="3">领导沟通
协作能力</td><td>学生干部</td><td colspan="2"></td><td></td><td></td></tr>
<tr><td>社团干部</td><td colspan="2"></td><td></td><td></td></tr>
<tr><td>参加团队活动</td><td colspan="2"></td><td></td><td></td></tr>
<tr><td rowspan="6">批判性创
造力思维
与能力</td><td>创新创业
讲座、论坛</td><td colspan="2"></td><td></td><td></td></tr>
<tr><td>创新创业
项目</td><td colspan="2"></td><td></td><td></td></tr>
<tr><td>校、省、国
三级竞赛</td><td colspan="2"></td><td></td><td></td></tr>
<tr><td rowspan="3">专升本</td><td>外语课
成绩</td><td></td><td></td><td></td></tr>
<tr><td>思政课
成绩</td><td></td><td></td><td></td></tr>
<tr><td>专升本
申报及
结果</td><td></td><td></td><td></td></tr>
<tr><td>其他</td><td colspan="5"></td></tr>
</table>

参考文献

[1] 习近平 . 论党的青年工作 [M]. 北京：中央文献出版社，2022.

[2] 罗来松，李淑贤 . 大学生职业生涯规划 [M]. 哈尔滨：哈尔滨工程大学出版社，2022.

[3] 罗来松，李建耀 . 大学生就业指导 [M]. 哈尔滨：哈尔滨工程大学出版社，2023.

[4] 陈学军，李春雨 . 大学生职业生涯规划：适用于高职高专院校 [M]. 南昌：江西高校出版社，2020.

[5] 陈来，王志民 . 四书解读：论语解读 [M]. 济南：齐鲁书社，2022.

[6] 罗来松，谢大进 . 在集体中成长：新时代高校新生班级管理实务 [M]. 南昌：江西高校出版社，2021.

[7] 方鸿志，史佳颖 . 新时代青年涵养人类情怀的深层逻辑要义：基于马克思《青年在职业选择时的考虑》的文本考察 [J]. 中共南昌市委党校学报，2023，21（2）：22-27.

[8] 谭靖萍 . 马克思《青年在选择职业时的考虑》与“时代新人”培育研究 [J]. 世纪桥，2023（6）：54-56.

[9] 陈礼龙，陈新文 . 高职院校“以人为本”治理改革：动因、逻辑与路径 [J]. 职业技术教育，2021，42（19）：46-51.

[10] 欧姣姣 . 论高校加强大学生职业生涯规划教育的重要性 [J]. 湖北经济学院学报（人文社会科学版），2021（3）：143-145.

[11] 卢丽华 . 现代职业教育背景下高职院校学生职业生涯规划的现状及发展路径 [J]. 人才资源开发，2022（6A）：66-68.

[12] 杨建锋，陈欢，明晓东，等 . 基于三元自我角色视角的职业生涯建构理论述评 [J]. 中国人力资源开发，2021，38（5）：25-44.

[13] 廉思 . 展现中国式现代化的青年担当 [J]. 人民论坛，2023（9）：8-15.

[14] 叶子鹏，郑宜帆 . 青年发展与中国式现代化：强国复兴的青春路向 [J]. 中国青年研究，2023（8）：33-42.